前　言

21 世纪的竞争是以核心企业为中心的供应链之间的竞争，供应链的管理思想在社会经济发展中发挥着不可替代的作用。但是，随着科学技术的进步和"互联网+"经济模式的迅速发展，社会经济正发生着翻天覆地的变化，传统的供应链管理模式已无法充分满足当前社会对资源和信息的迫切需求。于是，电子商务供应链管理思想应运而生。

此外，消费者对产品和服务的多样化和个性化需求越来越大，如订货提前期和产品生命周期越来越短，这些变化对供应链企业的竞争力提出了更高的要求。因此，学习、研究和借鉴国内外先进的电子商务供应链管理的理论和方法，并根据实际情况研究如何合理采购、控制库存、选择合适的物流模式、提高供应链质量水平、降低供应链风险和提高供应链企业绩效等，已经成为我国供应链企业的重要任务。本书将对以上内容进行阐述。

本书具有以下特点。

（1）逻辑严谨，结构合理。本书严格按照电子商务供应链企业的运作流程进行编写，包括电子商务供应链合作伙伴关系的建立、电子商务供应链管理中的信息技术、采购管理、库存管理、物流管理、质量管理、风险管理、协调、成本管理、绩效管理等内容。通过阅读本书，读者可以从多个角度了解电子商务供应链管理，并构建完整的逻辑框架，以便更好地掌握相关知识点。

（2）内容丰富，形式新颖。本书除了介绍电子商务供应链管理的相关知识点外，还精心设计了知识链接、课堂小案例等模块来加深读者对相关内容的理解，并通过引导案例、思考与练习、案例分析等模块帮助读者巩固基础知识。此外，书中配有二维码，二维码对应的内容是对相关知识点的说明和扩展，读者可以通过扫描二维码来加深对知识点的理解。

（3）案例教学，立德树人。本书通过案例分析等方式，潜移默化地引导读者在学习中获得更多的思想启发和政治引导。

（4）配套资源丰富，支持教学。本书提供丰富的教学配套资源，包括 PPT 课件、教学大纲、电子教案、参考答案等，便于教师教学。用书教师可登录人邮教育社区（www.ryjiaoyu.com）免费下载。

本书的建议学时为30～60学时，推荐学时分配方案详见下表。

学时分配表

章序	课程内容	学时
第1章	概述	2～4
第2章	电子商务供应链管理中的信息技术	2～4
第3章	电子商务供应链采购管理	2～4
第4章	电子商务供应链库存管理	2～4
第5章	电子商务供应链物流管理	2～4
第6章	电子商务供应链质量管理	4～8
第7章	电子商务供应链风险管理	4～8
第8章	电子商务供应链协调	4～8
第9章	电子商务供应链成本管理	4～8
第10章	电子商务供应链绩效管理	4～8
学时总计		30～60

本书由西安邮电大学李永飞教授担任主编，具体编写分工如下：第1章～第2章由李永飞、张金、贺桂英编写，第3章～第4章由邓广豫、胡雪婷、徐凯琪编写，第5章～第6章由王康编写，第7章～第8章由穆小梦编写，第9章～第10章由卢嘉润、张弘锴、杨寒磊编写。本书也是全国高校、职业院校物流教改教研课题《数字经济时代推动院校物流类专业课程体系数字转型和升级研究》（JZW2022016）的研究成果。

在编写本书的过程中，编者参考了大量国内外有关供应链管理的专著和教材等，在此向相关资料的作者表示感谢。

由于编者水平有限，书中难免存在不足之处，恳请广大读者批评指正。

李永飞

2023年1月

高等院校电子商务类新形态系列教材

ELECTRONIC
COMMERCE

电子商务
供应链管理

|微|课|版|

李永飞◎主编

人民邮电出版社
北京

图书在版编目（CIP）数据

电子商务供应链管理：微课版 / 李永飞主编. --
北京：人民邮电出版社，2023.4
高等院校电子商务类新形态系列教材
ISBN 978-7-115-61214-4

Ⅰ. ①电… Ⅱ. ①李… Ⅲ. ①电子商务—供应链管理
—高等学校—教材 Ⅳ. ①F713.365.1②F252.1

中国国家版本馆CIP数据核字(2023)第031584号

内 容 提 要

本书内容通俗易懂、案例丰富，全面系统地介绍了电子商务供应链管理的相关内容。全书共 10 章，主要内容包括概述、电子商务供应链管理中的信息技术、电子商务供应链采购管理、电子商务供应链库存管理、电子商务供应链物流管理、电子商务供应链质量管理、电子商务供应链风险管理、电子商务供应链协调、电子商务供应链成本管理和电子商务供应链绩效管理等。

本书提供 PPT 课件、教学大纲、电子教案、参考答案等资源，用书教师可登录人邮教育社区免费下载。

本书既可以作为电子商务、物流管理等专业相关课程的教材，也可以作为相关行业从业人员的培训书。

◆ 主　　编　李永飞
　　责任编辑　孙燕燕
　　责任印制　李　东　胡　南

◆ 人民邮电出版社出版发行　　北京市丰台区成寿寺路 11 号
　　邮编　100164　　电子邮件　315@ptpress.com.cn
　　网址　https://www.ptpress.com.cn
　　固安县铭成印刷有限公司印刷

◆ 开本：700×1000　1/16
　　印张：13　　　　　　　　　　2023 年 4 月第 1 版
　　字数：262 千字　　　　　　　2025 年 1 月河北第 3 次印刷

定价：49.80 元

读者服务热线：(010)81055256　印装质量热线：(010)81055316
反盗版热线：(010)81055315
广告经营许可证：京东市监广登字 20170147 号

目　　录

第 1 章 概述

🔍 教学目标

1. 了解电子商务供应链管理的概念和构成。

2. 理解电子商务供应链管理的内容以及电子商务供应链合作伙伴的选择步骤与评价方法。

3. 掌握 QR、ECR、CPFR、ERP 和 VCA 等电子商务供应链管理策略，以及双渠道供应链管理、精益供应链管理和智慧供应链管理等电子商务供应链管理模式。

引导案例

近年来，直播电商异军突起。作为重要的流量入口，直播电商逐渐成为品牌商进行品牌曝光和产品销售的重要手段。例如，肃宁县提出了"电商兴县"战略，于 2021 年成立了"超级碗"电商直播基地，基地内设电商服务中心、直播中心、供应链中心、短视频制作中心等。肃宁县希望借此打造集电商"网红"直播基地、数字经济发展中心于一体的大平台。

围绕"电商兴县"战略，肃宁县推出了一系列有力举措：建设供应链优选中心，挖掘本地优质产品，为全国主播提供优质供应链服务。该县以播促销，以销促产，以产促转，旨在实现"肃宁卖全国、全国卖肃宁"的目标，打造中国北方直播电商产业中心。2021 年，肃宁县全县电商年销售额达 146 亿元，比 10 年前增加了 53 亿元。全县电商平台注册商户超 3 万家，年发单量超 1.1 亿单，从业人数超 3 万人，带动就业 8 万多人；城镇、农村居民人均可支配收入分别达到 4.09 万元、1.77 万元，均增加两倍多。凭借良好的轻工业基础、便捷的物流体系、完善的电商网络、蓬勃的电商经济，肃宁县正稳步激发数字经济新动能，努力成为享誉全国的"电商之城"。

思考：

肃宁县是如何打造电子商务供应链，实现"电商兴县"的？

1.1 电子商务供应链管理概述

21 世纪以来,电子商务的发展为企业带来了新的机遇和挑战,同时也为供应链管理开辟了全新的道路。电子商务与供应链管理理念的结合,有利于打造电子商务供应链网络,降低企业成本,改善信息流,实现企业业务流程再造,拓展市场和产品销售范围,提高企业的竞争力。了解电子商务供应链管理的相关知识,有助于我们更好地掌握当前社会经济的发展趋势。下面将对电子商务供应链管理的概念、构成和内容等相关知识进行介绍。

1.1.1 电子商务供应链管理的概念

在介绍电子商务供应链管理之前,我们应该先了解什么是电子商务供应链。电子商务供应链是供应链的一种特殊形式,它全面采用信息技术和互联网技术来支持企业及其客户之间的交易活动,包括产品销售、客户服务、支付等。电子商务供应链有助于企业拓展市场,拉近企业与客户之间的距离,促进企业间的合作,建立企业与客户之间的业务流程,最终实现生产、采购、存储、销售以及财务和人力资源管理的全面集成,令物流、信息流、资金流充分发挥作用,把理想的供应链运作流程变为现实。

相比于传统供应链,电子商务供应链消除了最终客户与制造商之间的"隔阂",使企业与企业之间不再是单纯的链式结构关系,而是形成了复杂的"供应需求网络"。电子商务"供应需求网络"中包括中心制造商,以及以它为中枢的产业链上游供应商、产业链下游经销商、物流服务商和往来银行。电子商务"供应需求网络"可以消除企业内部和外部的"隔阂",向管理层提供准确的生产、存储、物流等方面的信息。

电子商务供应链运作主要包括基础数据建档、采购入库、电商出库、客户退货和退货到供应商五个流程,如图 1-1 所示。

在基础数据建档流程中,电商平台计划要销售某种产品,会先进行谈判、比价,找到合适的供应商,然后在基础数据平台对供应商进行基础数据建档,并在基础数据平台对该商品建档。

在采购入库流程中,登记完供应商和商品信息后,基础数据平台会将相关数据同步给采购系统和仓储系统,这样采购部门就可以在采购系统中创建采购单并经过审核以后,将数据传递到仓储系统。库房待供应商送货以后,在仓储系统里完成收货的全流程。

在电商出库流程中,运营部门会根据仓储系统的库存数量,在运营系统中将商品在电商平台上架,然后用户就可以进行搜索和下单;生成的订单下达到订单系统,由平台管理人员审核后通过,然后订单系统对订单进行分仓、分流,根据订单分配的出库地点,将订单下达至对应的仓储系统或者销售系统,之后仓库或门店完成订单的拣货复核和打包发货。

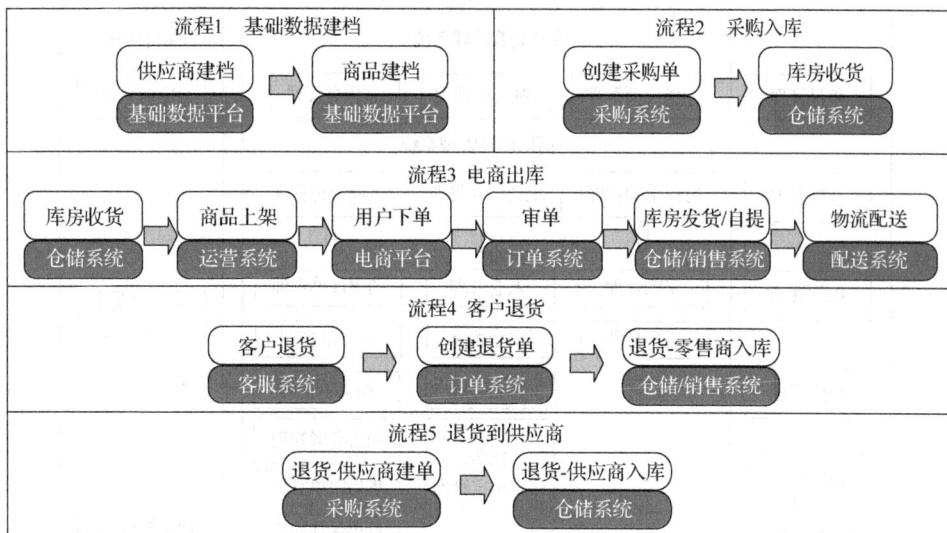

图 1-1　电子商务供应链运作流程

在客户退货流程中，如果客户需要退回商品，客服要在客服系统中登记退货，然后在订单系统中根据原始订单创建退货单，并将商品退回到零售商指定的库房或门店；库房或门店收到货以后，在仓储系统或销售系统中操作完成退货入库。

在退货到供应商流程中，根据和供应商的合同约定，零售商会定期将滞销品退回供应商。零售商在采购系统中创建退货单，经过审核后将商品退回供应商，同时将数据上传至仓储系统。

基于以上分析，我们将电子商务供应链管理定义为：依托现代信息技术形成的由信息采集到市场终端销售全程式的新型经营管理模式。电子商务供应链管理旨在通过对供应链中各类产品的合理组织和管理，优化整个电子商务管理过程中的各项指标，增加整个供应链系统的净利润，提高电子商务供应链企业的运营效率，对物流、信息流和资金流进行有效整合，优化电子商务管理过程中各个问题之间的管理控制关系，最终实现商业管理模式的有效运作。

电子商务供应链管理应以市场需求为导向、以客户需求为中心，使合作伙伴组成一个完整的、极具竞争力的战略联盟。某电子商务供应链管理系统如图 1-2 所示，除了有货品管理系统、仓库管理系统、组织管理系统、权限管理系统、基础数据管理系统和系统管理系统这些基础功能管理系统，该系统中还包括客户关系管理系统和电商供应链管理系统。此外，电商销售管理系统可以通过应用程序接口（Application Programming Interface，API）平台与电商平台、第三方仓储系统和物流渠道系统对接，实现数据共享。电子商务供应链管理系统的优势在于通过信息技术可以方便迅速地收集和处理大量信息，使供应商、制造商、零售商及时得到准确的数据，进而制订切实可行的需求、生产和供货计划，以利于各供应链企业的组织和协调运作。

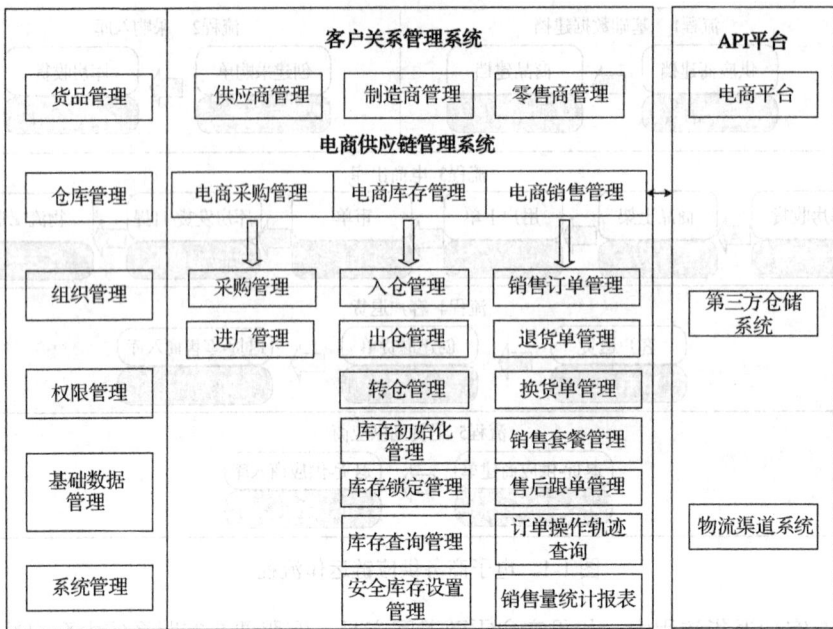

图 1-2　某电子商务供应链管理系统

1.1.2　电子商务供应链的构成

电子商务供应链主要由以下几个部分构成。

1. 库存

电子商务供应链中的库存是指供应链中所有的原材料、半成品和成品。通过持有一定量的库存，电子商务供应链企业可以实现以下目标。①获得规模经济，如长期生产可以明显减少制造成本。②获得平衡供给和需求的途径，如当库存能满足客户需求时，可保证一定的市场占有率。③为未来提供保障。由于无法准确预知需求的变动，也无法预知一些突发事件，故持有一定量的库存有助于应对未来的不确定性。

2. 运输

运输就是把产品从一个地方转移到另一个地方。在电子商务环境下，越来越多的客户在线上购物，与产品可能相隔千里，却可以在几日内收到，由此可见，运输在供应链中发挥着极为重要的作用。运输费用是供应链成本的重要组成部分。高效的运输系统可使产品的成本下降，从而增强产品在异地的竞争力，也可以给企业带来规模经济，从而使产品的价格下降。电子商务供应链的成功与运输方式的合理选择有莫大的关联。

3. 设施

设施是供应链中存储、装配或制造产品的地方。通常来说，设施可以分为两类：

一类是生产场所，另一类是存储场所。但是在电子商务环境下，除了以上设施，用于网络销售的设备和场所也是必不可少的，它们在连接客户和产品方面起着不可估量的作用。无论哪一类设施，有关设施选择、功能和弹性的决策都对供应链运营有重要的影响。

4. 信息

信息包括电子商务供应链中有关销售、库存、运输、设施及客户的资料及其分析结果。信息是电子商务供应链重要的组成部分，信息为管理者提供机遇，从而提高电子商务供应链的反应能力和盈利水平。例如，基于需求信息，企业能够更好地预测需求，从而只生产客户需要的产品。

5. 供应链成员

在电子商务供应链中，供应链成员一般包括供应商、制造商、网络销售商、运输商和客户。由于不同企业有不同的经营模式，因此有的企业既是制造商也是网络销售商，有的企业既是网络销售商也是运输商。供应链成员将库存、运输、设施和信息进行计划、组织、协调和控制，最终实现电子商务供应链的平稳运行。

1.1.3 电子商务供应链管理的内容

电子商务供应链管理的主要内容包括以下 9 个部分。

1. 电子商务供应链管理中的信息技术

电子商务供应链管理中的信息技术是经过长时间积淀和演变形成的，互联网技术的发展更是造就了当前广泛应用于电子商务供应链管理的信息技术，也使其更适合现代化的电子商务形式和市场需求。这些信息技术的发展和应用将不同部门紧密联系起来，有利于将企业的经营决策转化为一种系统性和自动化的工作流程，使每个部门都能够更加清晰地认识自身在企业经营决策中所扮演的角色，并能够运用环环相扣的方式推动企业发展，这对于工作效率的提高和内部信息的高效流转具有重要意义。

2. 电子商务供应链采购管理

采购管理是电子商务供应链管理的重要组成部分，对供应链企业成本的降低和产品生产质量的提高将会产生不可估量的影响。电子商务供应链采购管理的实施，有利于供应链上下游企业之间信息的沟通，可促进采购管理定量化、科学化，为企业提供更多、更准确、更及时的信息，使决策依据更充分。

3. 电子商务供应链库存管理

库存管理在电子商务供应链中扮演着重要的角色。良好的库存管理有利于加强供应链上下游企业的合作关系，在提高顾客满意度的同时，解决库存管理中存在的一系列问题，如减少占用库存空间，降低管理费用，减少企业内部不必要的管理费用，降低库存商品成本，实现销售和资产的高效利用，加强物流体系和相关企业的联系，实现利益最大化。

4. 电子商务供应链物流管理

物流管理贯穿整个电子商务供应链，它是连接企业与企业、企业与客户的重要纽带。电子商务赋予了供应链物流管理新的意义和作用。如何有效地管理供应链中的物流过程，使物流、商流、信息流、资金流有效集成并保持高效运作，是电子商务供应链管理需要解决的一个重要问题。

5. 电子商务供应链质量管理

在电子商务环境下，产品质量问题会导致产品召回、供应链利润和品牌价值降低。现实中，产品的质量问题主要存在于设计环节、采购环节、制造环节及运输和储存环节。原材料的采购质量、制造过程中对各道工序的把控、运输和储存过程中产品的变质或破损等，都会严重影响产品质量。因此，提高产品质量、控制质量风险是当今电子商务供应链管理面临的新挑战。

6. 电子商务供应链风险管理

电子商务环境下，信息的获取、传递和沟通更为精确和高效，供应链中信息的流通不再受时空限制，企业通过电子商务系统可以及时进行信息共享，这大大提高了供应链运行效率。但是，电子商务在给供应链管理带来便利的同时，也使供应链风险不断增加。一方面，电子商务高速发展，传统供应链的变革速度无法和其发展速度匹配，这会对供应链上的企业产生巨大的负面影响，从而造成利益损失。另一方面，当电子商务环境下的供应链受到某些方面的影响，导致某一节点瘫痪时，整个供应链也会快速受到影响，甚至产生整体性风险。因此，对电子商务供应链中的风险进行管理是必不可少的。

7. 电子商务供应链协调

供应链管理的关键就在于管理供应链各节点企业之间的合作，并使各节点企业在设计、生产、竞争策略等方面实现协调运作。如果供应链的所有节点企业都采取能促使利润提升的行为，则供应链的协调性就会得到改善。供应链协调要求供应链的各节点企业都考虑自身行为对其他节点企业的影响。在电子商务环境下，随着信息技术的不断发展，供应链节点企业之间的信息共享水平越来越高，供应链的失衡得到了很大程度的改善。

8. 电子商务供应链成本管理

供应链的运作必然会产生费用，这些费用就构成了供应链成本。进入 21 世纪，企业要生存，要在激烈的竞争中立于不败之地，除了运用传统成本管理方法控制企业内部成本以外，还应与供应链中的其他企业一起削减不必要的供应链成本。当整个供应链的成本降低以后，企业必然会从中获益。

9. 电子商务供应链绩效管理

企业在实施电子商务供应链管理过程中需要耗费大量的人力、物力和财力，承受来自各方面的风险，因此必须进行严格的绩效管理，才能实现企业资源和社会资源的最大化应用。如何确保电子商务供应链健康、可持续地发展，建立科学、全面的供应链绩效评价体系，已成为一个迫切需要解决的问题。

1.2 电子商务供应链管理策略

电子商务供应链管理主要强调以客户为中心，致力于为客户提供优质的产品和服务。基于这种思想，很多高效的供应链管理策略，如快速反应，有效客户反应，协同计划、预测及补货，企业资源计划，以及价值链分析等，都会对电子商务供应链的发展起到巨大的推动作用。下面将对这几种策略进行介绍。

1.2.1 快速反应

快速反应（Quick Response，QR）是一种对消费者需求做出快速反应的供应链管理策略。该策略从美国纺织服装业中发展起来，其核心观点是：在供应链中，为实现共同目标，零售商和制造商建立战略伙伴关系，利用 EDI 等信息技术进行销售时点的信息、订货信息等交换，用高频率、小批量的配送方式连续补充产品，以缩短交货周期、减少库存、提高客户服务水平、对消费者需求做出快速反应，从而最大限度地提高供应链管理运作效率。物流企业面对多品种、小批量的买方市场，不是储备"产品"，而是准备了各种"要素"，在获知消费者要求后，能以最快速度抽取"要素"，及时"组装"，提供所需服务或产品。

什么是 QR

《物流术语》（GB/T 18354—2021）对 QR 的定义：供应链成员企业之间建立战略合作伙伴关系，利用电子数据交换（EDI）等信息技术进行信息交换与信息共享，用高频率小批量配送方式补货，以实现缩短交货周期，减少库存，提高顾客服务水平和企业竞争力为目的的一种供应链管理策略。

课堂讨论

随着电子商务的迅猛发展，快递业也迎来了春天。但是快递业在高速发展的过程中也出现了一些问题，如服务差、速度慢、成本高、响应慢等。2012 年"双 11"期间，快递企业经受着"爆仓"考验，"快递变慢递"现象比比皆是。到了 2021 年的"双 11"，天猫成交额已经达到 4982 亿元，同时服务水平和快递速度都得到了极大改善，大部分包裹都能在 3～5 天送达。

请你结合所学知识，查阅相关资料，分析参与 2021 年"双 11"的电子商务供应链企业是如何解决上述问题的。

1.2.2 有效客户反应

有效客户反应（Efficient Customer Response，ECR）是指为了尽可能满足客户需求，以提高产品供应效率为目标，广泛应用信息技术和沟通工具，在制造商、批发商、零售商相互协作的基础上形成的一种供应链管理策略。

什么是ECR

ECR 的最终目标是建立一个反应能力强、以客户需求为基础的供应链系统，使零售商和供应商以建立业务伙伴关系的方式合作，提高整个供应链的运作效率，为客户提供更好的服务。其基本理念如下。

（1）形成需求拉动和连续同步的产品供应链。需求拉动和连续同步的产品供应链的形成有利于企业对市场信息快速做出反应，降低库存成本，缩短交货周期。

（2）消除产品供应链上存在的各种浪费。ECR 认为，凡是对客户没有附加价值的环节都必须从供应通道上去除，以创造最佳效益。

（3）不断完善组织框架、物流技术、营销和质量管理。ECR 要求供应链上的企业广泛合作，以促进资源的整合和产业的重组，包括组织框架、物流技术、营销和质量管理方面的整合。这种整合是一个渐进的过程，整合后的新型企业能够更加有效地获取规模经济、范围经济的效益，并以更高效的形式运行。

《物流术语》（GB/T 18354—2021）对 ECR 的定义：以满足顾客要求和最大限度降低物流过程费用为原则，能及时做出准确反应，使提供的物品供应或服务流程最佳化的一种供应链管理策略。

> **课堂小案例**
>
> 在 2021 年举行的第十八届中国 ECR 大会上，宝洁大中华区供应链总裁陈宇发表了题为"创新·协同·可持续"的主题演讲。讲述宝洁如何通过三大供应链策略，突破传统供应链响应速度局限和成本瓶颈，为新零售时代提供更高效、更灵活、更智能、更环保的供应链前沿解决方案，为客户提供更优质的消费体验。陈宇提到，第一，宝洁在进一步加速智能化、自动化过程，利用工业 4.0 的科技来提高智能化水平，提高生产效率；第二，宝洁把产品定制化、差异化转化成供应链的一种核心能力，利用柔性快速定制能力，高效响应客户的需求。
>
> 随着消费需求的日益增长，在每天有海量订单、千种场景的新零售环境下，宝洁通过数字孪生技术，结合供应链不同端的数据进行数据建模和解决方案模拟仿真，不断为客户提供较优的供应链方案。

1.2.3 协同计划、预测及补货

当今世界，激烈的市场竞争和快速多变的市场需求使企业面临着来自交货期、产品质量、成本和服务水平等多方面的压力，促使供应商、制造商、分销商和零售商走向合作。因此，供应链作为一个由供应商、制造商、分销商、零售商和最终客户组成的功能网链结构，成为学术界和企业界研究的热点。但供应链是错综复杂的，供应链的业务活动不仅要跨越供应链通道的范畴，还要跨越功能、文化和人员的范畴。企业在努力减少成本、提高效率和获得竞争优势的过程中，不得不重新构思、重新定义和重新建立供应链合作伙伴关系和模式。为了建立新型合作伙伴关系，一种面向供应链的管理策略——协同计划、预测及补货（Collaborative Planning Forecasting and Replenishment，CPFR）应运而生，并逐渐成为供应链管理领域的研究热点。

CPFR 源于沃尔玛提出的协同预测和补货（Collaborative Forecast and Replenishment，CFAR），是指零售企业与生产企业利用互联网共同做出预测，并在此基础上实行连续补货。后来，在沃尔玛的不断推动下，基于信息共享的 CFAR 逐渐向 CPFR 发展。CPFR 在 CFAR 实行共同预测和补货的基础上，进一步推动计划的制订，即不仅让合作企业实行共同预测和补货，同时将原属于各企业内部事务的计划制订工作（如制订生产计划、库存计划、配送计划、销售计划等）交由供应链上各企业共同完成。

CPFR 的实施分为 3 个阶段，分别是协同计划、协同预测和协同补货。

阶段 1：协同计划。供应商和需求方需要建立战略合作关系，就各自对联合供应链管理的期望值以及为保证成功所需的行动、资源、保密协议、信息共享权限等因素进行磋商，允许对方着眼于自己的销售、生产等活动，以发现趋势、记录变化、分析影响及提供 QR 的最新相关信息，并明确规定双方的职责和绩效评价的方法。

阶段 2：协同预测。供应商和需求方需要进行两个方面的预测：销售预测和订单预测。销售预测是基于以往的销售数据进行的，通常由需求方生成最初的销售预测报告，并将其传递给供应商进行协商。达成一致意见后，该销售预测报告便成为进行订单预测的基础。订单预测需要充分考虑供应方的约束条件，如订单处理周期、前置时间、订单最小量、商品单元以及零售方长期形成的购买习惯等，这些约束条件需要供应链双方加以协商解决。

阶段 3：协同补货。供应商做出供应承诺即代表双方都认可订单预测的结果，从而形成最终的订单。生成订单的指令根据双方事先达成的协议和权限，可能由供应商发出，传递给需求方供其确认生效；也可能由需求方发出，直接传递给供应商生效。

1.2.4 企业资源计划

企业资源计划（Enterprise Resource Planning，ERP），又称企业资源规划，由美国著名管理咨询企业 Gartner Group Inc.于 1990 年提出，最初被定义为应用软件，后迅速被全世界商业企业接受，现已经发展成为供应链管理理论之一。简单来说，ERP 就是在制造资源计划的基础上，通过前馈的物流和反馈的信息流、资金流，把客户需求和企业内部的生产经营活动以及供应商的资源整合在一起，体现按用户需求进行经营管理的一种管理方法。

什么是 ERP

在电子商务时代，企业仅靠自身的资源是不可能有效参与市场竞争的，还必须把经营过程中的有关各方，如供应商、制造工厂、分销网络、客户等纳入供应链，才能有效地安排供、产、销活动，满足自身利用一切资源快速、高效地进行生产经营的需求，以期进一步提高效率和在市场上获得竞争优势。换句话说，现代企业竞争不是单一企业与单一企业的竞争，而是一个企业的供应链与另一个企业的供应链之间的竞争。ERP 实现了对整个供应链的管理，适应了企业在电子商务时代参与市场竞争的需要。

实施 ERP 的企业将重新定义各项业务及其相互关系，在管理和组织上采取更加灵活的方式，对电子商务供应链上供需关系的变动（包括法规、标准和技术发展造成的变动），同步、敏捷、实时地做出响应，在准确、及时、完整掌握信息的基础上做出正确决策，能动地采取措施。

ERP 在电子商务供应链管理中的应用主要包括在线订货、经销商库存管理、在线退货和在线对账。

（1）在线订货。企业通过 ERP 系统将产品目录及价格发布到在线订货平台上，经销商通过在线订货平台直接订货并跟踪订单后续处理状态，通过可视化订货处理过程，实现购销双方订货业务协同，提高订货处理效率及数据准确性。企业接收经销商提交的订单，依据价格政策、信用政策、库存情况对订单进行审核确认，并完成后续的发货及结算。

（2）经销商库存管理。ERP 系统在经销商网上确认收货后，自动增加经销商库存，减少信息的重复录入，提升经销商数据的及时性和准确性。ERP 系统会提醒经销商定期维护出库信息，帮助经销商和企业掌握准确的渠道库存信息，消除牛鞭效应，辅助企业进行业务决策。

（3）在线退货。企业通过在线订货平台，接收经销商提交的退货申请，依据销售政策、退货类型等对申请进行审核确认。经销商通过在线订货平台实时查看退货申请的审批状态，帮助企业提高退货处理效率。

（4）在线对账。企业定期通过 ERP 系统自动生成对账单，并将对账单批量发到网上。经销商上网即可查看和确认对账单，帮助企业提高对账效率，减少分歧，促进资金的良性循环。

1.2.5 价值链分析

价值链分析（Value Chain Analysis，VCA）是由美国哈佛商学院战略学家迈克尔·波特提出的一种企业价值分析方法。图 1-3 所示为波特价值链分析示意图。他把企业内外价值增加的活动分为基本活动和支持性活动，基本活动涉及购进、生产、物流输出、销售、售后服务。支持性活动涉及企业的基础建设（财务、计划等）、人力资源管理、技术研发和采购。基本活动和支持性活动构成了企业的价

值链。不同的企业参与的价值活动中，并不是每个都创造价值，实际上只有某些特定的价值活动才真正创造价值，这些真正创造价值的活动，就是价值链上的"战略环节"。企业要保持的竞争优势，实际上就是企业在价值链某些特定的战略环节上的优势。运用价值链分析来确定核心竞争力，就是要求企业密切关注组织的资源状态，要求企业特别关注和培养在价值链的关键环节上获得重要的核心竞争力，以形成或巩固企业在行业内的竞争优势。企业的优势既可以来源于价值活动所涉及的市场范围的调整，也可来源于企业间协调或共用价值链所带来的最优化效益。

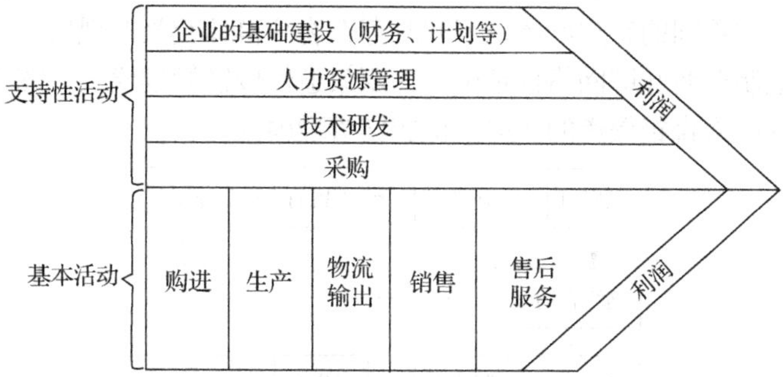

图 1-3　波特价值链分析示意图

　　价值链的范畴从核心企业内部向前延伸到了供应商，向后延伸到了分销商、服务商和客户。这也促使价值链中的作业之间、核心企业内部部门之间、核心企业与节点企业之间以及节点企业之间形成了相互依赖关系，进而影响价值链的绩效。因此，协调、管理和控制价值链中节点企业之间的相互依赖关系，提高价值链中各企业的作业效率和绩效非常重要。

　　企业的完整价值链是一个跨越企业边界的供应链中各节点企业所有相关作业的组合。完整价值链分析就是核心企业将其自身的作业成本和成本动因信息与供应链中节点企业的作业成本和成本动因信息联系起来共同进行价值链分析。

1.3　电子商务供应链管理模式

　　传统供应链中主要有"推式""拉式"和"推拉结合"3种管理模式，其主要区别在于哪一方在供应链中处于主导地位。传统供应链管理模式在很多方面依然适用于电子商务供应链管理，但随着技术的进步、理论的发展以及交易方式的多样化，电子商务供应链管理模式有了新的变化。本节主要介绍3种电子商务供应链管理模式，即双渠道供应链管理、精益供应链管理和智慧供应链管理。

1.3.1 双渠道供应链管理

双渠道供应链管理是将销售渠道分为线上渠道和线下渠道进行管理的一种模式。线上渠道是指电商,线下渠道是指实体店。相比于单一渠道,双渠道可以更快抢占市场,获得更多的市场份额,进一步增强企业的竞争力。在双渠道供应链管理模式中,上游供应商或制造商以及下游零售商皆可开辟网络直销渠道,面向客户销售产品。在不同的销售渠道中,因为供应商、制造商与零售商各自的核心业务不同、所具有的优势不同以及侧重点不同,故不同渠道提供的服务质量和销售价格不同。不同渠道将锁定不同的客户群体,但同时存在客户群体交叉的现象。图 1-4 所示为上游供应商或制造商开辟网络直销渠道的双渠道供应链管理模式,图 1-5 所示为下游零售商开辟网络直销渠道的双渠道供应链管理模式。

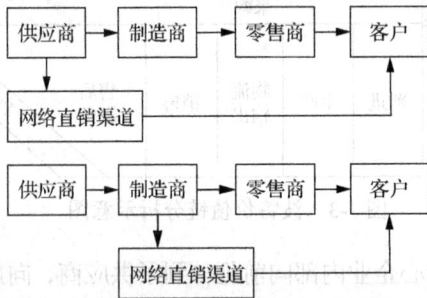

图 1-4　上游供应商或制造商开辟网络直销渠道的双渠道供应链管理模式

图 1-5　下游零售商开辟网络直销渠道的双渠道供应链管理模式

1.3.2 精益供应链管理

精益供应链管理来源于精益管理,是指将从产品设计到客户收到产品的整个过程所必需的步骤和合作伙伴进行整合,快速响应客户多变的需求,其核心是减少或消除企业中的浪费,用尽可能少的资源最大限度地满足客户需求。精益供应链管理是减少或消除浪费、降低成本、缩短操作周期、提高客户价值,从而增强企业竞争力的一种有效方法。

精益供应链管理的流程包括产品研发管理、采购管理、生产流程管理、订单完成管理、需求管理、客户服务管理、客户关系管理和投诉管理 8 部分。投诉管理为产品研发管理提供了新思路和新方向,最终使整个供应链形成闭环。精益供应链管理的流程如图 1-6 所示。

电子商务供应链管理(微课版)

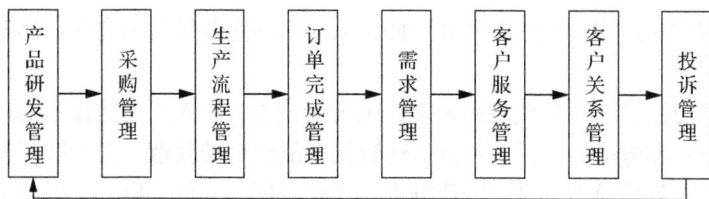

图 1-6　精益供应链管理的流程

📀 课堂小案例

在第十四届"金口碑"奖颁奖典礼上，广东益邦供应链有限公司（以下简称"益邦供应链"）凭借卓越的精益供应链综合运营服务能力及在直销行业多年积累沉淀的良好口碑，一举斩获"金口碑 2017 亚太区最具合作价值直销服务商奖"。益邦供应链是如何获得如此殊荣的？

以"双 11"为例，益邦供应链提前为客户做出了精准的订单预测，并根据预测结果制订并实施了一套完善的大促期间物流供应链运营计划。益邦供应链的物流系统直接对接客户的业务系统，协同优化客户定制化物流供应链体系的多个环节，包括订单处理、库存管理、在途跟踪、客服管理等，确保客户在大货量时期无须辗转多方即可随时清晰掌握货物的物流供应链路径与状态，大幅减少破损、少件、空包情况的出现。益邦供应链仓配一体化核心产品"益享仓 益速配"根据保健品/健康食品、化妆品、电商等不同行业的个性化需求形成了一系列成熟的行业解决方案，在前期调研与规划过程中为客户节约成本，帮助定制化物流方案更快地进入实施环节。

益邦供应链在全国范围内拥有 50 万平方米的仓储面积与 50 多个配送中心，配送网络基本触达全国所有县级城市以及 90%的乡镇一级终端。当日达、次日达、3 日达的渗透率得到了极大的保证，这也为益邦供应链在"双 11"大货量时期保证配送时效提供了支持。

1.3.3　智慧供应链管理

智慧供应链管理是基于智慧供应链理念和技术而产生的一种供应链管理模式。它结合了物联网和现代供应链管理的理论、方法和技术，实现了供应链管理的智能化、网络化和自动化。供应链管理在企业的整个管理流程中起着非常重要的作用，传统的供应链管理模式主要依赖于人工管理，但是随着企业规模的不断扩大，智慧供应链管理系统的建设尤为迫切，因为它可以实现仓库管理、设备周转和利用、境内物流、境外物流与供应链的高效整合，从而提高企业的核心竞争力。

智慧供应链管理系统自上而下分为 3 个部分，包括智慧化平台、数字化运营、自动化作业。如果把智慧供应链管理系统比作人，那么智慧化平台是"大脑"，数字化运营是"中枢"，而自动化作业则是"四肢"。智慧供应链管理系统利用智慧化平台计算、思考和决策，通过数字化运营确定供货量、供货合理价格、仓储量、入仓位置、客户喜好等，并做出精准预测，从而指导企业经营和仓储、运输等自动化作业。

智慧供应链管理的实现必须依靠人工智能技术，而人工智能技术的进步必须基于精准的场景和海量的数据，并且这些数据都能被精准获取。人工智能技术则针对决策目标建立计算模型，对这些数据进行深度挖掘与分析，再将分析结果提供给计算机，让计算机自主学习和运算，从而给出运算结果，指导整个电商产业链的运转。

无论是线上零售，还是线下零售，背后最核心的能力就是供应链能力。未来的零售业转型需要依靠需求驱动供给，而运用智慧供应链技术和管理理论至关重要，因为只有智慧供应链管理系统才能真正感知和预测客户需求、习惯和兴趣，从而指导产业链上游的选品、制造、定价、库存以及下游的销售、促销、库存、物流和配送。

随着互联网、云计算、大数据分析、物联网、人工智能和区块链等现代信息技术的飞速发展，越来越多的电商企业开始将先进信息技术融入电子商务供应链管理，期望通过全面提高电子商务供应链管理智慧化水平来提高供应链整体运作效率和市场竞争力。

1.4 电子商务供应链合作伙伴

依托电子商务，供应链企业之间可以建立新型的合作伙伴关系来促进信息的沟通与交流，建立合作伙伴关系有助于供应链企业更快速地了解客户和市场需求、开辟更高效的营销渠道、构筑跨企业之间或跨行业的价值链、提高及时决策和模拟结果的能力，从而大大提高供应链整体的利润。本节将对电子商务供应链合作伙伴关系的概念、电子商务供应链合作伙伴的选择步骤与评价方法等内容进行介绍。

1.4.1 电子商务供应链合作伙伴关系的概念

电子商务供应链合作伙伴关系是指供应商、制造商与零售商之间在一定时期内共享信息、共担风险、共同获利的协议关系。与传统供应链合作伙伴关系有所不同，电子商务供应链合作伙伴关系主要是针对电子渠道构建的合作伙伴关系，合作伙伴之间的信息沟通和交流更加快速便捷，准确性和安全性更高。

这种合作伙伴关系是在集成化供应链环境下形成的具有一致目标和共同利益的企业之间的关系。建立电子商务供应链合作伙伴关系就意味着需要对新技术、数据和设施设备共同投资。在电子商务供应链环境下，合作伙伴的选择不再只考虑价格，企业则更倾向于选择能在优质服务、技术革新、产品设计优化等方面提供合作的合作伙伴。

课堂小案例

2020年2月26日上午，沈阳市苏家屯区人民政府举行了"电商引路、苏区先行"产销对接战略合作框架协议签约仪式。其中，作为阿里巴巴诚信通授权渠道推广商、东北区域专业的电子商务服务平台、一站式互联网技术（Internet Technology，IT）外包服务商、辽宁省互联网协会理事单位，豪玛集团以沈阳为总部服务东北，坚持"从细致处做起，胸怀天下，聚沙成塔，放大正能量"的服务方向，旨在为客户提供一站式的电子商务解决方案，内容涵盖电子商务服务外包、网络整合营销、电子商务咨询及培训、网络平台建设、产品E化、影视制作、跨境电商、行业解决方案策划与实施、金融贷款等多维度的服务解决方案和技术支持。

1.4.2　电子商务供应链合作伙伴的选择步骤

电子商务供应链合作伙伴的选择步骤包括8个，下面将详细介绍。

1. 分析市场需求

市场需求是企业一切活动的驱动力。分析市场需求的目的在于找到针对哪些产品市场开发供应链合作伙伴关系才有效。企业必须知道现在的产品需求是什么、产品的类型和特征是什么，确认客户的需求，确认建立供应链合作伙伴关系的必要性。如果已建立供应链合作伙伴关系，企业则需要根据需求的变化确认供应链合作伙伴关系变化的必要性，从而确认实施合作伙伴评价与选择的必要性；同时分析现有合作伙伴的状况，总结存在的问题。

2. 确立合作伙伴的选择目标

企业必须明确需要什么样的合作伙伴，合作伙伴评价如何实施，以及信息传递流程如何运作、由谁负责等问题，必须建立实质性的目标。其中降低成本是主要目标之一，合作伙伴评价与选择不仅是一个简单的评价与选择过程，还是企业自身及企业与企业之间的一次业务流程重构的过程，如果实施得好，就可带来一系列的利益。

3. 制定合作伙伴的评价标准

合作伙伴的评价标准需要通过合作伙伴综合评价指标体系来制定。合作伙伴综合评价指标体系是企业对合作伙伴进行综合评价的依据和标准，是反映企业本身和环境所构成的复杂系统不同属性的指标，是按隶属关系、层次结构有序组成的集合。企业可以根据系统全面性、简明科学性、稳定可比性、灵活可操作性的原则，建立集成化供应链环境下的合作伙伴综合评价指标体系。不同行业、不同企业的合作伙伴评价应是不一样的。但都不外乎涉及合作伙伴的业绩、设备管理、人力资源开发、质量控制、成本控制、技术开发、客户满意度、交货协议等可能影响供应链合作伙伴关系的方面。

4. 建立评价小组

企业必须建立一个评价小组以控制和实施合作伙伴评价。组员应主要来自采购、质量、生产等与合作伙伴关系密切的部门，必须有团队合作精神，具有一定的专业技能。评价小组必须同时得到制造商和合作伙伴最高领导层的支持。

5. 合作伙伴参与设计

一旦企业决定实施合作伙伴评价，评价小组就必须与初步选定的合作伙伴取得联系，以确认它们是否愿意与企业建立供应链合作伙伴关系，并让合作伙伴尽早参与综合评价指标体系的设计的过程。

6. 评价合作伙伴

评价合作伙伴的一项主要工作是调查、收集有关合作伙伴的生产运作等全方位的信息。在收集合作伙伴信息的基础上，企业应用一定的工具和技术方法进行合作伙伴评价。

7. 确定合作伙伴

企业根据评价结果确定合作伙伴，如果选择成功，则可开始实施供应链合作关系；如果没有合适的合作伙伴可选，则返回步骤2重新评价与选择。

8. 实施供应链合作伙伴关系

在实施供应链合作伙伴关系的过程中，市场需求将不断变化，企业可以根据实际情况的需要及时修改合作伙伴评价标准，或重新进行合作伙伴评价与选择。在重新选择合作伙伴的时候，应给合作伙伴足够的时间以适应变化。

1.4.3 电子商务供应链合作伙伴的评价方法

电子商务供应链合作伙伴的评价方法比较多，这里简单介绍两种针对供应商的评价方法。

1. 表格评价法

表格评价法是先建立评价指标并设置指标权重，然后根据评价指标给参与竞标的供应商打分（1~10分），并将各项指标的权重与得分的乘积相加，得到综合得分，选择得分较高的供应商。评价指标主要包括技术水平、产品质量、供应能力、价格、地理位置、可靠性和售后服务等。表 1-1 所示为表格评价法示例。

表 1-1　表格评价法示例

评价指标	指标权重	得分		
		A 供应商	B 供应商	C 供应商
技术水平	8	7	8	5
产品质量	9	8	9	7
供应能力	7	10	7	8
价格	7	7	6	8
地理位置	2	3	6	9
可靠性	6	4	7	8
售后服务	3	4	6	7
综合得分		289	308	302

2. 层次分析法

层次分析法（Analytic Hierarchy Process，AHP）由美国运筹学家托马斯·塞蒂（Thomas Satty）在 20 世纪 70 年代中期正式提出。它是一种定性和定量相结合的，系统化、层次化的分析方法。由于在处理复杂的决策问题上具有实用性和有效性，这种方法很快在世界范围内得到重视。它的应用已遍及经济计划和管理、能源政策和分配、行为科学、军事指挥、运输、农业、教育、人力资源、医疗和环境等领域。

层次分析法主要包括以下步骤。

（1）建立层次结构模型。在深入分析实际问题的基础上，将各个有关因素按照不同属性自上而下地划分为若干层，同一层的诸因素从属于上层因素或对上层因素有影响，同时又支配下层因素或受到下层因素的影响。最上层为目标层，通常只有 1 个因素，最下层通常为方案层（或称对象层），二者之间可以有 1 层或几层，通常为准则层（或称指标层）。当准则层过多（如多于 9 个）时，应进一步分解出子准则层。

（2）构造成对比较矩阵。从层次结构模型的第二层开始，对于从属于（或影响）上层因素的同一层诸因素，用成对比较法和 1～9 比较尺度构造成对比较矩阵，直到最下层。

（3）计算权向量并做一致性检验。针对每个成对比较矩阵计算最大特征根及对应特征向量，利用一致性指标、随机一致性指标和一致性比率做一致性检验。若检验通过，特征向量归一化后即为权向量；若不通过，需重新构造成对比较矩阵。

（4）计算组合权向量并做组合一致性检验。计算最下层对目标层的组合权向量，并根据公式做组合一致性检验。若检验通过，则可按照组合权向量表示的结果进行决策，否则需要重新考虑模型或重新构造那些一致性比率较大的成对比较阵。

1. 选择题

（1）（ ）是企业为一系列的输入、转换与输出的活动序列集合，每个活动都有可能相对于最终产品产生增值行为，从而增强企业的竞争力。

  A. QR   B. ECR   C. ERP   D. VCA

（2）在电子商务供应链管理模式中，（ ）是指将从产品设计到客户收到产品的整个过程所必需的步骤和合作伙伴进行整合，快速响应客户多变的需求，其核心是减少或消除企业中的浪费，用尽可能少的资源最大限度地满足客户需求。

  A. 双渠道供应链管理   B. 精益供应链管理
  C. 智慧供应链管理   D. 敏捷供应链管理

（3）电子商务供应链合作伙伴选择的第一步应该是（ ）。

  A. 分析市场需求   B. 制定合作伙伴的评价标准
  C. 建立评价小组   D. 确立合作伙伴的选择目标

（4）（ ）能真正感知和预测客户需求、习惯和兴趣，从而指导产业链上游的选品、制造、定价、库存以及下游的销售、促销、仓储、物流和配送。

  A. 双渠道供应链管理   B. 精益供应链管理
  C. 智慧供应链管理   D. 敏捷供应链管理

（5）（ ）在 CFAR 实行共同预测和补货的基础上，进一步推动计划的制订，即不仅让合作企业实行共同预测和补货，同时将原属于各企业内部事务的计划制订工作（如制订生产计划、库存计划、配送计划、销售计划等）交由供应链上各企业共同完成。

  A. QR   B. ECR   C. CPFR   D. VCA

2. 填空题

（1）电子商务供应链由＿＿＿＿、＿＿＿＿、＿＿＿＿、＿＿＿＿和＿＿＿＿构成。

（2）电子商务供应链中的库存是指供应链中所有的＿＿＿＿、＿＿＿＿和＿＿＿＿。

（3）CPFR 的实施分为 3 个阶段，即＿＿＿＿、＿＿＿＿和＿＿＿＿。

（4）ERP 在电子商务供应链管理中的应用主要包括＿＿＿＿、＿＿＿＿、＿＿＿＿和＿＿＿＿。

3. 简答题

（1）简述电子商务供应链管理的内容。

（2）简述 ECR 的基本理念。

（3）简述智慧供应链管理系统的 3 个部分。

（4）简述智慧供应链管理的特点。

（5）简述如何使用表格评价法。

4. 论述题

近年来，随着互联网技术的发展和普及，以网络直播带货为代表的新业态迅猛发展，直播电商成为我国电子商务领域和拉动消费的新增长点。据商务部统计的数据，2021 年上半年，全国电商直播场数达 1000 万场，观看人次超 500 亿，上架商品数超过 2000 万件。这给电子商务供应链带来了很大的压力，其中商品的质量和价格是影响供应链竞争力的两大要素。你认为商品的质量和价格是如何影响电子商务供应链的？除了商品的质量和价格，还有其他因素影响电子商务供应链吗？

📖 案例分析

中国石油的电子商务供应链管理

中国石油的物资采购管理体制形成于计划经济时代，目前来看存在4个不合理之处。首先，物资采购业务流程被拉长，环节增多，效率低下，为中间商从中牟利创造了条件。其次，同类物资由各地区子公司自行采购，不能形成批量优势，被供应商各个击破，造成效益流失。在进口物资采购中，国际市场上少数占据主导地位的供应商在面对中国石油各地区子公司时，往往结成价格同盟，抬高价格。再次，当处于买方市场时，供应商的不合理销售手段会导致采购的不透明，从而降低企业信誉，破坏市场的公平公正。最后，石油石化物资往往采购数量大，动辄涉及数千万元、数亿元乃至十几亿元的资金占用，如采用传统方式采购，则资金周转缓慢，效率低下。因此，运用现代信息技术，变革物资采购管理体制和业务流程，达到降低成本、提高企业整体效益，进而提高企业价值的目的，是中国石油的内在需求。

建立电子商务网站，通过电子商务整合内部物资采购与产品销售业务，对提升中国石油的管理水平也有着重要意义。

作为一家脱胎于传统国有企业的国际上市企业，中国石油需要引入国际知名的石油企业通行的管理理念和管理方法，以此提高管理水平。而此时，国际知名的石油企业普遍采用了电子商务手段，对其物资采购与产品销售业务进行更高效的管理，取得了良好的效果。

中国石油要将油气操作成本降低，但采用传统手段在生产领域降低成本的难度越来越大，所以需要找到降低成本的新途径，而电子商务可以有效地整合物资采购与产品销售业务，改造管理和业务运作流程，减少中间环节，堵塞漏洞，在采购中享受批量优惠，从而达到节约成本的目的。

中国石油率先在石油行业采用电子商务手段，并率先完成业务计划、战略合作伙伴选择等事项，能够抢占市场先机。

讨论：

中国石油是如何对电子商务供应链进行管理的？

QR 与 ECR 策略
详解

第2章 电子商务供应链管理中的信息技术

教学目标

1. 了解电子商务供应链管理中相关信息技术的基本概念。
2. 掌握条码技术、RFID 技术、EDI 技术、GIS 技术、大数据技术、物联网技术、区块链技术的基本概念及其应用。

引导案例

爱普香料集团股份有限公司在自身的各个业务区域建立了高效、全方位的无线网络，便于各项数据实时、准确地进行流转；同时引入条码技术，根据自身现状建立条码应用管理系统，以使用手持式移动数据终端采集条码、获取数据的方式代替原来的手工记录方式并贯穿企业的整个业务流程，从而提高工作效率，消除人为因素导致的差错。借助条码技术，爱普香料集团股份有限公司获得了明显的效益。

思考：

1. 什么是条码技术？
2. 条码技术给企业经营管理带来了哪些好处？

2.1 传统供应链管理信息技术

电子商务供应链的发展离不开信息技术。其中，条码技术、RFID 技术、EDI 技术和 GIS 技术是支撑供应链发展的传统信息技术。企业在充分运用传统信息技术的同时，也要充分发展新兴信息技术，以使电子商务供应链更具生命力。

传统供应链管理信息技术

2.1.1 条码技术

1. 条码技术概述

早在 20 世纪 40 年代，美国的乔·伍德兰德（Joe Woodland）和伯尼·西尔沃（Berny Silver）两位工程师就开始研究用代码表示食品项目及相应的自动识别设备，并于 1949 年获得了美国专利。但条码（又称条形码）得到实际应用和发展还是在 20 世纪 70 年代左右。到现在，世界上绝大多数的国家和地区都已普遍使用条码，而且其应用范围越来越广，并逐步渗透到许多技术领域。

什么是条形码

知识链接

1970 年，美国超级市场 AdHoc 委员会制定了通用商品代码（Universal Product Code，UPC），许多团体也提出了各种条码符号方案。次年，布莱西公司研制出布莱西码及相应的自动识别系统，用于库存验算。

1972 年，蒙那奇·马金（Monarch Marking）等人研制出库德巴码（Code bar），至此美国的条码技术进入新的发展阶段。

日本从 1974 年开始着手建立销售终端（Post of Sales，POS）系统，研究出标准化的信息输入方式、印制技术等，并在 1978 年制定了日本物品编码（Japanese Article Number，JAN）。

条码由一组按一定编码规则排列的黑白线条和数字组成，用以表示特定的信息。39 条码是具有自校检功能的条码。条形码的工作原理：要将按照一定规则编译出来的条形码转换成有意义的信息，需要经历扫描和译码两个过程。条码技术是迄今为止最为经济、实用的一种自动识别技术，它具有以下几个方面的优点。

（1）可靠、准确。利用键盘输入数据的出错率为三百分之一，利用光学字符识别（Optical Character Recognition，OCR）技术输入数据的出错率为万分之一，而采用条码技术的误码率低于百万分之一。

（2）数据输入速度快。条码输入的速度是键盘输入的 5 倍，并且条码输入能实现"即时数据输入"。

（3）经济、实惠。与其他自动识别技术相比，推广应用条码技术所需费用较低。

（4）灵活、实用。条码可以单独使用，也可以和有关设备组成识别系统实现自动识别，还可以和其他控制设备联系起来实现整个系统的自动化管理。同时，在没有自动识别设备时，也可以用键盘输入条码。

（5）自由度大。识别装置与条形的标签相对位置的自由度要比 OCR 大得多。条码通常只在一维方向上表达信息，而同一条码所表达的信息完全相同并且连续，这样即使标签有一部分欠缺，仍可以从正常部分输入正确的信息。

（6）设备简单。条码识读设备结构简单，操作容易，无须专门训练。

（7）易于制作。条码可印刷，称为"可印刷的计算机语言"。条码标签易于制作，对印刷技术、印刷设备和印刷材料无特殊要求，且设备也相对便宜。

2. 条码系统的结构与分类

条码系统一般由条码、条码识读设备、应用系统3个部分组成。条码一般粘贴或打印在商品上。条码识读设备与应用系统相连，我们可利用该设备扫描商品的条码，获取商品的唯一标识数据，从而快速在应用系统中找到对应的商品数据记录，并根据实际业务（如入库、销售等）对该商品数据记录进行增、删、改等相应操作。

根据维度的不同，条码可以分为一维条码、二维条码和三维条码。

（1）一维条码。一维条码起源于20世纪40年代，应用于20世纪70年代，普及于20世纪80年代。它是在计算机应用和实践中产生并发展起来的一种广泛应用于商业、邮政、图书管理、仓储、工业生产过程控制、交通等领域的自动识别技术，具有输入速度快、准确度高、成本低、可靠性强等优点，在自动识别技术中占有重要的地位。图2-1所示为某快递服务的一维条码。

图2-1　某快递服务的一维条码

一维条码指仅在一个维度方向上表示信息的条码符号，常用的一维条码的码制包括 EAN、39 码、交叉 25 码、UPC、128 码、93 码、ISBN 及 Code bar 等。一维条码扫描器，如激光型扫描器、影像型扫描器，都通过从某个角度将光束发射到标签上并接收其反射的光线读取条码信息，因此，在读取条码信息时，光线要与条码呈一个倾斜角度（角度不能为 90°），这样光束就会发生漫反射，从而将模拟波形转换成数字波形。如果光束与条码垂直，则会导致一部分模拟波形过高而不能正常地转换成数字波形，从而无法读取信息。

（2）二维条码。二维条码又称二维码，常见的二维码为 QR Code，是近几年来在移动设备上流行的一种编码方式，它比一维条码能存储更多的信息，也能表示更多的数据类型。二维条码是由某种按一定规律在平面（二维方向）上分布的特定的几何图形组成的、黑白相间的、记录信息的图形，其在代码编制上巧妙地利用构成计算机内部逻辑基础的"0""1"比特流的概念，使用若干与二进制相对应的几何图形来表示信息，可通过图像输入设备或光电扫描设备自动识读以实现信息自动处理。它具有条码的一些共性：每种码制都有其特定的字符集，每个字符都占有一定的宽度，具有一定的校验功能等。同时，它还能对不同行业的信息进行自动识别及处理图形旋转变化点。

（3）三维条码。三维条码的英文为 VR Code，其中 VR 是 Visual Recognition

电子商务供应链管理（微课版）

（视觉识别）的缩写，由创始人陈绳旭重新定义并标识为"三维条码"，并在全球范围内申请相关知识产权保护。三维条码相较于二维条码具有更大的信息容量、相同的识别便易性和更强的安全性。其编码方式是先将文本编译成一串二进制数字，然后通过特定的算法并结合图像整体的色彩内容，将该二进制数字串与图像信息编码为一组可以通过特定规则解读的阵列。并且除了可以用机器设备读取该图像阵列以外，仅用人眼辨识也可以获取部分乃至全部文本信息。

3. 条码技术在电子商务供应链中的应用

条码技术已广泛应用于电子商务供应链活动的各个环节。企业在产品的生产、销售、运输、仓储等各个环节都可以应用条码技术进行方便、快捷的管理。条码技术像一条纽带，把产品生命周期中各阶段产生的信息连接起来，使企业在激烈的市场竞争中处于有利地位。

条码技术在电子商务供应链中的应用具体如下。

（1）生产管理。条码在生产管理中的应用包括应用产品识别码（Product Identification Number，PIN）监控生产，采集生产测试数据，采集生产质量检查数据，进行产品完工检查，建立产品档案。

（2）运输管理。现代交通运输已广泛应用条码技术进行管理，用条码技术录入货物的品名、规格、数量等数据，促进了运输管理信息化、自动化。相关机构规定，货物运输中，货物的包装上必须贴上条码，以便对所运货物进行自动识别和统计管理。

（3）仓储管理。仓储管理系统根据货物的品名、型号、规格、产地、品牌名、包装等划分货物品种，并且为货物分配唯一的编码，也就是"货号"（条码），分货号管理货物库存和管理货号的单件集合，并且将其应用于仓库的各种操作。

（4）配送管理。物流配送中心无论是为制造商配送原材料，为连锁分店配送商品，还是为消费者配送零售商品，都要根据配送指令进行商品包装、分拣、挑选、捆绑等作业活动。利用条码技术实行自动化作业，可大大提高配送作业效率和减少物流作业活动中的差错与事故，保证及时、准确地将商品配送到目的地。

（5）POS 系统。现代零售商场广泛采用 POS 系统进行商场管理，在商品上贴条码，通过光电扫描仪读取条码数据并将其输入 POS 系统。POS 系统能提供精确的销售、库存数据统计资料，有利于商场及时补货，掌握商品销售、库存情况，以及实行经济核算，为商场快速反馈商品的进、销、存各环节的信息，为经营决策提供依据。

2.1.2 RFID 技术

1. RFID 技术概述

射频识别（Radio Frequency Identification，RFID）技术是从 20 世纪 90 年代开始兴起的一种自动识别技术，是利用射频信号通过空间耦合（交变磁场或电磁场）实现无接触信息传递并通过所传递的信息达到识别目的的技术。RFID 技术的主要核心部件是一个电子标签，直径不到 2 毫米，通过

什么是 RFID

相距几厘米到几米的传感器发射的无线电波，可以读取电子标签内存储的信息，识别电子标签代表的物品和人。

RFID 系统主要由以下 3 个部分组成。

（1）RFID 标签（RFID Tag）。RFID 标签由耦合元件及芯片组成，每个标签都具有唯一的电子编码，附着在目标物上，如图 2-2 所示。标签载有可用于认证识别其所附着的目标物的相关信息数据。标签可以是只读的、读/写兼具的，也可以是写一个/读多个的。通常，主动式标签（RFID 标签的一个类别）需要专用电池支持其传输器及接收器的工作，但随机存取存储器（Random Access Memory，RAM）不一定大。另外，主动式标签的使用寿命与其电池寿命直接相关。

图 2-2　RFID 标签

（2）RFID 阅读器（RFID Reader）。RFID 阅读器是读取（有时还可以写入）标签信息的设备，又称解读器、识读器。它的任务是通过射频收发器接收来自标签的已编码的射频信号，对标签的认证识别信息进行解码，将认证识别信息连带标签上的其他相关信息传输到主机进行处理。RFID 阅读器有手持式、固定式两种，如图 2-3 所示。

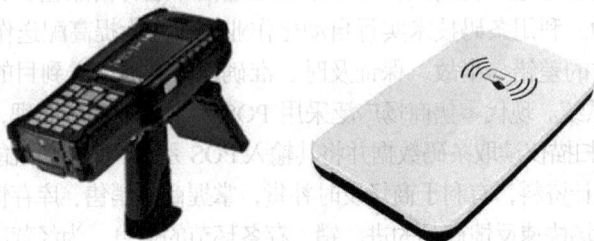

图 2-3　RFID 阅读器

（3）天线（Antenna）。天线在标签和阅读器间传递射频信号。一个 RFID 系统至少应包含一根天线（不管是内置的还是外置的），以发射和接收射频信号。有些 RFID 系统由一根天线发射和接收射频信号，有些 RFID 系统则由一根天线发射射频信号而由另一根天线接收射频信号，所采用天线的形式及数量视具体应用而定。天线如图 2-4 所示。

图 2-4　天线

RFID 技术最大的优点是非接触识别，它能穿透雪、雾、冰、涂料、尘垢和条码无法使用的恶劣环境阅读标签，并且阅读速度极快，大多数情况下不到 100 毫秒就能完成阅读。RFID 技术的特点如图 2-5 所示。

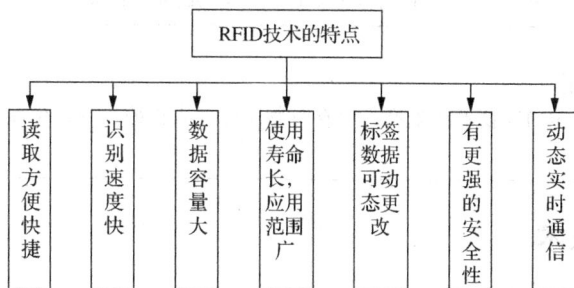

图 2-5　RFID 的特点

2. RFID 技术在电子商务供应链中的应用

（1）RFID 技术在电子商务供应链生产管理中的应用。由于 RFID 标签具有强抗污染能力和强耐久性，在涂料生产、高温、多尘等特殊环境下，RFID 系统仍可对整个生产线上的原材料、半成品和成品进行自动识别与跟踪，及时获得产品数量、传送路线、质量控制程度等与组装工艺直接相关的瞬时常数，从而帮助企业加强对生产过程的管理。特别是在采用准时生产（Just In Time，JIT）方式的流水线上，RFID 阅读器能快速地从品类繁多的库存中准确地找出所需的原材料，写有加工要求的电子标签还可指导流水线上工人的操作。

（2）RFID 技术在电子商务供应链库存管理中的应用。RFID 技术将企业从大量重复作业中解脱出来。大批量出入库数据通过 RFID 系统实现实时采集、传递、核对、更新，提高了工作效率和准确度，这使 RFID 技术在产品入库、存储、盘点、出库各个业务环节都有应用。

当产品入库、出库时，大包装不需要打开，车辆也可以不停下来，RFID 阅读器会自动识别产品出入库数量，并将读取到的信息传输到供应链管理系统中，然后更新 RFID 标签内产品的存储地点和状态信息。在存储产品时，由于 RFID 标签包含产品生产日期、保质期、存储方法以及不能与其共存的产品等丰富的信息，企业可以最大限度地减少产品在仓储过程中的耗损，仓库中的某个产品也不会因同类产品过多而被单独放置过久以至过了保质期。盘点产品也可由 RFID 阅读器自动完成。当仓库中的产品出现不正常移动时，RFID 系统还可以报警。

（3）RFID 技术在电子商务供应链物流管理中的应用。借助以 RFID 技术为基础的软件和硬件技术构建的 RFID 系统，将使生产、仓储、采购、运输、销售及消费等过程发生根本性的变化。目前，RFID 技术已经在电子商务供应链物流管理的诸多环节中发挥着重要的作用。在配送环节，采用 RFID 技术能加快配送的速度和提高拣选与分发的效率与准确率，并能减少人工成本、配送成本；在运输环节，采用 RFID 技术将标签信息、地理位置信息等经过互联网发送给运输调度中心，这样供应商和经销商就能够比较方便地查阅货物现在的位置状态；在销售环节，当货物被客户取走时，装有 RFID 阅读器的货架能够实时报告货架上的货物情况，并通知系统在适当的时候补货，这样可以节约人工成本，提高工作效率。

> **课堂讨论**
>
> 上文介绍了 RFID 技术在生产、库存与物流管理方面的应用，你知道 RFID 技术的缺陷有哪些吗？

2.1.3　EDI 技术

1. EDI 技术概述

电子数据交换（Electronic Data Interchange，EDI）技术是指利用计算机进行业务数据处理的技术，在基于互联网的电子商务普及之前，它曾是一种利用计算机进行商务处理的新方法。EDI 技术将贸易、运输、保险、银行和海关等行业的信息，用一种国际公认的标准格式，转换成结构化的事务处理的报文数据格式，

什么是 EDI

通过计算机通信网络，使各有关部门、企业之间进行数据交换与处理，并完成以贸易为中心的全部业务过程。EDI 包括买卖双方数据交换、企业内部数据交换等。在 EDI 中，报文相当于文章，段如同文章的章节，复合数据元如同词组，数据元和代码则如单字。

EDI 的发展至少已经经历了 20 年，其发展和演变的过程充分显示了商业领域对其重视的程度。人们将 EDI 称为"无纸贸易"（Paperless Trade），将 EFT（Electronic Funds Transfer，电子转账）称为"无纸付款"（Paperless Payment）。

经过 20 多年的发展和完善，EDI 技术作为一种全球性的具有巨大商业价值的电子化工具，具有以下几个显著的特点。

（1）单证格式标准化。EDI 传输的是企业间格式标准化的数据，如订购单、报价单、发票、货运单、装箱单和报关单等，这些信息都具有固定的格式与行业的通用性。

（2）报文标准化。EDI 传输的报文符合国际标准或行业标准，这是计算机能自

动处理的前提条件。目前，广泛使用的 EDI 标准是 UN/EDIFACT 和 ANSIX.12。

（3）处理自动化。EDI 传递信息的路径是从企业的计算机到数据通信网络，再到商业伙伴的计算机。信息的最终接收者是计算机应用系统，它自动处理传递来的信息，因此这种数据交换流程是机—机、应用系统—应用系统，无须人工干预。

（4）软件结构化。EDI 功能软件包含 5 个模块：客户界面模块、内部 EDP 接口模块、报文生成与处理模块、标准报文格式转换模块和通信模块。这 5 个模块功能分明，结构清晰，构成了较为成熟的商业软件。

（5）运作规范化。EDI 以报文的方式交换信息，EDI 报文是目前商业化应用中最成熟、最有效、最规范的电子凭证之一，具有法律效力，已被普遍接受。

2. EDI 的工作流程

EDI 使所有贸易单证的传送都由 EDI 通信网络实现，并且买卖双方单证的处理全部（或大部分）由计算机系统自动完成。EDI 的工作流程可以划分为 3 个阶段。

（1）文件的结构化和标准化处理。企业首先将原始的纸面商业或行政文件，经计算机处理，转换成符合 EDI 标准的、具有标准格式的 EDI 文件。

（2）传输和交换。企业用自己的本地计算机系统，将 EDI 数据文件经过 EDI 通信网络和交换网传送到已登录的 EDI 服务中心，继而转发到对方用户的计算机系统。

（3）文件的接收和自动处理。对方用户的计算机系统收到发来的 EDI 数据文件之后，立即按照特定的程序自动对其进行处理。对于生产企业来说，其 EDI 系统的工作流程可以描述为：企业收到一份电子订单，系统自动处理该订单，检查订单是否符合要求；然后通知企业内部管理系统安排生产；向零配件供应商订购零配件；向运输公司预订运输集装箱；向海关、商检等部门报关、报检；通知银行并给订货方开电子发票；向保险公司申请保险等。EDI 技术通信网络的工作流程如图 2-6 所示。

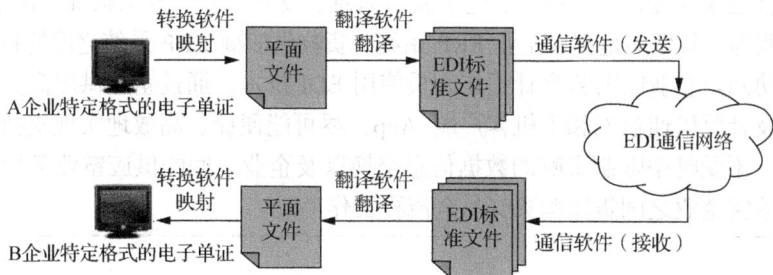

图 2-6　EDI 技术通信网络的工作流程

3. EDI 技术在电子商务供应链中的应用

（1）供应链协同之三单匹配。供应链协同工作中三单匹配的实际具体含义是，在传统的货币支付过程中，企业的财务会计工作人员需要全面掌握货物供应商为交易开具的发票、企业物资管理部门在货物入库之后开具的入库单以及企业内部物资采购部门与货物供应商签订的订单或者相关法律合同，将这3种票据上的信息进行仔细核对，如果发现有不一致的地方，应及时反映给相关的工作人员进行票据的修改，并运用 EDI 技术将发票信息传送到货物供应商的 ERP 系统中，或者货物购买方的财务会计工作人员有效使用供应商关系管理系统，通过互联网，对货物购买方实施开票流程。货物供应商准确收到货物购买方提供的开票信息之后，经过相关财务会计工作人员的核实，一般情况下就会将开票信息直接导入增值税税控开票系统，生成并打印增值税专用发票。运用 EDI 技术，企业的财务会计工作人员不需要花费太多精力就可以完成发票信息与入库单信息的匹配工作，从而减少了人力资源的浪费，缩短了工作时间，提升了工作效率。

（2）供应链协同之验票。供应链协同的验票工作主要是货物购买方收到货物供应商提供的交易发票之后，货物购买方的财务会计工作人员对发票上标注的税率、金额等有效信息进行仔细核对，检查货物供应商提供的发票的真实性；之后，相关财务会计工作人员进一步对进项税进行抵扣，然后根据企业之间的实际交易情况，制作凭证记账。企业有效利用 EDI 技术及计算机通信技术，尽可能地实现验证发票及货物供应商开具发票的整个流程的智能化。货物供应商的相关财务会计工作人员在开票之前需要先在 EDI 系统或者供应商关系管理系统中获取企业的开票信息，只需要执行简单的操作就可以将开票信息自动导入货物供应商的增值税税控开票系统。双方可以在企业供应商关系管理系统中，共享结算单信息，这在一定程度上节约了企业交易核对的经济成本，提升了企业财务会计工作人员的工作效率。

（3）企业供应商关系管理系统。企业供应商关系管理系统涉及供应商准入管理（采购寻源）、供应链执行（物料交付）和供应商评价3个环节。企业供应链管理中，企业供应商关系管理系统主要运用于企业的原材料保障供应链。企业供应商关系管理系统在企业供应链管理执行过程中包括采购订单、预测、叫料、发货通知、包装运输标签、收货确认、电子发票信息、发票对账、发票认证、付款凭证、往来对账等，其作用是实现企业 ERP 系统与货物供应商 ERP 系统之间的自动交换和业务协同。企业的财务会计工作人员使用 EDI 技术，通过企业供应商关系管理系统以及计算机通信网和手机客户端 App，尽可能便捷、高效地实现支持多种交易渠道、不受时空限制影响的数据信息交换以及企业之间的供应链业务协同，从而有效落实企业之间货物购买交易全流程工作。

> **课堂小案例**
>
> 　　知行 EDI 平台助力于希杰荣庆物流供应链解决方案，成功对接星巴克、舍弗勒、达能、美赞臣、巴斯夫、江森自控、西门子、费森尤斯，为客户提供统一的接入平台，通过 EDI 等技术，实现与运输管理系统（Transportation Management System，TMS）、仓储管理系统（Warehouse Management System，WMS）的实时订单交互和货物跟踪。

2.1.4　GIS 技术

1. GIS 技术概述

地理信息系统（Geographical Information System 或 Geo-Information System，GIS）是一种空间信息系统，它具有信息系统的各种特点。它是在计算机硬件和软件系统的支持下，对整个或部分地球表层（包括大气层）空间中的有关地理分布数据进行采集、储存、管理、运算、分析、显示和描述的技术系统。GIS 有别于其他信息系统的本质特征是空间查询与分析。GIS 处理、管理的对象是多种地理空间实体数据及其相互关系，包括空间定位数据、图形数据、遥感图像数据、属性数据等，用于分析和处理分布在特定地理区域内的各种现象和过程，以解决复杂的规划、决策和管理问题。

GIS 具有以下 3 个方面的特征。

（1）具有采集、管理、分析和输出多种地理信息的能力，具有空间性和动态性。

（2）由计算机系统支持进行地理空间数据管理，并由计算机程序模拟常规的或专门的地理分析方法，作用于地理空间数据，产生有用信息，完成人类难以完成的任务。

（3）计算机系统的支持是 GIS 的重要特征，因而 GIS 能快速、精确、综合地对复杂的地理系统进行空间定位和过程动态分析。

2. GIS 的类型

GIS 按内容可分为以下几类。

（1）工具型 GIS

工具型 GIS 也称 GIS 开发平台或外壳，它是具有 GIS 基本功能，供其他系统调用或用户进行二次开发的操作平台。

（2）应用型 GIS

应用型 GIS 是根据用户的需求和应用目的而设计的，用于解决一类或多类实际应用问题。除了具有 GIS 基本功能外，应用型 GIS 还具有分析地理空间实体和空间信息的分布规律、分布特性及相互依赖关系的应用模型和方法。应用型 GIS 按研究对象的性质和内容又可分为专题型 GIS、区域型 GIS 和实用型 GIS。

3. GIS 在物流行业的应用

GIS 在物流行业的主要应用包括生成最佳配送路线、车辆跟踪和导航。

（1）生成最佳配送路线。企业可以利用 GIS 设置车辆型号以及载货量限制、车速限制、订单时间限制，融合多旅行商分析与导航规划，精选出最佳配送路线；还可以根据客户需求将目的地一次性批量导入 GIS，根据订单地址精确生成地图点位，进而生成最佳配送路线，提高配送效率，节约配送成本。

（2）车辆跟踪和导航。GIS能接收全球定位系统（Global Positioning System，GPS，是一种以人造地球卫星为基础的高精度无线电导航的定位系统，它在全球任何地方以及近地空间都能够提供准确的地理位置、车行速度及精确的时间信息）传来的数据，并将它们显示在电子地图上，帮助企业动态地进行物流管理。企业借助GIS可以实时监控运输车辆，实现对车辆的定位、跟踪与优化调度，以降低配送成本，并在规定时间内将货物送到目的地，这在很大程度上避免了迟送或错送。此外，根据电子商务网站的订单、供货点和调度方案等信息，企业可以随时对货物进行跟踪与定位管理，掌握货物的动态信息，从而增强自身对供应链的控制能力，提高客户满意度。

2.2 新兴供应链管理信息技术

2.2.1 大数据技术

大数据是指现有的一般技术难以管理的大量数据的集合，大数据技术是大数据的应用技术，能够处理比较大的数据量。此外，能对不同类型的数据进行处理。大数据技术不仅能对大量简单的数据进行处理，而且能够处理一些复杂的数据，如文本数据、声音数据以及图像数据等。

1. 大数据的定义

麦肯锡全球研究所对大数据的定义是：一种规模大到在获取、存储、管理、分析方面大大超出了传统数据库软件工具能力范围的数据集合，具有数据规模大、数据流转快、数据类型多样和价值密度低四大特征。适用于大数据的技术，包括大规模并行处理（Massively Parallel Processing，MPP）数据库、数据挖掘电网、分布式文件系统、分布式数据库、云计算平台、互联网以及可扩展的存储系统。

什么是大数据

2. 大数据技术在电子商务供应链中的应用

大数据技术来源多样、体量大、生成快，构成也比较特殊。各行业开始从大数据中挖掘商业信息，各类企业纷纷建立自己的大数据平台，通过大数据分析来开拓战略市场。

（1）大数据技术在物流中的应用。电子商务离不开物流，物流在电子商务供应链中起到了举足轻重的作用。企业借助大数据技术，通过对物流运营中的仓储、运输、配送环节所产生的数据进行分析，可以得到合理的物流运营方案。基于大数据分析结果进行采购，有助于寻找优质的供应商、掌握合理的价格从而降低成本。在货运过程中利用 GPS 和大数据技术，对货运的全程进行远程监控，可以规划合理的行车路线，确保行车安全，同时减少油耗。运用大数据技术进行合理的分析可以给空车配货，避免空车往返浪费资源。

（2）大数据技术在电子商务中的应用。随着电子商务的发展，大量数据产生了，企业通过大数据分析可以发现其中有价值的商业信息。在市场竞争日趋激烈的背景下，大数据技术可以帮助企业为客户量身定制个性化服务，并对商品进行精准的市场预测和营销分析，从而促进商品的销售。

（3）大数据技术在物流管理中的应用。通过大数据分析，物流数据可以帮企业找到合理的路线和配货管理方式，气象和交通数据可以帮助企业制定合理的物流和采购策略。

2.2.2 物联网技术

物联网是在互联网基础上延伸和扩展的网络，将各种信息传感设备与互联网结合起来而形成的一个巨大网络，实现在任何时间、任何地点，人、机、物的互联互通。物联网在我国最初被称为传感网，1999 年后正式使用"物联网"这一名称，其在工业、农业、交通、医疗、教育、军事等领域得到了广泛的应用，尤其是在物流行业日益受到重视。

1. 物联网的定义

物联网是指通过信息传感设备，按约定的协议，将任何物体与网络相连接，使物体通过信息传播媒介进行信息交换和通信，以实现智能化识别、定位、跟踪、监管等功能。物联网领域中有很多热门技术，如 RFID、无线传感器网络（Wireless Sensor Networks，WSN）、GPS、车载系统、掌上电脑（Personal Digital Assistant，PDA）以及窄带物联网（Narrow Band Internet of Things，NB-IOT）等。

什么是物联网

这些技术使物流中每一个节点都能够融入物联网大框架，使每一个独立的物流模块都能够相互通信，从而提升了物流运输的效率并构建了一体化的物流信息平台。

2. 物联网中的关键应用技术

物联网目前已成为 IT 界的新兴领域，引发了相当热烈的研究和探讨。不同群体对物联网的定义不同，认为其所涉及的关键应用技术也不相同。可以确定的是，物联网涵盖了从信息获取、传输、存储、处理直至应用的全过程，只有在材料、器件、软件、网络等各个方面都有所创新才能促进其发展。物联网中主要有 3 项关键应用技术。

（1）RFID 技术。RFID 技术是一项利用射频信号通过空间耦合（交变磁场或电磁场）实现无接触信息传递并通过所传递的信息达到识别目的的技术。RFID 赋予了物联网可跟踪的特性，使人们可以随时掌握物品的准确位置及其周边环境。物联网的可跟踪性可使沃尔玛平均每年节省约 83.5 亿美元，其中大部分是因为不需要人工查看进货的条码而节省的劳动力成本。RFID 技术帮助零售业解决了断货和商品损耗（因盗窃和供应链混乱而损失商品）两大难题，如仅盗窃一项，沃尔玛一年的损失就接近 20 亿美元。

（2）传感网。微机电系统（Micro Electro Mechanical Systems，MEMS）是传感网的组成部分，是由微传感器、微执行器、信号处理和控制电路、通信接口及电源等部件组成的一体化微型器件系统。其目标是把信息的获取、处理和执行过程集成在一起，组成具有多功能的微型系统，从而大幅度地提高系统的自动化、智能化和可靠性水平。MEMS 赋予了普通物体新的生命，使它们有了属于自己的数据传输通路，有了存储功能、操作系统和专门的应用程序，从而形成一个庞大的物联网。这让物联网能够通过物体来实现对人的监控与保护。

（3）云计算。云计算旨在通过网络把多个成本相对较低的计算实体整合成一个具有强大计算能力的完美系统，并借助先进的商业模式让终端用户可以得到这些强大计算能力的服务。云计算的一个核心理念就是通过不断提高"云"的处理能力，不断减少终端的处理负担，最终将"云"简化成一个单纯的输入、输出设备，并能按需运用"云"强大的计算能力。物联网利用感知层获取大量数据，在经过网络层的传输以后，将这些数据放到一个标准平台上，再利用性能好的云计算对其进行处理，赋予这些数据智能，使其最终转化成对终端用户有用的信息。

知识链接

物联网在电子商务中的7种应用方式

客户与市场分析：物联网有助于电子商务企业分析客户和整个市场的需求，从而使自己从竞争中脱颖而出。

个性化推荐：物联网可以为电子商务企业带来无限的可能，为每个客户或一组客户提供个性化服务。

保持一致的营销：与运用移动端 App 相比，许多人仍然会运用自己的计算机来最终决定要在网上购买什么。营销人员能够将其桌面和移动营销作业与每个客户联络起来，并且物联网能够检测同一个人运用的多个设备。这有助于电子商务网站向个人营销，而不管他们运用什么类型的设备。

库存跟踪和管理：这是物联网在电子商务中的直接应用方式之一，RFID 标签、物联网传感器和其他芯片等技术使实时库存管理成为现实，同时也简化了货物进出仓库的流程。

环境条件监控：物联网有助于控制仓库的环境条件，如温度、湿度或噪声水平，这对易腐货物尤其重要。

供应链与物流管理：成功的电子商务企业需要一个覆盖从订单准备到货物交付全程的不间断和高效的供应链，以确保其中不出现风险，物联网使用 GPS 和 RFID 技术来跟踪运输途中的货物，确保货物移动时不会有丢失的风险。

3. 物联网在电子商务供应链中的应用

（1）商品管理方面的应用。企业在商品管理中可以借助物联网实现商品追踪系统的构建，也可以借助相应的编码技术或对应的网际互联协议（Internet Protocol，IP）技术实现对相关商品的唯一标识，这样有助于企业真正实现经营的基本目的，同时还能保证高效率运营。一方面，物联网能够让企业实现对商品状态的合理监控，确保其质量符合既定的要求；另一方面，物联网还能让客户对商品实现合理的辨别，对商品的真实情况进行更为细致的了解，由此获取客户的信任和关注，促使其更积极地参与消费环节。

（2）库存管理方面的应用。物联网的加入使电子商务呈现飞速发展的态势，实现了一定的发展目标。企业借助科学的物联网可实现对库存情况的合理掌握；通过相对全面且实时地获取与传输数据，可使更为合理的库存体系得以构建并呈现自动化的基本特点，从而实现科学合理的库存管理目标。此类管理模式可以最大限度地降低相应的管理成本，确保营销效率稳步提升，适当地控制客户在消费上浪费的时间，保证客户获得更为完整的消费体验。

（3）物流配送方面的应用。物联网的应用使电子商务的发展迎来了崭新的局面，在线销售情况发生了极为显著的变化，进一步带动电子商务物流产业稳定快速地前进。借助物联网，整个物流过程呈现日渐完善的状态，配送效率也得到了有效提升。

2.2.3 区块链技术

从科技层面来看，区块链涉及数学、密码学、互联网和计算机编程等很多科学技术问题。从应用层面来看，简单地说，区块链是一个分布式的共享账本和数据库，具有去中心化、不可篡改、全程留痕、可以追溯、集体维护、公开透明等特点。这些特点保证了区块链的"诚实"与"透明"，为区块链获取信任奠定了基础。而区块链丰富的应用场景，基本上都基于区块链能够解决信息不对称问题，实现多个主体之间的协作信任与一致行动。

什么是区块链

1. 区块链的定义

区块链（Blockchain）相当于一个去中介化的数据库，由一串数据块组成。它的每一个数据块中都包含了一次比特币网络交易的信息，而这些都是用于验证其信息的有效性和生成下一个区块的。狭义来讲，区块链就是一种按照时间顺序来将数据块以顺序相连的方式组合成的一种链式数据结构，以及以密码学方式保证的不可篡改和不可伪造的分布式账本。广义来讲，区块链是利用块链式结构验证与存储数据，利用分布式节点共识算法生成和更新数据，利用密码学方式保证数据传输和访问的安全，利用由自动化脚本代码组成的智能合约编程和操作数据的全新的分布式基础架构与计算范式。

2. 区块链技术在电子商务供应链管理中的应用

（1）"一物一码"，区块链定义"防伪溯源"。区块链的特点之一便是能够"防伪溯源"，它通过强大的溯源能力，可以为每一位客户提供完整的商品溯源服务；基于"一物一码（芯）"锚定商品，通过对接第三方系统或扫码设备等，实现对每件商品的供应链的完整溯源，确保数据源头可信、企业身份可信、溯源数据可信。

（2）数字身份 ID，重建"人人互信"体系。利用区块链，结合传统身份验证方式，企业可以为每一位客户量身打造唯一、可信、可追踪的数字身份 ID，以商品为枢纽，基于点对点的沟通方式以及去中心化网络结构不可篡改的特性，杜绝"一号多用，一人多号"等情况发生。同时，利用区块链也可打造客户身份数据库，收集客户信息，包括评论、购买力等，对商品进行多维度的可信度打分，为客户提供多角度、立体的商品视野。

2.3 电子商务供应链信息技术的应用

信息化是物流发展的必然趋势，信息技术使电子商务供应链管理的过程更加简化和便利，信息技术及其物流运作的一体化将会在以后的交易中占据日益重要的地位。本节通过介绍 H 企业的案例阐述物流信息技术在整个供应链中的应用。物流信息系统必须具有可得性，即企业希望获得物流活动的重要数据时，应该很容易从计算机系统中获取所需数据。信息流是供应链管理中的关键因素，信息技术已经被看作提高企业生产效率和竞争力的主要因素。

2.3.1 H 企业现状及存在的问题

H 企业创立于 1984 年，提出了"联合舰队"的管理模式。其一开始只生产冰箱，后来拓展到家电、通信、数码产品、家居、物流、金融、房地产、生物制药等领域。2015—2016 年，H 企业连续两年进入全球品牌 TOP100，位列全球白色家电行业品牌第一。2017 年，欧睿国际称：H 企业 2016 年大型家用电器零售量占全球总零售量的 10.3%，居全球第一。

H 企业的物流信息化建设以订单信息流为中心，使供应链上的信息同步传递，这是实现以速度取胜的重要手段。H 企业启用 ERP 系统，并对企业各个管理节点进行流程改造。ERP 系统的使用提高了 H 企业物流管理的效率，同时使其电子商务平台得到了进一步的拓展。H 企业 ERP 系统的组成如图 2-7 所示。

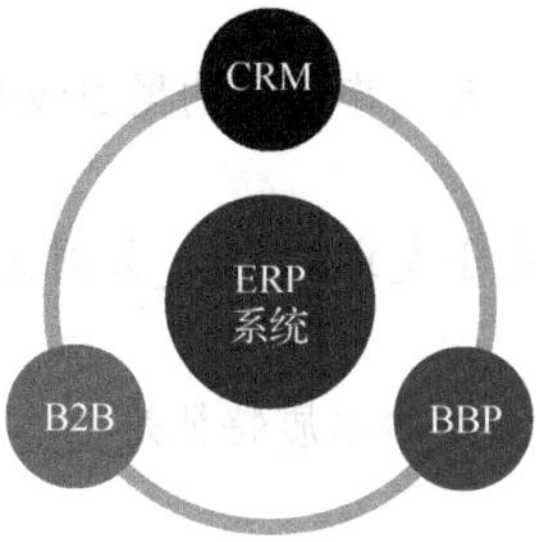

图 2-7 H 企业 ERP 系统的组成

H 企业主要存在以下问题。

（1）投资过大，本末倒置。H 企业设计建设第三方、第四方物流系统，需要大量资源，会造成正常生产运营受阻。

（2）业务面过大，导致业务多而不精。随着在计算机、手机、生物制药、家庭整体厨房方面的投入增加，H 企业的主业受到影响。

2.3.2 H 企业电子商务供应链信息技术的应用

H 企业供应链信息化系统架构具体如下。

（1）内部搭建 ERP 系统，同步用户信息。

（2）外部搭建客户关系管理（Customer Relationship Management，CRM）系统与 BBP 采购系统（电商采购平台），建立企业与用户、供应商沟通的桥梁。H 企业通过 BBP 采购平台及时补货，实现 JIT 采购和 JIT 配送。BBP 采购系统可以实现网上招标和投标、供应商自我维护、订单跟踪等业务流程。它的成功实施有效提高了采购效率，优化了供应商选择，大幅度降低了整个供应链的成本，为企业赢得了新的利润空间。

📖 **思考与练习**

1. 选择题

（1）GIS 物流分析软件集成了多个模型，用于确定一个或多个设施的位置的是（   ）模型。

    A. 分配集合   B. 网络物流   C. 车辆路线   D. 设施定位

（2）物流信息系统必须具有（   ），当企业希望获得物流活动的重要数据时，应该能很容易地从计算机系统中获取所需数据。

    A. 精确性   B. 可得性   C. 及时性   D. 可扩展性

2. 填空题

（1）信息流是供应链管理中的关键因素，_____已经被看成提高企业生产效率和获得竞争优势的主要来源。

（2）条码由一组宽度不同、反射率不同的黑白线条和____按一定编码规则组成，用以表示一组数据和符号。

（3）在 EDI 中，_____相当于文章，_____如同文章的章节，_____如同词组，数据元和代码则如同单字。

（4）GIS 有别于其他信息系统的本质特征是_____。

3. 简答题

（1）简述条码的基本原理。

（2）简述 RFID 系统的构成。

（3）简述 EDI 的特点。

（4）简述 GPS 的概念。

4. 论述题

电子商务如今已成为人们日常生活中不可或缺的一部分，但电子商务自身的缺陷对其发展的影响日益明显。电子商务所面临的种种问题完全影响了其进一步发展的可能性及规范性，从技术层面解决电子商务目前所面临的供应链问题、支付问题、信任问题、安全问题成为电子商务行业的首要任务。而区块链便成为电子商务行业所寻找的"突破口"。

试论述区块链在电子商务供应链各个领域的应用及其优缺点。

📖 **案例分析**

新兴信息技术助力盒马鲜生打造新零售格局

1. 盒马鲜生介绍

盒马鲜生是阿里巴巴旗下新零售模式的典型代表。截至 2021 年，全国已有 2000 家盒马鲜生完成布局，主要开设在一线、二线城市。盒马鲜生集线上 App、线下门店与特色餐饮于一体，给予消费者全新的体验。

2. 依托大数据打造精准选址、精准采购、精准推送、精准物流的数据闭环

从选址开始，盒马鲜生依托淘宝线上大数据，确定在网购用户基数大、消费能力强的区域开设门店，其背后是阿里巴巴多年来的用户大数据采集和分析技术。盒马鲜生采用 App 会员制度，将自己的用户数据与支付宝用户数据进行整合。线上购买时，消费者的消费倾向被系统记录，线下付款时，可采用电子价签，结账采用 ReXPOS 智能收银机，用户通过 App 打开支付宝或绑定的银行卡进行结算，效率高。盒马鲜生通过对用户热衷或冷淡的产品数据进行分析，确定产品的库存量和采购量，挖掘新上市产品，形成精准采购，并根据用户的个人数据绘图，在 App 上给用户精准推送其喜好的产品。

3. 利用移动互联技术改变服务

一是使用户可以不受时间与空间的限制，能够指定所在区域内的门店在任意时间段下单，并在早上 7 点到晚上 10 点为其送货，满足了用户对无障碍购物的需求。二是响应迅速，分布式网络布局实现了无时差订单接收配送，做到了门店与用户之间的及时响应而不是传统的客服单一式响应，规避了产销脱节的问题。三是实现了基于地理位置的目标人群精准营销，将目光牢牢锁定在 3 千米销售范围内的用户身上，为特定人群提供优质服务。同时，实施 App 会员绑定制度为固定消费人群、培养用户的消费习惯起到了重要作用。

4. 智能物流

盒马鲜生物流的智能化体现在采用智能履约集单算法保证订单串联出最优配送批次；采用智能店仓作业系统对货位进行调动，并确定任务派送、协同工种等事件；采用智能配送调度系统实现人、货、场的最优匹配；采用智能订货分配系统分析门店历史销量，对不同区域的产品销量进行预测。

讨论：

总结新兴信息技术在盒马鲜生供应链方面的应用。

条码技术与
RFID 技术详解

第3章 电子商务供应链采购管理

引导案例

新希望集团在国家"一带一路"倡议及"互联网+"新思维的引导下，将年轻化、国际化、互联网化和产业金融一体化作为新时期发展的引擎。新希望集团发挥行业、资源和管理优势，与专业的电子商务应用软件服务商——时力科技合作，利用互联网和电子商务技术，打造了一个行业性的供应链综合服务平台——新电子商务中心，推动电子商务服务与实体经济的发展。

新电子商务中心由最初为新希望集团提供网上购销服务，逐渐发展成为制造商、贸易商、上下游客户提供一站式综合服务的多功能平台。它利用交易中心的网络平台，将行业的线上交易和线下销售进行重新组合，同时依托管理中心、财务中心和技术中心，为广大会员企业提供产品销售服务、原材料贸易服务、供应链服务、结算支付服务、融资服务、物流服务等。借助现代化信息技术手段，新电子商务中心最终发展成为辐射全国的具有"互联网+"智慧物联网和"互联网+"金融功能的别具特色的行业电子商务平台。

思考：

1. 什么是新电子商务中心？
2. 新电子商务中心有什么优点？

3.1 采购管理概述

随着经济全球化发展，企业间的竞争日益激烈。采购作为获取资源的主要手段，是企业竞争优势的重要来源。如何进行有效的采购管理，最大限度地获取需要的物料和服务，是每个企业都必须解决的问题。

3.1.1 采购的定义与分类

1. 采购的定义

采购是指有需求的主体从众多的备选客体中,有选择地通过合同方式,有偿取得所需要的物资、工程或服务。不难看出,采购有两层含义:一是"采",就是要有选择;二是"购",就是通过交易将所选对象的所有权从其所有者手中转移到自己手中。

采购的定义

2. 采购的分类

依据不同的划分标准,采购分为不同的类别,如图 3-1 所示。企业应针对不同的采购类别,实施不同的采购策略。

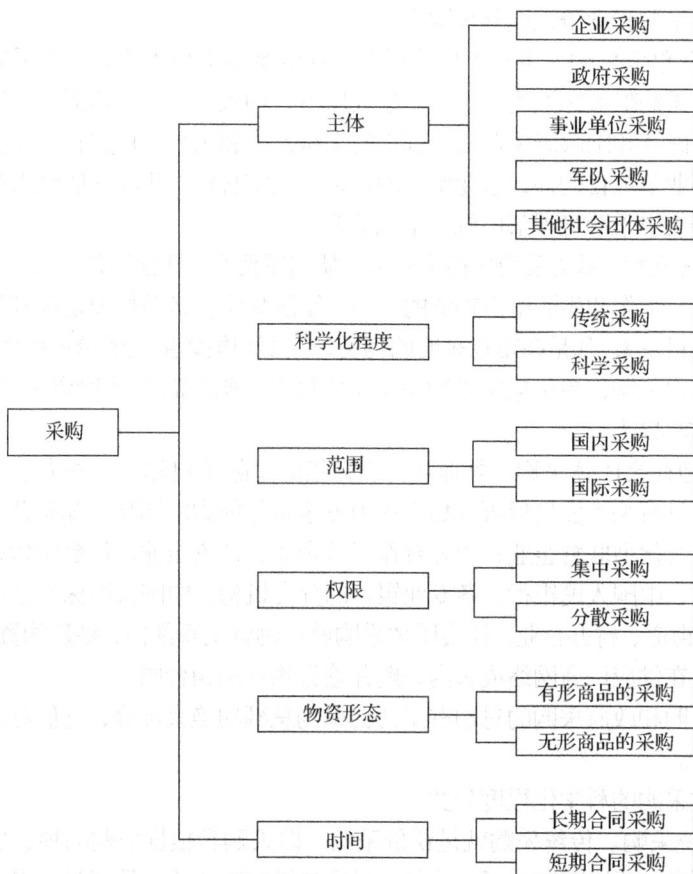

图 3-1 采购的分类

(1)按采购的主体分类。

① 企业采购。企业采购是现今市场经济条件下最主要的采购形式之一。企

业是大批量商品生产的主体，为了实现大批量商品的生产，也就需要采购大批量原材料。没有采购，生产就不能进行。企业采购不仅数量大、采购市场范围广，而且要求特别严格。企业要对自身的需求品种、需求量、需求规律进行深入研究，要对国内外众多的供应商进行分析研究，还要对采购过程中各个环节进行深入研究和科学操作，才能顺利完成采购任务，保证生产所需的各种物资的适时、适量供应。

② 政府采购。政府采购是指各级政府为了开展日常政务活动或为公众提供服务，在财政部门的监督下，以法定的方式、方法和程序，通过公开招标、公平竞争，规定由财政部门以直接向供应商付款的方式，从国内外市场上为政府部门或所属团体购买货物、工程和服务的行为。其实质是市场竞争机制与财政支出管理的有机结合，其主要特点就是对政府采购行为进行法制化的管理。政府采购主要以招标采购、有限竞争性采购和竞争性谈判采购为主。

③ 事业单位采购。事业单位使用财政性资金购买列入政府集中采购目录或金额超过集中采购限额标准的货物、工程或服务，均属于政府集中采购范围，必须按照《中华人民共和国政府采购法》确定的采购方式和采购程序进行。除少量零星用品可以由事业单位自购外，事业单位的设备、大宗材料、用品一般纳入政府集中采购，由政府集中采购管理部门统一组织采购。

④ 军队采购。军队采购是指军队单位使用军费（包括预算外经费），获取装备、训练、建设、工作和生活所需物资的行为。军队规定，各单位要定期制订颁发《物资集中采购目录》，凡是向市场采购的物资，只要归集数量大或单项价值高的物资，都要实行集中采购；单位集中采购率（年度集中采购金额/年度物资采购总金额），必须达到80%以上。

⑤ 其他社会团体采购。其他社会团体指的是除了自然人、法人之外的一些其他的虽然不具有法人资格但可以独立承担民事责任能力的团体，如私营独资企业、合伙组织；合伙型联营企业；中外合作经营企业、外资企业；社会团体；营业法人的分支机构；中国人民银行、各专业银行的分支机构；中国人民保险公司的分支机构；乡镇、街道、村办企业。社会团体采购就是物资主管部门，搭建物资采购平台，由企业自主在供应厂商网络成员内采购并签订物资购销合同。

企业采购和政府采购的总额占了社会采购总额的绝大部分，它们对社会经济生活影响巨大。

（2）按采购的科学化程度分类。

① 传统采购。传统采购就是议价采购，即采购者根据采购品种、数量、质量等方面的要求，货比三家，通过谈判，最后与供应商达成一致意见，得以成交的采购形式。传统采购主要包括询价采购、比价采购。

② 科学采购。所谓科学采购，是指在科学理论的指导下，采用科学的方法和现代科技手段实施的采购。科学采购根据指导理论和采取的方法的不同，可划分为订货点采购、JIT 采购、物料需求计划（Material Requirement Planning，MRP）采购、

供应链采购、招标采购和电子商务采购。

（3）按采购的范围分类。

① 国内采购。所谓国内采购，是指采购商以本国货币向国内供应商采购所需物资的活动。例如，国内机械制造企业向国内钢铁企业采购钢材，国内服装企业向国内纺织企业采购布料等。国内采购主要指在国内市场采购，但采购的物资并不一定是本国生产的，这些物资的采购都以本国货币支付货款。

② 国际采购。所谓国际采购，是指国内采购商直接向国外供应商采购。当国外物资价格低、品质高、性能好、综合成本低时，可考虑国际采购。国内采购商一般直接向国外供应商咨询，与国外供应商谈判，或者向国外供应商设在本地的代理商咨询。国际采购的范围很广，包括高新技术产品、成套技术设备、必须进口的原材料等的采购。

（4）按采购的权限分类。

① 集中采购。所谓集中采购，是指由企业的采购部门全权负责企业的采购工作，即企业生产所需的物资都由一个部门负责采购，其他部门以及分厂、分公司均无采购职权。

② 分散采购。所谓分散采购，是指按照需要，由企业设立的部门自行组织采购，以满足生产经营的需要。分散采购适用于以下几种情况：批量小、价格低的物资采购；市场资源有保证，运输费用低的物资采购；各基层部门具有相应检测能力的物资采购。

（5）按采购的物资形态分类。

① 有形商品的采购。有形商品包括原材料、能源、辅助材料、半成品、零部件、成品等。原材料是指构成产品本体部分的物料。能源是指煤炭、燃油等燃烧产生热量的物资，有时也被归为原材料。辅助材料是指虽不构成产品实体，却是产品生产过程中不可缺少的物料，如清洗剂、润滑油、包装物等。半成品是指已经经过初步加工，尚需进一步加工的物料。零部件是指已经完成全部加工过程，只待组装的物料。成品是指具有一定的独立功能，可以对外销售的产品。成品有时是相对的，如在供应链上，某上游企业的成品，对下游企业而言很可能只是零部件或半成品，甚至是原材料。

② 无形商品的采购。无形商品主要指技术和服务。技术是指制造某种产品、应用某种生产工艺或提供某种服务所需的技能知识。服务包括安装服务、培训服务、维修服务和某些特殊服务。

（6）按采购的时间分类。

① 长期合同采购。长期合同采购是供应商和采购商为了在较长时期内维持稳定的供需关系，通过合同的形式，将这个时期的供需关系固定下来的采购。长期合同的有效时间通常在一年以上。在合同期内，采购商承诺在供应商处采购其所需产品，供应商保证满足采购商在产品品种、规格、数量等方面的需要。

② 短期合同采购。短期合同采购指采购商为满足生产经营活动的需要实施的一次性采购。

课堂小案例

　　海尔采取的采购策略是利用全球化网络集中购买，以规模优势降低采购成本，同时精简供应商队伍。对于供应商关系管理，海尔采用的是郊外商业中心（Suburban Business District, SBD）模式，即共同发展供应业务。海尔将很多产品的设计方案都直接交给供应商，由供应商提供很多零部件，根据市场的产品预测将待开发的产品形成图纸，这样一来，供应商就真正成了海尔的设计部和工厂，从而加快了海尔的产品开发速度。许多供应商的厂房和海尔的仓库之间距离很短，大大节约了运输成本。海尔本身则侧重于核心产品的买卖和结算业务。

3.1.2 采购管理的定义与目标

1. 采购管理的定义

　　所谓采购管理，是指为保障企业物资供应，对采购活动进行计划、组织、协调和控制的活动，以保证采购计划完成。它不仅面向全体采购人员，而且面向企业的其他人员（负责有关采购的协调配合工作），其任务是调动整个企业的资源，满足企业的物资需求，确保企业经营战略目标实现。

采购管理的
重要性

2. 采购管理的目标

采购管理的目标具体如图 3-2 所示。

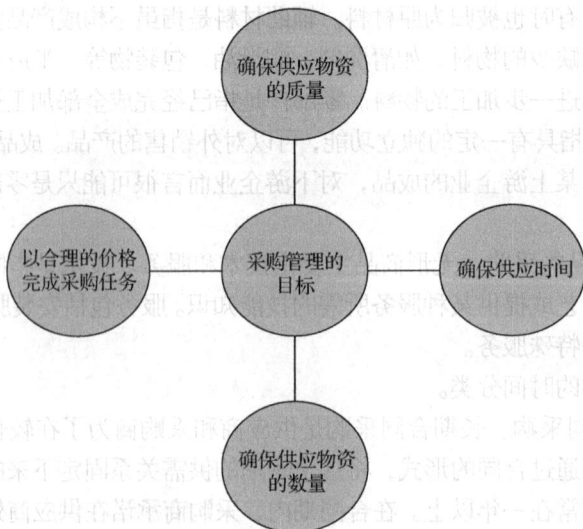

图 3-2　采购管理的目标

（1）确保供应物资的质量。质量是产品的生命。唯有具备质量合格的原材料、外协件，才能生产出合格的产品。如果原材料、外协件不合格，入库前做退货处理，将造成采购过程中人力、财力的浪费；如果制造出成品推向市场，因质量问题造成退货，会进一步增加生产过程中各种资源的浪费。此外，产品的质量问题会损害消费者的利益，进而影响企业的声誉，不利于企业的长远发展。当然，外购产品的质量只要合格就可以了，否则会增加产品的质量成本。

（2）确保供应时间。目前，企业为了加速资金周转，减少资金占用，将备料的提前期大大缩短，通常根据市场需求组织生产，安排原材料供应，对于到货准时性的要求越来越高。时间上的延误，将影响企业的生产经营，产生不利的经济后果。

（3）确保供应物资的数量。企业在生产经营中总需要准备一定的原材料。但是，准备的数量不是越多越好，也不是越少越好，应维持在适当的水平。库存量过大，一段时间内消耗不完的话，必然会造成原材料的积压，这样不仅占用了资金，减缓了流动资金的周转速度，而且会导致原材料报废。当然，库存量亦不能过小，否则容易导致原材料供不应求、停工待料，影响企业生产经营。

（4）以合理的价格完成采购任务。物资的采购价格是影响采购成本的重要因素。因此，以合理的价格完成采购任务，是采购管理的主要目标之一。在全球范围内的工业产品总成本构成中，原材料及零部件的采购成本所占的比例为30%～90%，平均在60%左右。因此，物资的采购价格对总成本影响较大。价格高了，增加了产品的总成本，产品在市场上就失去了竞争力；价格低了，供应商会因利润空间太小而缺乏合作热情，或因无利可图而停止供货。两者都是不可取的。

3.1.3 采购管理的内容和步骤

1. 采购管理的内容

采购管理的内容概括起来包括3个方面：一是与采购需求有关的企业内部管理，二是企业外部市场和供应商的管理，三是采购过程本身的管理。

（1）与采购需求有关的企业内部管理。对于生产部门根据年度生产计划，提出的该年度的原材料、零部件、辅助材料等的需求计划；销售部门根据年度销售情况，提出的成品需求计划；固定资产管理部门提出的设备添置、维修需求计划；技术、科研部门提出的新产品开发需求计划；后勤保障部门提出的物资保障需求计划……采购管理相关人员要对这些计划进行审查、汇总，并就采购的物资品种、规格、数量、质量以及进货时间等，与各部门研究协商，综合平衡，编制出切实可行的采购计划。

（2）企业外部市场和供应商的管理。采购管理相关人员要了解外部市场是买方

市场还是卖方市场，是垄断市场还是竞争市场，是卖方完全垄断的市场还是垄断竞争市场，又或是寡头垄断的竞争市场；不但要了解国内市场，还要了解国际市场，针对不同的市场采取不同的采购策略。毫无疑问，良好的供应商群体是实现采购目标的基础。为此，企业必须努力做好供应商管理工作，其中的必要环节，包括供应商的调查、供应商的审核认证、供应商的选择、供应商管理系统的使用、供应商的考核、供应商的激励与控制，以及必要时终止与供应商的合作等。

（3）采购过程本身的管理。采购管理系统是企业管理系统的一个重要子系统，而采购管理是企业战略管理的重要组成部分。管理群体一般由中层管理人员组成。这些管理人员不仅要对采购有关的事务负管理责任，更重要的是要对具体的采购业务实施管理。具体的采购业务包括采购谈判、签订合同、安排催货、组织运输、验收入库、支付货款等一系列工作。这些管理人员除了指挥业务人员尽职尽责做好本职工作外，还要取得企业内部各部门、外部供应商等的支持与配合。唯有如此，才能确保采购任务的完成。

2. 采购管理的步骤

采购管理的步骤大体分为 9 步，如图 3-3 所示。

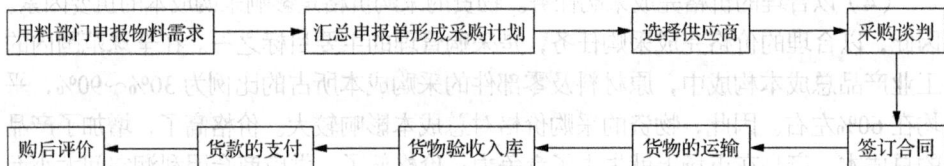

```
用料部门申报物料需求 → 汇总申报单形成采购计划 → 选择供应商 → 采购谈判

购后评价 ← 货款的支付 ← 货物验收入库 ← 货物的运输 ← 签订合同
```

图 3-3 采购管理的步骤

（1）用料部门申报物料需求。用料单须有用料的详细说明，如物料的名称、规格、型号、数量、交付日期及其他特殊要求。

（2）汇总申报单形成采购计划。采购部门对申报采购的物料，根据需要与可能进行汇总平衡后，做出采购决策。具体包括以下几类决策：品种决策，即物料的品种、规格、型号及功能等；数量决策，即计划期内应当采购的数量；批量决策，即每次进货的批量；时间决策，即每次进货的时间；采购方式决策，即采用何种方式采购，是集中采购还是分散采购，是传统采购还是科学采购，是国内采购还是国际采购。最后形成采购计划。

（3）选择供应商。选择供应商是采购的基本环节，企业要通过供应商的调查、供应商的审核认证、供应商的考核，选择优秀的供应商作为合作伙伴。

（4）采购谈判。无论采取何种采购方式，都离不开与供应商谈判。谈判要坚持正确的原则，要讲究谈判策略，大宗货物的采购谈判要由有经验的谈判者负责。谈判关乎采购的全局，不可有任何闪失。

（5）签订合同。谈判的成果、供需双方的权利与义务及所达成的其他共识，要通过合同的形式确立下来，以提供法律上的保障。

（6）货物的运输。货物的运输通常由供应商组织，有时由采购商自行组织。在采购商自行组织的情况下，有多种运输方式可供选择，如公路运输、铁路运输、水路运输、航空运货、联合运输等。究竟选择何种运输方式，要依据货物的性质、运费的高低、时间的急缓、货损的程度、运输的安全等进行综合考虑，做出正确决策。

（7）货物验收入库。货物验收入库是采购的最后一个环节，也是关键环节。验收的内容包括货物的品种、规格、质量、数量等。验收中发现的问题要依照规定妥善处理。不合格品不得入库，更不能进入生产过程，否则不仅会造成人力、财力资源的巨大浪费，还会损害客户的利益和企业的形象，不利于企业的长远发展。

（8）货款的支付。货物检查合格入库后，企业必须按合同的规定及时支付货款。货款结算的方式有支票、汇票、本票、异地托收承付、委托银行收款和信用卡支付等。

（9）购后评价。购后评价包括两个方面的内容：一方面是对采购绩效做总结，发扬优点，改善不足，进一步提高采购质量；另一方面是对采购人员的表现做总结，表扬先进，找出差距，以便他们做好今后的工作。

3.2 电子商务供应链采购管理概述

在经济全球化的背景和供应链管理环境下，市场竞争已经由单一企业之间的竞争转变为供应链之间的竞争，企业越来越倾向于通过寻求合作和对外部资源的有效利用来赢得竞争的制胜权。采购作为企业整合外部资源的战略业务单元，其管理内容已经发生了深刻的变化，不再是被动地坐等物资需求计划的提出、按照采购计划进行询价或比价采购和开展催交或催运等事务性工作，而是拓展为企业采购战略研究和采购策略制定、企业内部需求计划管理、企业外部供应商管理、企业内部采购管理体制和业务运行机制管理、采购信息管理、供应过程控制、物流管理等策略性、控制性内容。

供应链管理的
核心理念

3.2.1 供应链采购管理概述

1. 供应链采购管理的定义

供应链采购管理以采购产品为基础，通过规范的定点、定价和订货流程，建立供应链企业中产品需求方和供应商之间的业务关系，同时通过招投标方式实现供应链企业的采购，从而达到降低采购产品价格、提高采购产品质量和提高供应商服务质量的目的。

从供应链整体目标来看，供应链采购是一种战略性活动。首先，通过传递需求信息与竞争者的信息，供应链采购可以帮助企业重新修订战略，以充分利用市场机会。其次，供应链采购能通过识别已存在的供应商和开发新的供应商来支持企业战略的实现。最后，供应链采购可以为其他职能部门提供价值。企业在认识到供应链采购的重要性后，在与之相关的重要决策中会考虑供应链采购的影响，从供应链采购方面获得更多的信息并基于这些信息进行前瞻性预测，以支持其他职能部门的工作。

2. 供应链采购管理的目标

供应链采购管理的主要目标是在总成本最低的前提下，保证原材料的供应不会中断，提高成品的质量，保证客户满意。供应链采购管理的目标可以细分为以下几个。

（1）为企业的运作不间断地提供所需的原材料、物品和服务。

（2）将存货投资和损失降到最低。

（3）保持和提高成品质量。

（4）寻找或开发具有竞争优势的供应商。

（5）尽可能使采购的产品标准化。

（6）以最低的总成本采购所需的产品和服务。

（7）提高企业的竞争地位。

（8）与企业内其他职能部门建立起融洽的、有利于提高生产效率的关系。

（9）以尽可能低的管理成本实现采购的目标。

3. 供应链采购管理的基本流程

在相应的采购管理机构和管理机制，以及自制与外包决策既定的基础上，供应链采购管理的基本流程由以下几个方面组成，如图3-4所示。

（1）采购需求分析。弄清企业希望采购什么物资，采购数量为多少，什么时候需要什么物资等。掌握企业全面的物资需求，可为制订科学合理的采购计划做准备。

（2）资源市场分析。根据企业所需要的物资品种和采购类型分析资源市场情况，包括资源分布情况、供应商情况、价格情况和交通运输情况等。

（3）制订采购计划。根据企业物资需求种类、采购类型、资源市场情况，制订切实可行的采购计划，包括对供应商的要求、供应商供货品种以及具体的订货策略、运输策略、实施进度计划等。

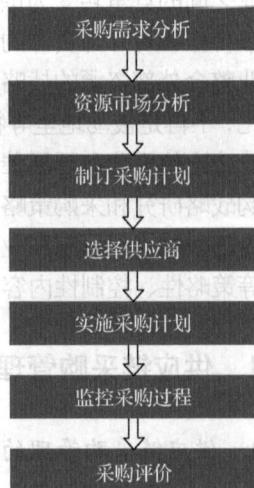

图 3-4 供应链采购管理的基本流程

（4）选择供应商。根据采购计划和采购需求、资源市场的分析结果，确定供应商的选择标准和数量。

（5）实施采购计划。实施具体的采购计划，包括联系指定的供应商、贸易洽谈、签订购货合同、运输货物、到货验收和支付货款等。

（6）监控采购过程。在整个采购过程中需要进行相应的监控工作，包括监控采购流程、效率和效能、采购资金的支付情况等。

（7）采购评价。在完成一次采购后应对本次采购进行评价，主要包括评价采购活动的效果、总结经验教训、寻找问题、提出改进意见等。

课堂小案例

美国某著名采购研究机构对多家国际大型企业的采购管理体制进行了长期跟踪和调查研究，其公开发表的供应绩效标杆报告显示，近 6 年来，90%以上的国际大型企业均采用高度集中型和中央领导型采购管理体制，并且采购管理体制多呈现集中化趋势。这些企业在总部整合需求、实施集团化采购，将更多的采购份额向少数战略供应商倾斜。这样一来，在其显著提高资源获取能力、议价能力和风险防控能力的同时，战略供应商也获得了稳定的市场占有率。在战略合作的模式下，供需双方成为上下游紧密协作的供应链稳定节点，并趋向于建立长期稳定的战略联盟。

3.2.2 电子商务供应链采购管理的定义与模型

1. 电子商务供应链采购管理的定义

电子商务供应链采购管理以企业级内部 ERP 系统为基础，在统一对人、财、物各类资源，产、供、销各个环节的管理，规范企业的基础信息及业务流程的基础上，建立全国范围内经销商的电子商务协同平台，并实现外部电子商务平台与企业内部 ERP 系统的无缝集成，以及电子商务过程的全程贯通。

2. 电子商务供应链采购管理模型

电子商务供应链采购管理是供应链管理中的重要一环，是实施供应链管理的基础。电子商务供应链采购管理模型如图 3-5 所示。

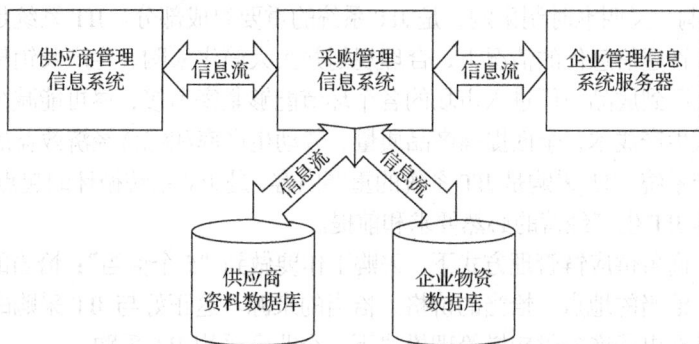

图 3-5　电子商务供应链采购管理模型

在该模型中，采购部门负责对整个采购过程进行组织、控制、协调，它是联系企业与供应商的纽带。

供应商通过处理来自企业的信息，预测企业需求以便备货，当订单到达时按时发货，货物质量由供应商自己控制。这个模型的要点是通过信息交流来降低库存量，以降低库存量来推动管理优化，畅通的信息流是实施这个模型的必要条件。

设计一个适合企业的信息处理系统是确保信息流畅通的关键，一般将此模型分成内部信息交流系统和对外信息传递系统两个部分。

（1）内部信息交流系统

关于信息处理系统的解决方案有很多，但它们对采购管理的关注都很少，有的系统甚至不支持采购管理信息的处理。现有的制造资源计划（Manufacturing Resources Planning，MRP）系统或 MRP Ⅱ系统以及比较流行的 ERP 系统都不能很好地支持基于供应链的采购管理，甚至缺乏专门为采购管理设置的数据库。

什么是MRP

因为这些解决方案只考虑如何合理地运用企业内部的资源来提高效率、降低成本，而极少考虑运用企业外部资源来创造价值。也有一些专用的采购管理信息系统，但它们多独立存在于其他系统之外，无法很好地和企业的其他系统集成。

（2）对外信息传递系统

信息技术的发展为企业与外界进行信息交流提供了很多平台，互联网和传真已被广泛应用于商业信息传递。EDI 是一种电子数据交换规范，基于 EDI 系统双方可使用同一种格式进行数据编辑和信息传递。EDI 系统的特点是传递信息快、种类多，保密性好，但其费用高，不适合中小型企业使用。

3.2.3 电子商务供应链采购管理的方法

电子商务供应链采购管理方法主要有 JIT 采购、供应商管理库存和连续补货。

1. JIT 采购

JIT 采购，又叫准时制采购，是 JIT 系统的重要组成部分。JIT 系统是企业在生产自动化、管理信息化的情况下，合理规划并大大简化采购、生产及销售过程，使从原材料进厂到成品出厂进入市场的各个环节能够紧密衔接，尽可能减少库存，从而达到降低生产成本，全面提高产品质量、劳动生产率和综合经济效益的目的的一种先进生产系统。JIT 采购是 JIT 系统的重要内容，是 JIT 系统循环的起点，推行 JIT 采购是实施 JIT 生产经营的必然要求和前提。

在电子商务供应链管理方式下，采购工作要做到"5 个恰当"：恰当的数量、恰当的时间、恰当的地点、恰当的价格、恰当的来源。这正好与 JIT 采购的基本思想一致。所以在电子商务供应链管理模式下，企业多采用 JIT 采购。

在传统的采购模式中，采购的目的是补充库存，即为库存采购。随着全球经济一体化程度的加深，市场竞争更加激烈，竞争方式已由原来企业与企业之间的竞争，转变为供应链与供应链之间的竞争。因此，在电子商务供应链管理模式下，采购将由为库存采购向以订单驱动转变，以适应新的市场经济发展趋势。制造订单是在客户需求订单的驱动下产生的，这种 JIT 的订单方式，可以使电子商务供应链准时响应客户的需求，同时也能有效降低库存成本。

2. 供应商管理库存

供应商管理库存（Vendor Managed Inventory，VMI）是指供应商对下游企业的库存进行管理与控制。采用该方法给下游企业带来的好处是可以免除对库房建设的投资，节约库房管理的人工成本，同时使生产所需物料也有充分保证。对于供应商而言，这样做能够对下游企业的需求进行合理调剂，也减少了自身的库存总量。该种方法要求下游企业实时向供应商提供生产计划、生产进度和销售情况，同时要求供应商对自身库存的产品品种和数量做到精准掌控，确保下游企业生产所需的物料。

3. 连续补货

连续补货是指在信息共享机制的支持下，上下游节点企业之间小批量、快速、连续地供应物料和产品，以满足客户需求的供应链运作方法。在由原材料供应商、制造商、销售商和客户组成的供应链中，由于实现了信息共享，各节点企业都能实时掌握客户需求的变化情况。依据这种变化，原材料供应商小批量、快速、连续地组织物料的供应，制造商快速地组织产品的生产，并将产品快速送至销售商处，销售商迅速满足客户的需求。小批量供货可帮助节点企业实现库存最小化，并降低库存成本。小批量快速供货不但可以降低库存，更可按需组织生产，迅速满足变化后的市场需求，提升供应链的市场竞争力，使供应链上的所有企业受益。

3.3 电子商务供应链采购管理方法的应用

本节将深入剖析 X 企业 JIT 采购管理案例，通过调查研究，总结分析了其存在的问题，以相关理论为指导，以经典案例为参考，将其采购管理纳入供应链管理的分析框架，重点阐述了其在采购流程再造、供应商管理等方面的优化策略。

3.3.1 X 企业存在的问题

采购物流是整个物流活动的起点。目前，很多企业仍困惑于用什么样的办法快速、高效地组织自己的采购物流，很多企业也设计了一些物流系统，但作用甚小。下面以一个典型案例——X 企业的物流系统为例进行讲解，希望给大家以启示。

近年来，随着经济的全球化、信息的网络化，现代物流业有了较快的发展。与此同时，企业的压力越来越大，而原先并不被一些企业重点关注的采购也有了新的定义以及增值的空间。在一些企业中，各种物料的采购成本更是高达其销售成本的 70%，因此，对采购流程进行优化势在必行。JIT 采购管理针对采购中的成本、效率等因素采取了有效措施，使企业在竞争中占取先机，得到有利的竞争地位。但是，一些企业采购管理水平较低，物流采购基础设施落后，且对于 JIT 采购管理理念的认识浅薄。相对于其他活动而言，JIT 采购管理理念落后、JIT 采购专业人才短缺、JIT 采购管理方法不当等问题使企业仍无法与顺利实施 JIT 采购管理的企业相抗衡。

一些企业面对日趋激烈的市场竞争，尽管也开始重视 JIT 采购管理，但是实际效果并不理想。这主要与采用的采购管理方法不当有关，因此，采取切实有效的采购管理方法是企业取得战略性胜利的关键所在。从以下 3 个问题来看 X 企业如何解决这些问题。

（1）X 企业怎样实施 3 个 JIT 同步流程（JIT 采购、JIT 生产、JIT 配送）？

（2）X 企业物流的"一流三网"的同步模式可以实现哪些目标？

（3）X 企业应该采用什么方式来高效地组织物流系统？

3.3.2　X 企业供应链采购管理方法的应用

1. 3 个 JIT 同步流程

（1）X 企业怎么实施 JIT 采购。X 企业通过全球统一采购、招标竞价、网络优化供应商来进行 JIT 采购。

① 全球统一采购。X 企业生产产品所需的原材料有 1.5 万个品种，这 1.5 万个品种的原材料基本上要进行统一采购，而且是全球范围内的采购，这样做不仅能实现规模经济，而且有利于寻找全球范围内价格最低的原材料。所以 X 企业的 JIT 采购是指在全球范围内以最低价格进行统一采购，采购价格的降低对物流成本的降低有直接影响。

② 招标竞价。X 企业每年的采购额大约为 100 亿元。它通过竞标、竞价，力求使采购额下降 5%，这样可以降低产品价格，提高利润，增强企业的市场竞争力。

③ 网络优化供应商。网络优化供应商就是通过网络和 IT 平台在全球评估和选择供应商。网络优化供应商比单纯压价重要得多。X 企业使 JIT 采购实现了网络化、全球化和规模化，采取统一采购方式，而且用招标、竞价的方式来不断地寻求采购物流成本的降低。

（2）X 企业怎么实施 JIT 生产。在 ERP 模块中，X 企业由市场需求来拉动生产，由生产来拉动原材料采购，再要求供应商将原材料直送工位，一环紧扣一环。ERP 模块的基础是 ERP 操作平台，ERP 模块的基础决定了生产速度会加快，成本会降低，效率会升高。相反，如果靠传统 ERP 模式去实现 JIT 生产，难度就会很大。

（3）X 企业怎么实施 JIT 配送。目前 X 企业在国内有 4 个配送中心，在德国、美国也有配送中心，X 企业通过这些配送中心来控制生产。不实施 JIT 采购就无法实施 JIT 生产，而要实施 JIT 生产和 JIT 采购，还必须实施 JIT 配送。选择 JIT 配送而不是 JIT 运输，是因为运输是长距离的，配送是短距离的。要做到按照生产的需要实施 JIT 配送，企业需要随时送货，而且货物的数量、规格要符合需要，这就对物流提出了比较高的要求。货物配送时间要准，就要 JIT 生产、JIT 采购、JIT 配送实现零库存。零库存不是库存等于零，而是库存的周转速度要快，周转速度越快，相对来说库存量就越少。JIT 配送是这一切的基础，采购、生产与配送必须同时具备 JIT 条件，即同步流程。流程再造的时候企业要考到这 3 个方面。3 个 JIT 同步流程如图 3-6 所示。

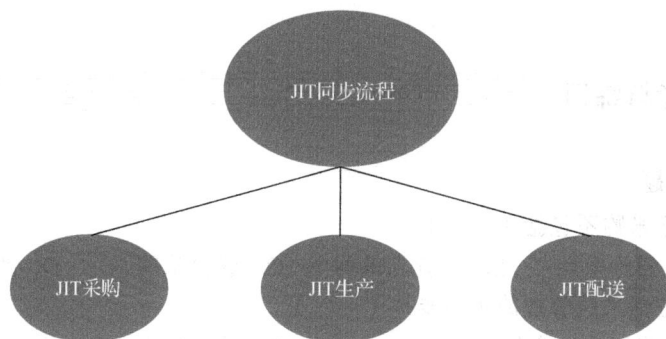

图 3-6　3 个 JIT 同步流程

借助物流技术和计算机信息管理技术，X 企业通过 JIT 采购、JIT 生产、JIT 配送来实现同步流程。目前，通过 X 企业的 BBP 采购平台，所有的供应商均在网上接收订单，并通过网络查询计划与库存，及时补货；货物入库后，X 企业的物流部门可根据次日的生产计划利用 ERP 系统进行配料，同时通过看板管理实现 4 小时送料到工位；X 企业的生产部门按照 B2B（Business to Business，企业对企业）、B2C（Business to Consumer，企业对个人）订单的需求完成订单以后，将满足客户个性化需求的定制产品通过 X 企业全球配送网络送到客户手中。目前 X 企业在中心城市实现 8 小时配送到位，全国 4 天以内配送到位。

2. X 企业物流的"一流三网"的同步模式

（1）X 企业物流的"一流三网"的同步模式充分体现了现代物流的特征。"一流"是指以订单信息流为中心；"三网"分别是全球供应链资源网络、全球客户资源网络和计算机信息网络。"三网"同步运动，为订单信息流的增值提供支持。

（2）X企业物流的"一流三网"的同步模式可以实现3个目标。为订单采购。在X企业，仓库不再是存储物资的"水库"，而是一条"河"，"河"中流动的是按订单采购的生产所需的物资，这样做从根本上消除了呆滞物资。目前，X企业每月平均接到6000多笔销售订单，这些订单的定制产品品种超7000个，需要采购的物料品种超15万个。X企业物流整合以来，呆滞物资减少了73.8%，仓库面积减少了50010平方米，库存资金减少了67010元。X企业物流中心货区面积为7200平方米，但它的吞吐量相当于30万平方米的普通平面仓库的吞吐量。X企业物流中心只有10个叉车司机，而一般仓库完成同样的工作量至少需要上百人。

建立全球供应链网络。X企业通过整合内部资源、优化外部资源，将供应商由原来的2336家减少至978家，国际供应商的比例上升了20%，最终建立了强大的全球供应链网络，通用电气、艾默生、巴斯夫等世界500强企业都成了X企业的供应商，有力地保障了X企业产品的质量和交付时间。不仅如此，更有一批国际化大企业以其高科技和新技术参与X企业产品的前端设计，目前可以参与X企业产品设计的供应商比例已高达32.5%。

思考与练习

1. 选择题

（1）科学采购不包括（　　　）。

    A. 招标采购　　B. 订货点采购　　C. 议价采购　　　　D. 供应链采购

（2）供应链采购管理的第一步是（　　　）。

    A. 资源市场分析　　　　　　　　　B. 采购需求分析

    C. 制订采购计划　　　　　　　　　D. 供应商调查

（3）下列哪项不是JIT同步流程？（　　　）

    A. JIT采购　　B. JIT生产　　C. JIT配送　　D. JIT供应

（4）在全球范围内的工业产品成本构成中，采购的原材料及零部件成本占企业总成本的（　　　）。

    A. 10%～30%　B. 20%～40%　　C. 30%～90%　D. 70%～80%

（5）推行（　　　）是实施JIT生产经营的必然要求和前提条件。

    A. VMI　　　　B. CRP　　　　C. ERP　　　　D. JIT采购

2. 填空题

（1）采购管理的目标是_____、_____、_____和_____。

（2）科学采购根据指导理论和采取的方式方法的不同，可划分为_____、_____、_____、_____、_____和_____。

（3）＿＿＿＿是指供应商对下游客户的库存进行管理与控制。

（4）采购工作的五个恰当分别是＿＿＿、＿＿＿、＿＿＿、＿＿＿和＿＿＿。

3. 简答题

（1）简述采购的步骤。

（2）采购是如何分类的？

（3）什么是供应链采购管理？

（4）供应链采购管理的方法是什么？

4. 论述题

在电子商务供应链管理模式下，采购工作必须符合准时制要求，即供应商要在适当的时间、地点，以适当的数量和质量提供采购商所需的物料。试结合实际，谈谈如何使 JIT 采购的实施更加合理有效。

案例分析

北京铁路局网上采购平台的功能

北京铁路局承担着全国铁路约 1/3 的煤运量、1/4 的货运量、1/5 的运输收入、1/6 的周转量、1/7 的客运量。

自 2000 年以来，北京铁路局完善了采购组织机构，建立了物资计划、渠道、价格和采购四权分离、相互制约的采购机制，实现了采购渠道、采购价格、采购程序和服务承诺"四公开"，集中计划形成批量，进行招（邀、议）标和比质比价采购，确保采购物资质量，降低采购成本。

北京铁路局网上采购平台的主要功能包括以下 3 个。

1. 平台的主要功能

（1）用户注册认证功能：每个用户都有唯一的 ID 和口令，经过系统安全认证，合法用户可以通过互联网随时快捷地进入采购中心。

（2）用户管理功能：通过对系统业务逻辑和流程的分析，为系统中的不同用户分配角色和权限。

（3）产品目录管理功能：创建产品目录，管理产品数据。

（4）广告管理功能：首页推荐支持动态发布与推荐企业和推荐产品管理，以加强平台与供应商之间的互动。

（5）信息管理功能：可以通过浏览器实时在线对政策法规进行信息维护，使信息维护工作变得轻松、高效、方便。

（6）网上服务：可以通过网上留言板、网上调查等进行用户意见收集；网站还提供供求资讯发布栏，使用户及时了解物资供求动态。

2. 渠道管理

（1）供应商可以在前台注册企业和管理员，并可维护企业和业务员信息，设定和修改企业内部不同用户的权限，并可申请成为多家采购商的供应渠道。

（2）采购商可以按多种条件查询供应商信息，根据供应商的申请审查供应商资质，批准供应商成为正式供应渠道，并分配渠道科目和渠道性质。

（3）采购商可以管理供应渠道的收费情况，还可以管理渠道性质、渠道科目及渠道等级等信息。

（4）渠道统计分析。采购商可以按渠道性质、动态及科目类型对不同时间段的渠道进行统计分析。

3. 网上采购

（1）采购定制功能。采购商可以进入定制的产品目录直接选购产品。

（2）产品发布与维护功能。供应商可以通过浏览器在线发布、增加、修改、删除产品数据；批量发布或更新数据；设定产品销售策略；进行定制销售，针对不同的采购商提供只有该采购商可看到的事先约定的内容、价格、库存和服务。

（3）询价和报价采购功能。采购商选择对某一产品进行报价的供应商和生产该产品但未在平台上报价的供应商进行询价，被询价的供应商可以在线报价，并且双方可以进行在线议价，对满意的报价生成采购订单。

（4）采购过程跟踪。系统自动将采购过程和订单生成过程以日志的形式记录下来，便于领导对业务员进行考核和采购员对自身业务进行提醒。

（5）交互谈判功能。系统接受采购商的询价和采购订单，可对该询价单或订单应答进行议价或交互谈判。

（6）订单审批功能。企业的领导层或财务部门可以随时随地对处于采购流程中的订单进行审批。

讨论：

简述北京铁路局网上采购平台的优势与不足。

电子商务供应链
管理的相关概念

第4章 电子商务供应链库存管理

教学目标

1. 了解库存的基本概念，对库存管理的定义有总体认识。
2. 理解库存控制的目标和原则。
3. 掌握电子商务供应链库存管理的方法。

引导案例

联合库存管理的最终目标是在减少物流环节的同时，最大限度地降低物流成本。京东物流，就是通过联合库存管理的方式，为商品销售后的物流选择最优路线，并提高整个销售过程的效率。最具代表性的就是京东物流针对一线城市和二线城市的京东商城自营商品"次日达""限时达"等业务，其便捷、快速的物流方式，使更多的客户选择购买这些自营商品。与此同时，京东物流通过联合库存管理可以更精准地控制商品的库存量，并通过细化的管理方式，更好地调配物流车辆，从而更好地保证供应链的稳定性。从供应链整体来看，联合库存管理减少了库存点和相应的仓库设立费及仓储作业费，从而降低了供应链总的库存费用。

思考：

1. 什么是联合库存管理？
2. 联合库存管理是如何使京东物流为京东商城创造价值的？

4.1 库存管理与库存控制

库存与库存管理越来越为企业所重视。库存是会产生成本的，由于在很多企业中该成本占用了大量的流动资金，因而减少库存、降低库存成本、追求"零库存"是库存管理的目标，也是企业"第三个利润源泉"的重点所在。

4.1.1 库存与库存管理

1. 库存

狭义的库存是指暂时搁置的以备未来需要的物质资源。广义的库存还包括处于制造加工状态和运输状态的物品。库存是仓储最基本的功能，除了存储和保管商品外，库存还具有整合需求和供给，维持物流系统中各项活动顺畅进行的功能。

什么是库存

企业为了能及时满足客户的订货需求，就必须经常保持一定数量的商品库存。配送中心为了维持配送的顺利进行，也必须预先存储一定数量的商品。企业库存不足会造成供货不及时、供应链断裂、丧失市场占有率或交易机会，社会整体库存不足会造成物资缺乏、供不应求。而商品库存维持需要一定的费用，同时还存在由于商品积压和损坏而产生的库存风险。因此，企业既要保持合理的库存量，防止缺货和库存不足，又要避免库存过量，产生不必要的库存费用。

2. 库存管理

库存管理是以控制库存为目的的方法、手段、技术以及操作过程的集合，它是对企业库存的计划、组织、协调和控制。其内容主要是根据市场需求情况与企业的经营目标，确定企业的库存量、订货时间以及订货量等。库存管理的目标有两个：一是降低库存成本，二是提高客户服务水平。

什么是库存管理

4.1.2 库存控制的目标和原则

库存控制是对企业生产、经营全过程中的各种物品、成品以及其他资源进行管理和控制，使其储备保持在经济合理的水平。库存控制是库存管理的重要组成部分。它是在满足客户服务要求的前提下通过对企业的库存水平进行控制，力求尽可能降低库存水平、提高物流系统的效率，以提高企业的市场竞争力。

1. 库存控制的目标

（1）财务合理化。使库存量合理化，降低库存成本，减少库存投资，使营运资金的结构保持平衡；防止有形资产被窃，且使库存价值在账簿上被正确记录，以达到财务保护的目的。

（2）作业合理化。防止生产或销售迟延及缺货，使进货与库存取得全面平衡；减少呆滞商品，使商品因物理和化学上的变化而产生的损失减至最少。

什么是库存控制

课堂讨论

库存管理与库存控制有什么区别和联系?

2. 库存控制的原则

（1）经济效益原则。企业进行库存控制的主要目的是获得良好的经济效益。它包括确定合理的订货时间和订货量。与库存控制有关的成本包括每次订购成本、购入货物成本、存货成本和缺货成本。

（2）完整性原则。企业的库存必须能保证企业生产所需的各项物资的供应。企业既要有适量的原材料的储备，又要有一定的辅助材料、生产器具、燃料等的储备，不能因为采购量小或物资的价值小而想当然地认为可以临时购置，瞬间的环境变化可能完全改变采购的条件。

（3）安全性原则。由于仓库中的物资收发频繁，经常出库、入库及存储，这容易导致库存计量误差、检查疏忽、自然损耗、非法侵占、被盗丢失等情况。因此，企业必须加强安全意识，确保库存的安全。

（4）时效性原则。仓库中的物资要经常检查、及时更新，特别是保险储备物资。

课堂小案例

自 2005 年起，辽宁网通开展了库存压缩控制工作，通过清理库存压缩了库存额度，提高了库存周转率，减少了资金占用。库存控制已在辽宁网通形成了长效机制。具体做法主要有规划仓库设置、压缩物理仓库数量；设置库存限额；强化采购计划管理，从源头上控制库存的增加；优先利用闲置物资，节约采购资金，降低库存；采用 ABC 分析法，抓住库存占用的关键"少数"，个性化控制库存；等等。

4.2　电子商务供应链库存管理概述

电子商务供应链中的电商企业因订单流量的不确定因素，导致出入库作业量不均衡，作业能力不足，普遍面临库位混乱、库存数据不准确、发货困难等一系列问题，从而增加了供应链体系中的整体库存，给供应链中各节点企业带来了不必要的成本负担。因此，如何管理好电子商务供应链中的库存就成为学术界和业界关注的焦点。

4.2.1　供应链库存管理概述

供应链库存管理（Supply Chain Inventory Management，SCIM）是指将库存管

理置于供应链之中，以降低库存成本和提高供应链市场反应能力为目的，从点到链、从链到面的库存管理方法。供应链库存管理通过对整条供应链上的库存进行计划、组织、控制和协调，将各阶段库存控制在最低水平，从而削减库存管理成本，减少资源闲置与浪费，使供应链上的整体库存成本降至最低。

与传统库存管理相比，供应链库存管理不再只是维持生产和销售的措施，而是一种供应链平衡机制。通过供应链库存管理，企业可消除库存管理中的薄弱环节，实现供应链库存的总体平衡。供应链库存管理的特点主要表现在以下几个方面。

（1）管理集成化

供应链库存管理将供应链上的所有库存节点看成一个有机的整体，以供应链运作流程为基础，使物流、信息流、价值流、资金流、工作流贯穿整个流程。因此，供应链库存管理是一种集成化管理。

（2）资源范围扩大

传统库存管理模式下，管理者只需考虑企业内部资源的有效利用。供应链库存管理模式被导入后，企业的资源范围扩大，这就要求管理者将整条供应链上各节点企业的资源全部纳入考虑范围，使供应链上的资源得到最大限度的利用。

（3）企业间关系伙伴化

由于企业主动关注整条供应链的库存管理，供应链上各成员企业间的伙伴关系得到加强，企业间由原先的竞争关系转变为"双赢"关系。

课堂小案例

自 2002 年起，美的开始尝试实施供应链库存管理。美的作为供应链上的"链主"，即核心企业，居于供应链上游且具有较为稳定的供应商 300 多家，其中只有 15% 的供应商距离美的较远。对于这些远程供应商，美的在总部建立了很多仓库，然后把仓库分成很多片区。供应商可以在仓库里租赁一个片区，并把零部件存储在片区里。美的需要用到这些零部件的时候，就会通知供应商，然后进行资金划拨、取货等工作。此时零部件的所有权才由供应商转移到美的手上，而在此之前，所有的库存成本都由供应商承担。也就是说，在进行零部件交易之前，美的把库存成本转嫁给了供应商。

4.2.2 电子商务供应链库存管理的特点和优势

电子商务供应链库存管理借助电子商务反应快速和信息共享的特点，使供应商、客户和生产企业形成一个有机整体。供应链中的核心企业能够在库存变化时及时获取信息，做好准备。通过信息的高速传递，企业能够有效地加速物流和资金流的运转，利用电子商务建设信息管理平台，对供应链的各个环节进行同步，从而提高仓库利用率及库存周转率，降低库存水平，以此提高整个电子商务供应链的库存管理水平。

1. 电子商务供应链库存管理的特点

（1）管理信息化

信息技术的应用是推进电子商务供应链库存管理中信息共享的关键，能够提升整个供应链的信息精度、及时性和流动速度，是提高库存管理绩效的必要措施。创建供应链运作的信息支持平台，构建企业的供应链信息集成系统是企业管理战略的重要内容之一。

（2）库存管理专业化

过去企业产品单一，根据预计的销售量，即可确定相应的周转库存和保险库存。如今，随着用户对个性化产品需求的增强，企业产品系列化、多样化，导致企业总库存急剧增加。电子商务供应链库存管理可以有效地减少成员之间的重复操作，剔除流程的多余步骤，使库存管理低成本化、高效化、专业化。

（3）库存系统化

在电子商务时代，库存是企业经营中重要的一环，其直接决定企业整体交易的完成程度和服务的水准。企业利用系统科学的思想和方法建立库存系统，包括社会库存系统和企业库存系统，以使库存活动能够全方位、全过程、纵深化地得到管理和协调。

2. 电子商务供应链库存管理的优势

（1）统一库存管理，减少多渠道发货对接成本。

（2）共享库存资源，降低企业运营现金流压力。

（3）提高库存周转的灵活性，减少库存损耗。

（4）全国库存自由调拨发货，提高仓配效率。

（5）随着业务量的增加，能缓解发货压力。

4.2.3 电子商务供应链库存管理的方法

以前普遍认为仓库里的物品越多，表明企业越发达、生意越兴隆，而现代管理学则认为零库存是最好的库存状态。了解电子商务供应链库存管理的方法有助于企业提高库存管理效率和水平。

1. ABC 库存管理法

ABC 库存管理法是指将库存物品按品种或占用资金的多少分为特别重要的库存（A 类）、一般重要的库存（B 类）和不重要的库存（C 类）3 个等级，针对不同等级分别进行管理，具体管理策略如表 4-1 所示。

什么是 ABC 库存管理法

表 4-1 不同等级的管理策略

库存类型	特点（按货币量占用）	管理策略
A 类	品种数占库存品种数的 15%，年耗用资金占总库存资金的 80%	进行重点管理。应严格控制其库存量、订货量、订货时间。在保证满足需求的前提下，尽可能减少库存，节约流动资金。现场管理要更加严格，应将其放在更安全的地方；为了保持库存记录的准确性，要经常进行检查和盘点
B 类	品种数占库存品种数的 30%，年耗用资金占总库存资金的 15%	进行次重点管理。现场管理不必投入比 A 类更多的精力；库存检查和盘点的周期可以比 A 类长一些
C 类	品种数占库存品种数的 55%，年耗用资金占总库存资金的 5%	只进行一般管理。现场管理可以更粗放一些；但是由于品种多，出现差错的可能性比较大，因此，也必定定期进行库存检查和盘点，周期可以比 B 类长一些

课堂小案例

　　库存管理在企业中起着十分重要的作用。安科公司也很重视自身的库存管理，其按销售额的大小将自身经营的 26 种产品排序，划分为 A、B、C 3 类，并对 3 类产品采用不同的管理方法，以降低库存成本。该公司采用 ABC 库存管理法以后，虽然管理 A 类产品占用了最多的时间和精力，但得到了满意的库存周转率。而 B 类和 C 类产品虽然库存周转率较低，但资金和人力支出较少。ABC 库存管理法在安科公司的实施过程中取得了较好的效果。

2. CVA 库存管理法

　　关键因素分析（Critical Value Analysis，CVA）库存管理法是指在库存管理中引入关键因素分析，将库存物品按照重要性，分为 3～5 类，并分别加以管理的方法。表 4-2 展示了按 CVA 库存管理法所划分的库存种类及其管理措施。

ABC 库存管理法与 CVA 库存管理法的应用

表 4-2 按 CVA 库存管理法所划分的库存种类及其管理措施

库存种类	特点	管理措施
最高优先级	生产经营中的关键物品	不可缺货
较高优先级	生产经营中的基础性物品	允许偶尔缺货
中等优先级	生产经营中比较重要的物品	允许在合理范围内缺货
较低优先级	生产经营中需要，但可替代的物品	允许缺货

3. MRP 库存管理法

　　MRP 库存管理法是指根据产品结构各层次物品的从属和数量关系，以每个物品为计划对象，以完工时期为时间基准倒排计划，按提前期长短区别各个物品下达计划时间的先后顺序的库存管理方法。其目标是将库存量保持在最低水平,且保证及时供应所需数量的物料。MRP 库存管理法逻辑流程如图 4-1 所示。

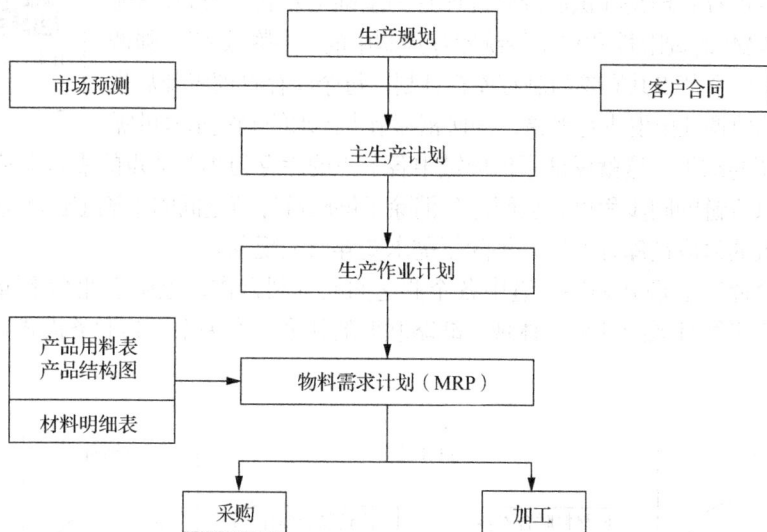

图 4-1　MRP 库存管理法逻辑流程

4. 供应商管理库存

供应商管理库存(Vendor Managed Inventory,VMI)是一种以客户和供应商双方都获得最低成本为目的,在一个共同的协议下由供应商管理库存,并不断监督协议执行情况和修正协议内容,使库存管理得到持续改进的库存管理方法。VMI 的框架结构如图 4-2 所示。

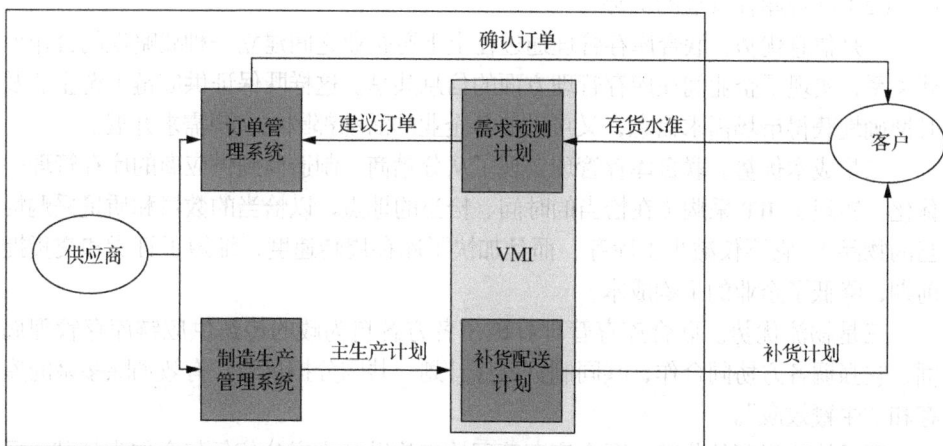

什么是 VMI

图 4-2　VMI 的框架结构

5. 联合库存管理

（1）联合库存管理的基本思想

联合库存管理是在供应商管理库存的基础上发展起来的，它能够克服 VMI 的局限性和规避传统库存控制中的"牛鞭效应"，强调供应链中各个节点共同参与制订库存计划。每个库存管理者都从相互之间的协调性出发进行考虑，任何相邻节点需求的确定都是供需双方协调的结果，这就保证了供应链中各节点的库存与相关节点的需求保持一致，提高了供应链的同步程度，从而部分消除了供应链环节之间的不确定性和需求信息扭曲导致的供应链库存波动，消除了需求变异放大现象。

联合库存管理强调供应链中各企业之间的互利合作，上游企业和下游企业权利、责任平衡且风险共担，体现了战略联盟的新型合作关系。其业务模式如图 4-3 所示。

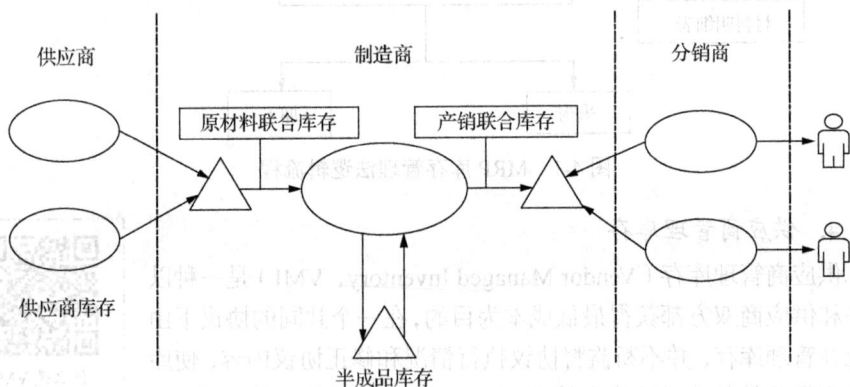

图 4-3　联合库存管理业务模式

（2）联合库存管理的优势

一是信息优势。联合库存管理通过在上下游企业之间建立一种战略性的合作伙伴关系，实现了企业间在库存管理方面的信息共享。这样既保证供应链上游企业及时准确地获得市场需求信息，又可以使各企业的活动都围绕客户需求开展。

二是成本优势。联合库存管理实现了从分销商、制造商到供应商的库存管理一体化，实现了 JIT 采购（在恰当的时间、恰当的地点，以恰当的数量和质量采购恰当的物品）。它不仅减少了库存，而且加快了库存周转速度，缩短了订货和交货提前期，降低了企业的采购成本。

三是物流优势。联合库存管理打破了各方各自为政的传统供应链库存管理局面，它强调各方协同合作，共同制订库存计划，共同分担风险，有效消除多余的库存和"牛鞭效应"。

四是战略联盟的优势。联合库存管理的实施以各方充分信任与合作为基础，只有分销商、制造商和供应商协同一致，才能真正实施联合库存管理。此外，联合库

存管理的有效实施也加强了企业间的联系与合作，充分体现了战略联盟的整体竞争优势。

课堂小案例

　　按照联想 VMI 项目的要求，联想在北京、上海、惠阳三地的工厂附近设立供应商管理库存系统，根据生产要求定期向库存管理者，即作为第三方物流公司的伯灵顿全球货运物流有限公司发送发货指令，由第三方物流公司完成对物料的配送。第三方物流公司从其收到发货指令，进行物料确认、物料分拣、海关申报，到将物料配送到生产线的时间要求为 2.5 小时。该项目最终使联想物流速度加快，时效缩短，能够及时保证生产所需物料的配送，同时使联想供应链大大缩短，成本降低，灵活性增强。

---

6. 多级库存优化

　　联合库存管理是供应链中单级的局部库存管理优化模式，而多级库存优化是全局性的库存管理优化模式，强调供应链资源的全局优化。多级库存优化的库存控制策略有非中心化（分布式）策略和中心化（集中式）策略。

　　非中心化策略是指各库存点独立采取库存策略，操作比较简单，但是其实施效果与供应链中的信息共享水平有很大关系，在信息共享水平低的情况下，这种策略很难实现供应链系统中的库存最优化。

　　中心化策略是指同时决定所有库存点的控制参数，结合各库存点的相互关系，通过协调来实现供应链系统中的库存最优化。这种策略在供应链层次较多的情况下，操作难度较大。

4.3　电子商务供应链库存管理方法的应用

　　前文介绍了电子商务供应链库存管理的方法：ABC 库存管理法、CVA 库存管理法、MRP 库存管理法、VMI、联合库存管理以及多级库存优化。本节以 M 企业为例，分析该企业是如何通过 VMI 解决其库存周转率低等库存管理问题的。

4.3.1　M 企业现状及存在的问题

　　M 企业是一家以家电销售业务为主，涉足房地产、物流等领域的大型综合性现代化企业，主要生产空调、洗衣机、冰箱等小家电，以及磁控、压缩机管等家电的核心零部件，其净利润逐年增长。

　　M 企业在电子商务供应链库存管理方面存在的问题如下。

　　（1）库存周转率低。在发展初期，M 企业库存周转天数逐渐变长，库存周转率逐渐降低，库存变现速度有所减缓，存货可能滞销，这说明 M 企业库存占用的资金量不合理，其需采取有效的措施来改善库存周转情况。

（2）库存积压。M企业的库存处于高速增长的阶段，虽然库存增长率有所下降，但库存占用的资金份额还很大。另外，M企业销售的产品部分具有季节性，在每年的3月和6月，由于天气原因，这些产品销量不佳，导致了库存积压。因此，M企业应采取有效的措施来解决库存积压的问题。

4.3.2　M企业电子商务供应链库存管理方法的应用

M企业决定应用电子商务供应链库存管理方法解决上述问题，大致分为3个步骤。

（1）控制供应链前端：VMI。长期以来，M企业在降低库存成本方面的成绩一直不错，但依然有最少可供5～7天使用的零部件库存和几十万台的成品库存，这一库存水平相对其他优秀标杆企业来说仍稍逊一筹。在此压力下，M企业开始尝试VMI。

M企业作为供应链上的"链主"，即核心企业，居于供应链上游且拥有较为稳定的供应商300多家，其中60%的供应商在M企业的总部顺德周围，还有部分供应商到顺德的车程在3天以内，只有15%的供应商距离顺德较远。同时，广州地区的交通物流也比较发达。在这个现有的供应链之上，M企业实施VMI具有明显的优势。

对于这15%的远程供应商，M企业在总部建立了很多仓库，然后把仓库分成很多片区。供应商可以在仓库里租赁一个片区，并把零部件存储在片区里。M企业需要用到这些零部件的时候，就会通知供应商，然后进行资金划拨、取货等工作。此时零部件的所有权才由供应商转移到M企业手上，而在此之前，所有的库存成本都由供应商承担。也就是说，在进行零部件交易之前，M企业把库存成本转嫁给了供应商。

（2）理顺供应链后端：管理经销商库存。在对供应体系进行优化的同时，M企业也在加紧对销售体系进行管理渗透。空调、风扇这种季节性强的家电，断货或压货是常事。各事业部上千种型号的产品分散在全国各地的100多个仓库里，只是调货就会产生一笔巨大的开支。而因为信息传递渠道不畅，传递链条过长，市场信息又常常误导工厂的生产，造成生产过量或不足。

因此，M企业近年来公开了与经销商的部分电子化往来记录，将以前半年一次烦琐的手工对账，改为业务往来中的实时对账和审核。M企业运用这些信息，合理制订其生产计划和配送计划，以便为经销商补货。也就是说，M企业作为经销商的供应商，为经销商管理库存。理想的模式：经销商基本不用备货，缺货时，M企业立刻自动送货，而不需要经销商提醒。这种库存管理环节的前移，可以有效地削减和精准地控制销售渠道上昂贵的库存，而不是任其堵塞在渠道中，让其占用经销商的大量资金。

（3）缩短供应链中端：降低库存成本。库存管理与物流管理相结合，能够有效降低企业库存管理的成本。虽然 M 企业目前仍然沿用一级经销商到二级经销商，再到零售商的渠道销售产品，但它的第三方物流企业一般把产品直接运送到指定的二级经销商或零售商处，从而缩短了产品与市场的距离。第三方物流企业所掌握的市场流量信息的有效性相对提高，为 M 企业物流部门进行库存预测提供了帮助。同时，M 企业优化仓储网络，使仓储网点由分散变为相对集中。由于需求源太多，层层上报数据往往导致数据失真。集中仓储网点之后，相对集中的需求源就可以共用一个仓库。

M 企业通过实施这种双向挤压管理，库存周转率不断提高，且零部件库存周转率上升到 70～80 次，库存周转率提高 1 次，从而节省了超过 2000 万元的成本，零部件库存大幅降低，而且这些零部件库存由供应商管理并承担相应成本。库存周转率提高后，一系列相关的财务"风向标"也随之"由阴转晴"：资金占用减少、资金利用率提高、资金风险下降、库存成本直线下降、库存管理效果显著。

思考与练习

1. **选择题**

（1）CVA 库存管理法对于中等优先级的库存采取的管理措施是（　　）。

    A. 允许缺货　　　　　　　　　　B. 不可缺货

    C. 允许偶尔缺货　　　　　　　　D. 允许在合理范围内缺货

（2）库存控制的原则不包括（　　）。

    A. 完整性　　　B. 安全性　　　C. 周期性　　　D. 时效性

（3）根据 ABC 库存管理法，一般来讲，（　　）需要重点管理，严格控制库存量。

    A. A 类物资　　B. B 类物资　　C. C 类物资　　D. 以上都对

（4）供应商管理库存的英文缩写为（　　）。

    A. VMI　　　B. ABC　　　C. MRP　　　D. SCIM

（5）供应链库存管理的特点不包括（　　）。

    A. 管理集成化　　　　　　　　　B. 资源范围扩大

    C. 企业间关系伙伴化　　　　　　D. 资源分配不均衡

2. **填空题**

（1）电子商务供应链库存管理的特点包括_____、_____和_____。

（2）在 ABC 分类法中，存货的品种占总品种种类的 10%左右，但价值占存货总价值的 70%左右的物品为_____类物品。

（3）库存控制的目标包括_____和_____。

（4）电子商务供应链库存管理的方法包括＿＿＿、＿＿＿、＿＿＿、＿＿＿、＿＿＿
和＿＿＿。

（5）CVA库存管理法对较高优先级的库存采取的管理措施为＿＿＿。

3. 简答题

（1）简述VMI的核心思想。

（2）简述ABC库存管理法针对不同等级的库存的管理策略。

（3）简述MRP库存管理法的基本思想。

（4）简述联合库存管理的优势。

4. 论述题

请结合本章所学，论述电子商务供应链库存管理该如何助力可持续发展。

📖 **案例分析**

J企业的库存管理

J企业是我国B2C市场中最大的3C数码产品网购专业平台，是我国电子商务领域最受消费者欢迎和最具影响力的电子商务网站之一。我国B2C电子商务市场竞争正处于白热化阶段，各电子商务网站都致力于打造属于自己的优秀的库存管理体系，J企业也不例外。J企业已经在北京、上海、成都和广州这4个城市建立了面积超过10万平方米的大仓库，在全国已拥有4个一级仓库。其在北京、上海、广州已经建成自建物流配送体系，各地物流中心均采用租用库房的方式建立。除此之外，J企业在其他地方选用第三方物流企业实现物流配送。

J企业的库存管理问题如下。

1. 待处理的退换货库存量过多

在J企业的仓库里，待处理的退换货库存量过多，大约占J企业总库存量的30%，这在同类B2C企业中属于过高的水平。究其原因，就是J企业对于采购进来的商品欠缺检验，导致经常出现商品质量问题，进而出现退换货现象，这会直接导致仓库空间不够用。而且，退换订单的二次录入、成本的核算及再发货的过程很烦琐，一旦发生退换货情况，这会对企业产生影响，并且退回来的商品会直接导致库存压力变大，甚至导致整个物流系统瘫痪。所以，退换货订单数量过多的问题是急需解决的。

2. 服装类商品的存储和管理缺乏合理安排

J企业主要存储的商品包括服装、食品酒水、美妆护理、通信数码四大品类。其中服装类商品具有季节性强、上新速度快、退换货订单多、库存压力大等特点，所以服装类商品的存储和管理一直是令服装类商家头疼的事，加上服装类商品有潮流属性和设计属性，其销售状况的不确定性也很强，这让很多服装类商家处于一种"押宝式豪赌"状态。J 企业也不例外，其对该类商品的存储和管理缺乏合理安排。

3. 对承运商的约束力不够

J 企业开展配送业务不仅依靠自身物流配送体系，还借助多元化合作，与优质的承运商建立良好的战略合作伙伴关系，委托其实现末端配送。这种方式容易导致出现问题的时候仓储部门与承运商之间很难协调。仓储管理人员无法对承运商做出约束，指定派车时间，承运商的派车时间完全由承运商自己把控，双方无法实现资源共享，承运商经常出现派车不及时的情况。在订单量较大时，承运商对月台清理不及时，很容易造成商品在月台积压、订单无法正常下派、当日生产被迫中断，从而影响生产进度，员工则需要延长工作时间来完成当日的任务量。

4. 仓库功能划分不合理

首先，J 企业没有固定的入库中转区，入库中转区随意占用储位，造成了储位面积的减少。其次，仓库的功能分区不明确，商品随意存放，这对于后续工作的开展十分不利，而且各存货区内的相关商品没有分类，这使仓库内显得更加混乱。月台的分配也是随机的，没有任何规律可言，不利于存放商品。

5. 缺乏商品验收入库的标准

J 企业的入库验收人员存在专业技能缺乏、责任心不强的问题，不了解入库验收标准，应对熟悉的供应商时往往敷衍了事。另外，验收后的商品在入库之前也缺乏合理的规划，除了部分商品有固定的放置区域，大部分商品入库后都被随意放置，有时一个储位内存放着多种商品，有时商品与储位并不能一一对应，经常出现在某储位找不到对应商品的情况，这十分影响操作人员的工作效率。

针对以上库存管理问题，J 企业采取的解决策略如图 4-4 所示。

图 4-4　J 企业库存管理问题的解决策略

1. 缩短供应链，降低采购价格

目前，对于 J 企业来说，其最重要的任务便是缩短供应链，减少厂商与自己之间的环节，通过与厂商直接谈判来降低采购价格，从而提高产品毛利率。J 企业可运用 VMI，引导厂商在 J 企业附近建立仓库，从而减少库存及安全库存，甚至实现零库存，降低仓储成本。

2. 对整个供货过程进行全方位监督

J 企业要提高对商品质量的控制力，要从源头去抓商品的质量问题，全程监督原材料的采购、生产线的生产，并对物流过程的每一个环节都采取相应的监督措施。另外，J 企业可以为合作企业建立相应的诚信体系和服务质量体系，根据其表现对其诚信度和服务质量进行评估，择优而用，选择更适合自身发展的企业进行合作。

3. 建立商品信息库，根据市场情况预测并合理安排库存

J 企业应该充分考虑各类商品的存储要求和各行业的特征，运用 ABC 库存管理法进行库存分类管理。例如，对于服装在包含试销期、畅销期、促销期、滞销期等的完整销售链条里进行主仓、分仓配合，并进行快速转运，让商家的库存积压最小化、现金利用率最大化。对于食品，应管控其存储条件和存储日期，及时下架过期食品。J 企业还应建立基于 MRP 库存管理法的商品信息库，根据市场情况预测并合理安排库存。

4. 加强对承运商的约束

为了对承运商形成约束，J 企业在与承运商签订合同时就应该对其进行条款上的约束，如当承运商出现清理月台不及时的情况时，库存管理方有权扣减承运商的承诺金，在每个结算期库存管理方退还本周期的承诺金，同时承运商缴纳下个周期的承诺金，相关标准由双方协商并写入合同。J 企业还应促进信息资源的共享，让承运商提前了解订单的高峰期，及时派车清理月台，减少商品积压。

5. 根据功能对仓库进行规划分区

重新规划仓库的功能，把整个仓库分为入库中转区，高位货架小商品区，地堆大件区、小件区，托盘区，办公区，回收区等，根据每个分区的定位分别为其分配不同的商品，明确每个分区存放的商品清单，以求仓容率的最优化。设置入库中转区用于临时存储商品，避免系统分配任务时定位到原来存放中转商品的储位，给后续入库带来麻烦。月台编号将按照一定的规律排列，不同承运商的月台用不同的标志加以区分，避免订单放错月台，找不到商品。明确的分区，为后续的工作提供了便利，将使工作效率得到提升。

6. 提高员工及储备人才的综合素质

J 企业可以根据实际的岗位需要对库存管理人员进行素质教育，以提高库存管理人员的能力。另外，要加强库存相关部门之间的合作，不断提高库存管理人员的综合能力，从根本上解决问题，提高库存管理效率，促进企业发展和进步。

讨论：

1. 具体说明 J 企业存在的库存管理问题适合应用哪种库存管理方法解决。

2. 除案例提到的解决策略外，查阅资料列举其他解决策略。

第5章 电子商务供应链物流管理

📖 教学目标

1. 掌握电子商务供应链物流管理的基本理论知识。
2. 掌握电子商务供应链物流管理的 4 种模式。

引导案例

2021 年，安得智联推进产品经营、数智创新、效率驱动这三大战略主轴，布局前置仓模式，推进全链路交付变革，收入超 120 亿元。其"一盘货"案例入选国家发展和改革委员会"物流业制造业深度融合创新发展典型案例"，该案例被证明是实现全渠道高效交付的有效路径。

青岛啤酒是安得智联在啤酒行业的主要客户。青岛啤酒的销量长期保持在行业前列，其线上到线下（Online To Offline，O2O）业务发展迅猛，正是因为"一盘货"做得好，供应链够强大。啤酒等快消品相对于家居、家电产品，销售周期更短，更新换代更快，最小存货单位（Stock Keeping Unit，SKU）更多，2C 订单更多，所以快消品的供应链管理必须更加精细化。安得智联为客户提供从原材料至成品的生产精益物流，线上线下渠道"一盘货"/物流仓、干、配一体化，2C 服务送装一体化的系统解决方案，具备代理、KA（关键客户）、直营等线下渠道、线上电商渠道的全渠道物流能力，通过干线和仓储管理、城市配送、电商配送、送装一体等多场景物流产品自由组合，达到产销协同、交货期透明、下线直发、供方协同的变革目标。

安得智联通过推动全渠道"一盘货"，帮助客户建立全价值链运营指标监控体系，降低物流、财务、销售类总成本，提升库存周转、资金周转、交付等核心环节的效率，增强风险管控能力，并给客户管理经营决策提供指引与参考。

思考：

安得智联是如何利用"一盘货"提高供应链物流效率的？

5.1 电子商务供应链物流管理概述

电子商务物流管理是指在社会再生产过程中，根据物质资料实体流动的规

律，应用管理的基本原理和科学方法，对电子商务物流活动进行计划、组织、指挥、协调、控制和决策，使各项物流活动实现最佳协调与配合，以降低物流成本，提高物流效率和经济效益。简而言之，电子商务物流管理就是研究并应用电子商务物流活动规律对物流全过程、各环节和各方面的管理。电子商务供应链管理包括管理信息、资源和资金在电子商务供应链中的不同实体和阶段之间的流动。电子商务供应链中的实体包括供应商、制造商、仓库、物流和运输公司、配送和履行中心以及最终客户。每个实体都控制着电子商务供应链中的一个特定环节，并影响最终客户的满意度。电子商务供应链物流管理目前没有统一的定义，综合学者的研究可概括为在社会再生产过程中，根据物质资料实体流动的规律，应用管理的科学方法和基本原理，在电子商务供应链物流管理的不同实体和阶段中，从原材料供应到将成品交付给客户所经过的一系列物流活动。

5.1.1 运输管理

在电子商务背景下，速度成为主要的竞争手段。物流系统要提高客户对产品的可得性水平，在仓库等设施布局确定的情况下，主要要看运输。电子商务背景下的运输管理解决了传统运输过程中的配货难问题，提高了运输效率，加强了对运输过程的监控，实现了运输过程的透明化。

《物流术语》（GB/T 18354—2021）中对运输管理的定义：运输管理是指产品从生产者手中到中间商再至消费者手中的运送过程的管理。它包括运输方式选择、时间与路线的确定及费用的节约。其实质是对铁路、公路、水运、空运、管道等 5 种运输方式的运行、发展和变化，进行有目的、有意识的控制与协调，实现运输目标的过程。

运输管理软件的功能为在一些限制下，如车辆容量、集配货时间、装卸货次序等方面的限制下，决定如何有效地运用各种运输方式，如零担运输、整车配送、快递等，集货和送货并决定集配货顺序，以获得最少的总成本。事实上，如果订单的货量很少且发送站和到达站分布很广，方法是每笔订单都用零担运输，而不用整车运输。这个简单的方法代表成本的上限。

在物流业中，导入运输管理软件需要各方面条件的配合，如电子表格的成本效益分析、上级的支持、软件公司的专业知识、使用者对运输管理计算机化的正确认识和配合意愿、正确的固定成本和变动成本数据、不同营运基期的比较、导入后效益的量化等。这样才能使运输管理软件的导入获得各方面的支持，最后取得成功。使用者会改变需求，因而软件的设计要容许使用者改变需求，才能使运输管理计算机化取得成功。

5.1.2 装卸、搬运与仓储管理

1. 装卸、搬运概述

《物流术语》(GB/T 18354—2021)中对装卸的定义：在运输工具间或运输工具与存放场地(仓库)间，以人力或机械方式对物品进行载上载入或卸下卸出的作业过程。而其中对搬运的定义为：在同一场所内，以人力或机械方式对物品进行空间移动的作业过程。物流活动离不开装卸和搬运，它们贯穿不同的物流阶段，因此装卸和搬运系统是物流系统中重要的子系统。要完成装卸和搬运作业，应具备劳动力(员工，包括自动化设备的操作、控制与管理人员)、设备(工具)与设施(车、船、场、库等)、工艺(作业方法)、管理信息系统和作业保障系统等条件。

装卸、搬运的特点如下。

(1)衔接性。一般的物流活动在互相过渡时都以装卸和搬运来衔接。所以，装卸和搬运往往成为整个物流系统的重要节点，是物流系统各功能之间形成有机联系和紧密衔接的关键。在物流过程中，装卸活动是不断出现且反复进行的，它出现的频率高于其他各项物流活动，同时每次装卸活动都需要花费较长的时间，因此它就成了决定物流速度的关键。装卸活动所消耗的人力也多，所以装卸费用在物流成本中所占的比重也很大。

(2)保障性。装卸和搬运在某种程度上对其他物流活动还具有一定的保障性，如装卸和搬运会影响其他物流活动的质量和速度。装卸不当会引发运输安全问题，装卸能力不足则会使其他物流活动受阻。物流只有在有效的装卸和搬运活动的支持下才能实现高效率运作。

(3)附属性和伴生性。装卸和搬运是物流作业每一环节开始及结束时必然发生的，被视为其他物流操作如运输、存储等不可缺少的组成部分，因此它具有一定的附属性与伴生性。

2. 仓储管理概述

仓储管理是对仓库和仓库中储存的物品进行管理，以及通过仓库对物品进行储存和保管。《物流术语》(GB/T 18354—2021)中对仓储的定义：利用仓库及相关设施设备进行物品的入库、储存、出库的活动。其中对仓储管理的定义是：对仓储及相关作业进行的计划、组织、协调与控制。"仓"也称为仓库，为存放物品的建筑物和场地，可以为建筑、大型容器、洞穴或者其他特定的场地等，具有存放和保护物品的功能；"储"表示收存以备使用，具有收存、保管、交付使用的意思，当用于有形物品时也称为储存。"仓储"则为利用仓库存放、储存未即时使用的物品的行为。简而言之，仓储就是在特定的场地

如何做到仓储货物快速流通

储存物品的行为。

自动化立体仓库大量采用大型的储货设备（如高位货架等）、搬运械具（如托盘、叉车升降机等）、自动传输轨道和信息管理系统，从而实现仓储作业的自动化。图 5-1 所示为自动化立体仓库。

图 5-1　自动化立体仓库

仓储作业的核心内容包括入库作业、仓储管理、出库作业、财务结算和查询报表 5 个主要部分。

5.1.3　包装与流通加工

《物流术语》（GB/T 18354—2021）中对包装的定义：为在流通过程中保护产品、方便储运、促进销售，按一定技术方法而采用的容器、材料及辅助物等的总体名称。包装的含义可以从两个方面来理解：其一是用静态的观点来解释，认为包装仅是用有关材料或容器将产品包起来使之对产品起保护作用，这是一种传统的看法；其二是用动态的观点来加以说明，认为包装可使产品处于稳定状态，使之在运输、储存、搬运时保持完整无损并便于销售。

智能化引领物流
包装新发展

包装也指为达到上述目的而在采用容器、材料和辅助物的过程中施加一定技术方法等的操作活动。承装没有进入流通领域的物品的用品不能称为包装，只能称为"包裹""箱子""盒子""容器"等。因为除了包裹和承装等作用外，对物品进行修饰，使其获得受众的青睐才是包装的重要作用。

《物流术语》（GB/T 18354—2021）中对流通加工的定义：根据顾客的需要，

在流通过程中对产品实施的简单加工作业活动的总称。流通加工是流通中的一种特殊形式，它是在产品从生产领域向消费领域流动的过程中，为了促进销售、维护产品质量和提高物流效率，对产品进行的加工，它可使产品发生物理或化学变化。

在这里，我们将"流通加工"定义为，在产品从生产者向客户流动的过程中，为了增加产品的附加价值，满足客户需求，促进销售而对产品进行简单的组装、剪切、套裁、贴标签、刷标志、分类等加工作业。

5.1.4 配送与配送管理

1. 配送

配送既不同于运输，也不同于旧式送货，而有着物流大系统所赋予的特点。《物流术语》（GB/T 18354—2021）中对配送的定义：根据客户要求，对物品进行分类、拣选、集货、包装、组配等作业，并按时送达指定地点的物流活动。配送有以下几个特点。

（1）配送是从物流据点至客户的一种特殊送货形式，在整个输送过程中处于"二次输送""支线输送""终端输送"的位置。配送是"中转"型送货，其起止点分别是物流据点和客户。它通常对应短距离的货物移动。

（2）负责送货的是专职流通企业（配送中心），它们秉持客户需要什么就配送什么，而不是生产企业生产什么就配送什么的原则。

（3）配送不是单纯的运输或输送，而是运输与其他活动共同构成的组合体。配送即组织订货、签约、进货、分拣、包装、配装等，及时对物资进行分配、供应处理。

（4）配送是以供给者送货到户式的服务性供应。从服务方式来讲，它是一种"门到门"的服务，可以将货物从物流据点直送到企业客户的仓库、车间，乃至生产线的起点，或个人用户手中。

（5）配送是在全面配货的基础上，完全按照客户要求（如种类、品种搭配、数量、时间等方面的要求）所进行的货物运送。

> **课堂小案例**
>
> 作为零售业的先锋企业，屈臣氏仓库的货物品种多、储存量大，要求叉车能胜任长时间高强度连续作业，对叉车行驶速度、加速性能、制动性能都有较高要求。永恒力，拥有多种型号的全系列叉车，可满足各种特殊复杂的工矿及货架需求，为屈臣氏提供更高效率、更轻松的解决方案。尽管定位独特，屈臣氏却一直面临着扩张的压力。内地消费需求的增长与零售业分散的独特格局，令屈臣氏看到了潜在危机，而其去年的目标是开设 1000 家分店，如此快速的成长也提高了对后台供应链的要求，成熟的物流模式将会帮助屈臣氏减轻配送压力。

2. 配送管理

配送管理（Distribution Management）内容很多，其根本是根据客户需求信息，准确地对分货、配货、配装等工作进行管理，是"配"和"送"的有机结合形式。之所以说配送是现代方式，是因为它有不同于旧式送货的现代特征，具体表现在以下方面。

（1）利用先进技术

企业应选择更为先进的管理系统，让工作更高效。例如，仓库管理系统（WMS）对于货品的周转率至关重要；运输管理系统（TMS）主要负责货物在运输过程中的协调和监控；订单管理系统（OMS）能快速处理用户订单。

（2）连接一切相关人员

大量的自动化数据跟踪将会大大提高我们的物流运输效率，但除了数据的采集跟踪，连接好操作这些系统和设备的人员，工作才能更有效。所以，业务设计中必须充分连接仓库人员、调度、司机、门店/消费者以及其他管理人员。

物流运输过程中信息是实时变动的，较快的反应能力在一定程度上说明了运输效率。如果在配送过程中发生特殊情况时，如消费者下单后仓库无货，仓库人员与司机未及时对接，会出现司机白跑或消费者未收到货而不满意等现象。此外，消费者临时退单、换货都在无形中消耗企业资源，降低运输效率。

（3）大数据分析

大数据和系统算法息息相关，我们在配送过程中的每一个信息节点都会被系统存入后台数据库，便于人员管理、监控和分析。企业管理人员可提前预知数据变化，调整业务方向。

大数据的作用不可小觑，它一方面连接消费者，通过更好地满足消费者的多样化需求，提升配送服务体验，从而促进业务提升；另一方面连接供货方，使供应链物流深度优化，提高管理水平和运营效率。大数据分析具体帮助企业实现业务数据分析、辅助决策或决定战略方向。例如，企业根据消费者大数据分析，能预测核心城市各片区的主流单品的销量需求，在各站点预先发货。

5.2 电子商务供应链物流管理模式

电子商务供应链企业选择什么物流管理模式，主要取决于两个因素：其一是物流对电子商务供应链企业成功的影响程度；其二是电子商务供应链企业对物流的管理能力。据此，本节将介绍自营物流、联盟物流、第三方物流和新型物流模式。

5.2.1 自营物流

1. 自营物流的定义

自营物流是指企业自己经营物流业务，设立全资或控股物流子公司，由子公司完成物流配送业务，即企业自己建立一套物流体系。

2. 自营物流的优势和劣势

自营物流具有以下优势。

（1）掌握控制权。企业自营物流，可以运用自身掌握的资料有效协调物流的各个环节，以较快的速度解决物流管理过程中出现的问题。

（2）降低交易成本。企业通过行使内部行政权力控制原材料的采购和成品的销售，可不必就相关的运输、仓储配送和售后佣金问题进行谈判，避免多次交易以及交易结果的不确定性，从而降低交易风险，减少交易费用。

（3）避免商业机密泄露。企业将运营中的物流要素外包，特别是引入第三方来经营其生产环节中的内部物流时，就不可避免地要向第三方公开其基本的运营情况。而通过自营物流，企业可掌握自身的运营信息，不易出现商业机密泄露的现象。

（4）提高企业品牌价值。通过自营物流，企业一方面能亲自为客户服务到家，为客户提供人文关怀，提升企业形象；另一方面能够掌握最新的客户信息和市场信息，进而调整战略，提高企业的竞争力。

（5）增加利润来源。如果自营物流体系的配送能力有盈余，企业还可以对外开展物流配送业务，将成本转嫁出去，获得新的利润来源。图 5-2 所示为京东物流配送模式。

自营物流具有以下劣势。

（1）资金投入较多。物流体系包含包装、仓储、运输等多个环节，在自建物流体系的初期，企业需要一次性投入大量资金，这样必然影响其他业务对资金的使用。大量资金流出，还可能降低企业抵御市场风险的能力，削弱企业的市场竞争力。

图 5-2 京东物流配送模式

（2）对企业的能力要求高。自建物流体系需要投入大量的资金、时间、人员，对于大型制造企业或电商平台来说，自营物流符合它们的发展需求，而小规模电商企业根本无法负担物流体系建设的前期投入。

5.2.2 联盟物流

随着市场货源减少，竞争加剧，如何抵御市场波动、保持平稳发展成为大多数企业所关注的焦点。在如今运营成本高、业务量下滑的情形下，通过物流专线企业的抱团、联盟提升降本增效能力，是当前许多企业的出路。下面将介绍联盟物流的定义以及联盟物流的组建方式。

1. 联盟物流的定义

物流联盟是介于独立的企业与市场交易关系之间的一种组织形态，是物流需求方即各种生产制造企业、商贸流通企业和物流企业间由于自身某些方面发展的需要而形成的相对稳定的、长期的契约关系。联盟物流是以物流为合作基础的企业战略联盟，它是指两个或多个企业之间，为了实现自己的生产发展目标和物流战略目标，通过各种协议、契约而结成的优势互补、风险共担、信息共享、利益共享的组织。

创建未来 全球
物流联盟的
弄潮儿

2. 联盟物流的组建方式

企业间联盟物流主要有以下几种组建方式。

（1）纵向一体化联盟物流。该方式是指上游企业和下游企业发挥各自的核心优势，发展良好的合作关系，从原材料采购到产品销售的全过程实施一体化合作，形成物流战略联盟。

（2）横向一体化联盟物流。该方式是指处于平行位置的几个物流企业结成联盟。目前真正能提供全方位物流服务的大型物流企业尚不存在，因此，横向一体化物流联盟能够改善现有物流市场"条块分割"的现状。

（3）混合方式。该方式是以一家物流企业为核心，联合一家或几家处于平行位置的物流企业和处于上下游位置的中小物流企业组成联盟。这些物流企业通过签订联盟契约，共同采购，共同配送，构筑物流市场，形成相互信任、共担风险、共享收益的集约化物流伙伴关系。

（4）以项目为中心的联盟方式。该方式是指各个物流企业以项目为中心进行合作，形成一个联盟。

（5）基于 web 的动态联盟。由于市场经济条件下存在激烈的竞争，为了占据市场中的领导地位，供应链应成为一个动态的网络，以适应市场变化。不能适应供应链变化的企业将被淘汰，而外部优秀的企业将进入供应链。

5.2.3 第三方物流

第三方物流作为电子商务供应链物流管理的模式之一，可提供个性化的增值物流服务。企业可把原来自行开展的物流活动，以合同的形式委托给专业物流服务企业，即第三方物流企业，以实现对物流活动全程的管理和控制。下面将具体介绍第三方物流的定义，以及第三方物流的基本特征。

1. 第三方物流的定义

第三方物流是相对"第一方"发货人和"第二方"收货人而言的，是由第三方物流企业来承担物流活动的开展的一种物流形态。第三方物流企业既不属于第一方，也不属于第二方，而是通过与第一方或第二方的合作来提供专业化的物流服务；它不拥有商品，不参与商品的买卖，而是为客户提供以合同为约束、以结盟为基础的，系列化、个性化、信息化的物流代理服务。随着信息技术的发展和经济全球化程度的加深，越来越多的商品在世界范围内生产、销售、流通，物流活动日益复杂，而第一方、第二方物流的组织和经营方式已不能完全满足社会需要；同时，为参与世界性竞争，企业必须提高核心竞争力，加强供应链管理，降低物流成本，把不属于核心业务的物流活动外包出去。于是，第三方物流应运而生。图 5-3 所示为第三方物流过程图。

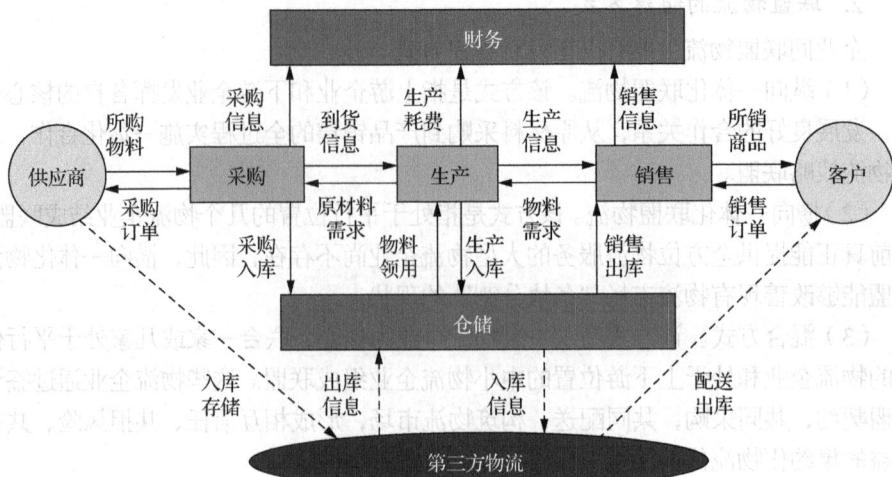

图 5-3　第三方物流过程图

2. 第三方物流的基本特征

（1）关系合同化。第三方物流是通过合同形式来规范第三方物流企业与物流服务消费者之间的关系的。第三方物流企业根据合同提出的要求，提供多功能甚至全方位一体化的物流服务，并以合同来管理所有提供的物流服务及其消费过程。第三方物流企业发展物流联盟也是通过合同的形式来明确各物流联盟成员之间的权责利关系的。

（2）服务个性化。第一，不同的物流服务消费者存在不同的物流服务要求，第三方物流企业需要根据不同物流服务消费者在企业形象、业务流程、产品特征、客户需求特征、竞争需要等方面的不同要求，为其提供针对性强的个性化物流服务和增值服务。第二，第三方物流企业也因为市场竞争、物流资源、物流能力的影响需要形成核心业务，不断强化所提供物流服务的个性和特色，以增强自身在物流市场中的竞争力。

（3）功能专业化。第三方物流企业所提供的是专业的物流服务。从物流设计、物流操作过程、物流技术工具、物流设施到物流管理必须体现专业化，这既是物流服务消费者的需要，也是第三方物流企业自身发展的基本要求。

（4）管理系统化。第三方物流企业需要建立现代管理系统才能满足运行和发展的要求。

（5）信息网络化。信息技术是第三方物流企业发展的基础。在物流服务过程中，信息技术的应用实现了信息实时共享，促进了物流管理的科学化，极大地提高了物流效率和物流效益。

在关于物流的"第三利润源"学说中，利用物质资源、人力资源为企业增加的利润越来越少，而通过节约物流成本来增加企业利润的效果越来越明显。目前，部分生产企业和销售企业由于管理水平低，特别是对物流的管理还相当混乱，对节约物流成本不够重视，宁可花大成本建立自己的物流队伍，也不愿以较低成本与其他物流企业合作。

请结合所学知识，分析物流需求方为何不愿意与其他物流企业合作。

5.2.4　新型物流模式

电子商务的迅猛发展不仅让人们的生活更加便利，也促进了物流行业的发展和变革。传统的仓储物流模式已经无法满足当今经济快速发展的需求。为了更好地适应未来经济对于物流的要求，传统仓储物流模式向科学、高效的现代物流模式转型已成为物流发展的必然趋势，新型物流模式应运而生。新型物流模式主要包括虚拟物流、电子物流、第四方物流、智能物流等，下面对相关内容进行简要介绍。

1. 虚拟物流

虚拟物流是指以计算机网络技术进行物流运作与管理，实现企业间物流资源共享和优化配置的物流模式。虚拟物流利用日益完善的通信网络技术及手段，将分布于全球的企业仓库虚拟整合为一个大型物流支持系统，以快速、精确、稳定地完成物资保障任务，满足物流市场的高频率、小批量订货需求。对于中小企业来说，虚拟物流的意义十分重大。在电子商务时代，物流信息化是电子商务发展的必然要求。

2. 电子物流

电子物流是指利用电子化手段，尤其是互联网技术来完成对物流全过程的协调、控制和管理，实现从网络前端到客户终端的所有中间过程服务，也称为物流电子化或物流信息化。其最显著的特点是各种软件与物流服务的融合应用。电子物流的目的就是通过物流组织、交易、服务、管理方式的电了化，使物流活动能够方便、快捷地进行，以使物流更快、更安全、更可靠、更便宜。电子物流准确地说应该是一整套电子物流解决方案，也就是 ERP 系统。

3. 第四方物流

第四方物流是一个供应链集成商，调集、管理和组织自己及具有互补性的服务提供商的资源、能力和技术，以提供一个综合的供应链解决方案。第四方物流不仅控制和管理特定的物流服务，而且对整个物流过程提出方案，并通过电子商务将程序集成起来，因此第四方物流企业的种类很多。第四方物流的优势在于为客户提供最佳的增值服务，即迅速、高效、低成本和个性化的服务等。第三方物流企业发展第四方物流需平衡自身的能力、技术及贸易管理等，但亦能提升本身营运的自主性。第四方物流还包括以下 4 个特点：供应链再建、功能转化、业务流程再造、实施多功能和多流程的供应链管理。

4．智能物流

智能物流是指利用集成智能化技术，使物流系统能模仿人的大脑，具有思维、感知、学习、推理判断和自行解决物流中某些问题的能力。智能物流未来的发展将会呈现 4 个特点：智能化、一体化和层次化、柔性化、社会化。其主要表现为：物流作业过程中的大量运筹与决策过程的智能化；以物流管理为核心，实现物流过程中运输、存储、包装、装卸等环节的一体化和智能物流系统的层次化；智能物流的发展会更加突出“以客户为中心”的理念，根据客户需求变化来灵活调节生产工艺；智能物流的发展将会促进区域经济的发展和世界资源的优化配置。通过智能物流系统有 4 个智能机理，即信息的智能获取技术、智能传递技术、智能处理技术、智能运用技术。

5.3　电子商务供应链物流管理模式的应用

物流与电子商务的关系是极其密切的，本节通过介绍 N 企业的电子商务供应链物流管理模式，总结其运行过程中电子商务供应链物流管理的具体流程，为其他企业解决电子商务供应链物流管理问题提供借鉴。

5.3.1　N 企业现状及存在的问题

N 企业始创于 2010 年，自成立以来一直秉持“做最好的物流，做最好的自我”的企业愿景，致力打造供应链综合服务平台，目前是宁夏地区第一家中国五星级仓储企业、中国仓储服务金牌企业。N 企业一直以创新的商业模式、领先的信息技术、高效的供应链系统为现代商业模式注入活力，以互联网、信息技术、创新的理念为客户、供应商提供优质高效的服务，并积极推进物流行业发展，成为值得尊重和信赖的物流行业领导者。

N 企业主要存在以下问题。

（1）规模较小、产权结构独特和缺乏系统化的管理，导致在绩效管理中存在简单化、非程序化和专断化现象，加上如何利用考评结果制订“员工个人发展计划”“培训计划”“薪酬计划”等深层次的问题也难以获得关注，导致绩效管理的效果不好。

（2）人员较少，组织结构简单，人力资源组织机构设置不完善，管理人员更是匮乏，只能让少量管理人员去执行绩效管理，导致效率低下，不能充分发挥绩效管理各个环节的功能。随之而来的就是职业化经理人加速流失，形成恶性循环。

（3）实力较弱，竞争力不强，所以在推行绩效管理时，不可能像大企业那样请专业的咨询公司设计方案，也不可能投入过多的时间和精力去研究与制订方案。中小企业在某种程度上更加关注那些在短期内能为企业带来有效价值的东西，经常在遇到一些比较先进的考评手段时实行"拿来主义"，但没有注意到其针对性如何。

5.3.2　N企业电子商务供应链物流管理模式的应用

N企业以SAP系统为核心，构建了共同配送平台，成立物流公司，以企业实体化的方式经营轻型货运出租市场。同时，N企业斥资购进轻微型货车200辆，设立企业内部热线呼叫调度中心；所有车辆统一管理，做到了"六个统一"（统一车型及外观、统一电召调度、统一安装车载GPS、统一计价打表收费、统一服务标准、统一布点停放）。N企业在经营模式上，采取"两权（营运权、车辆所有权）归企"，以及自主经营、出租、承包等多种方式；在管理措施上，实现制度规范化、服务流程标准化、市场经营集约化的总体布局。

N企业拥有完善的配送体系，配送半径达800千米，配送网络覆盖宁夏全境及周边省份。N企业物流配送类型包括电器商品、百货商品等，拥有20亿元以上的固定货源。N企业将SAP系统作为支撑，该系统具有优化调度计划和执行计划的功能。物流条码管理新技术的应用使N企业对商品的管理精确到批次、单品，从而实现对每批商品的订单、入库、货位、库存、出库、查询等业务环节的精准管理，提高库存管理的效率，降低库存成本和商品流转环节的差错率。

N企业200辆配送车全部"带板运输"，货物装卸实现无缝对接。

（1）只需通过操纵按钮控制尾板的举升与下降，就可轻松实现货物在地面与车厢之间的转移。

（2）使用尾板可使货物轻松装卸，且不需要人力，从而避免装卸过程中人员的伤亡及货物的碰撞损伤，确保装卸安全。

（3）使用尾板装卸，不需要其他设备，不受场地及人员限制，一人即可完成装卸，节省资源，提高工作效率，并能很好地发挥车辆的经济效能。

N企业采用仓储式立体货架，这种立体货架是现代物流系统中迅速发展的一个重要组成部分，它具有节约用地、减小劳动强度、提高仓储自动化水平及管理水平、降低储运损耗、有效减少商品积压、提高物流效率等诸多优点。

思考与练习

1. 选择题

（1）装卸和搬运在某种程度上对其他物流活动还具有一定的保障性，如装卸和搬运会影响其他物流活动的（　　）。

    A. 质量和速度　　　　　　　　　B. 空间和速度

    C. 时间和空间　　　　　　　　　D. 数量和质量

（2）下列关于装卸、搬运的说法，正确的是（　　）。

    A. 是随着运输和存储而附带发生的作业

    B. 在物流包装设计需要考虑的因素中，装卸是首要因素

    C. 在物流过程中，装卸、搬运发生的频率与运输一样高

    D. 装卸、搬运属于客户满意度的考核指标

（3）仓库最基本的功能是（　　）。

    A. 流通仓库　　B. 仓储物资　　　C. 物流控制　　　D. 堆放商品

（4）第三方物流是由（　　）承担的物流。

    A. 供方　　　　B. 需方　　　　C. 第三方　　　D. 任何一方

2. 填空题

（1）物流的基本构成包括运输、_____、_____、_____、_____、_____和信息处理。

（2）装卸是物品以_____方向为主的空间位移，搬运是物品以_____方向为主的空间位移。

（3）第三方物流的基本特征有_____、_____、_____、_____和_____。

（4）配送是从_____至_____的一种特殊送货形式。

（5）装卸、搬运的特点有_____、_____和_____。

3. 简答题

（1）简述第三方物流的定义。

（2）简述自营物流的优势。

（3）简述虚拟物流的定义。

（4）简述联盟物流的组建方式。

（5）简述智能物流的特点。

4. 论述题

选择某一电子商务企业（B2B、B2C 等类型），分析其在物流管理中存在的问题，并提出解决这些问题的方案。

案例分析

顺丰优选的供应链配送策略

1. 背景

顺丰优选是由顺丰速运倾力打造，以配送全球优质安全美食为主的 B2C 电子商务网站，于 2012 年 5 月 31 日正式上线。目前，顺丰优选的 SKU 总数超过 13500 个，覆盖母婴食品、营养保健品、粮油副食、酒水饮料等多个品类。顺丰优选几乎覆盖国内 57 个城市，其中省会城市 22 个。依靠顺丰速运，顺丰优选的常温配送服务区域覆盖 56 城，生鲜配送服务区域覆盖 11 城。

2. 供应链模式

（1）产地直采。顺丰优选安排专门的人负责直接采购，因地制宜，适当采取就近购买的策略，以确保商品的新鲜度及快速周转，降低运输和库存损耗；在蔬菜采购上也与大型有机蔬菜、绿色蔬菜基地合作，采用联合采购的方式，实行产地直采模式，可在 24 小时内将蔬菜送达客户餐桌。

以荔枝的产地直采模式来说，顺丰优选实行从枝头到舌尖的闭环供应链模式。产地直采模式有以下特征。

① 预售模式：在客户下单后才开始采摘，完全按需采摘，实现零库存售卖，以维持健康的资金流。

② 快速物流：在 24 小时内通过顺丰航空极快物流将荔枝送达客户手中，这是国内其他任何生鲜电商不能够实现的。

③ 温度控制："全程冷链"但"非冷藏"，对荔枝进行有效保鲜，同时避免冷藏造成的对新鲜度的影响。

④ 采购优势：顺丰速运各地的员工可帮助顺丰优选深入产品原产地进行选品，为了抢到每年各荔枝品种的"头茬儿"，顺丰优选的采购人员刚过春节就开始深入荔枝原产地做调研、选品、与供应商接洽。

（2）有机蔬菜宅配卡定制预售模式。顺丰优选推出的有机蔬菜宅配卡，主要针对顺丰优选的高端家庭定制服务。

① 基地整合：顺丰优选已联合北菜园、草鲜禾堂、维真农场、汇源四大有机蔬菜基地。

② 定制预售：向北京、天津两地客户推出有机蔬菜宅配卡，长期或定期将有机蔬菜配送到户。

③ 运营模式：客户可根据家庭人口来选择不同的包装；有机蔬菜宅配频率为每周 1~2 次，种类可在一定范围内任意搭配；对于菜品和配送时间，客户可随时致电客服，进行调整。

3. 竞争优势

生鲜方面的冷链管理是一个非常难的业务模块。目前，电商行业中冷链业务的占比应该是比较小的。国内做冷链管理的行业集中度较低、企业规模较小，冷链生鲜基本上是 B2C 电商的盲区。冷链物流体系的建立和完善是真正推动这个市场发展的关键。

丰富的经验让顺丰优选已在多地做好了冷链仓储准备，顺丰优选似乎并不需要担心这一环节，因为其"后台"为拥有至少 15 万名快递员及 20 多架飞机的顺丰速运。生鲜将继续实行"全程冷链配送"，即生鲜离开仓库后，分拣和包装操作场地具备温控条件、将其装入温控箱运输、快递员将其装入保温袋派件。这一过程所使用的温控设备包括冷藏箱、冷冻箱、冰袋等，可有效降低生鲜在运输途中的损耗。

截至目前，顺丰优选已开通多个综合型仓储中心，内部配备专业的多温控区间仓库，可满足各类商品的存储条件。同时，顺丰优选依托全球领先的 WMS，具备较强的订单处理能力，可为具体产品流程提供坚实保障。

讨论：

结合顺丰优选在技术方面的优势及配送管理模式，分析其供应链管理成功的原因。

电子商务供应链
物流管理总述

第6章　电子商务供应链质量管理

📖 **教学目标**

1. 了解质量与质量管理的基本概念。
2. 了解供应链质量管理的定义及相关理论。
3. 理解电子商务供应链质量预警管理、质量控制管理、质量协调管理的基本概念。

引导案例

《农产品电子商务供应链质量管理规范》正式发布

2020 年 9 月 29 日，国家市场监督管理总局、国家标准化管理委员会发布了《农产品电子商务供应链质量管理规范》（GB/T 39058—2020）。

该标准属于 2018 年国家标准制修订项目，由全国电子商务质量管理标准化技术委员会归口、上报及执行，多家单位参加起草。标准起草过程中，起草组在查阅大量的文献资料、开展多轮考察和调研的基础上，组织召开了多次标准专家研讨会，征求并收到了 43 家单位的意见和建议，充分保障了标准的科学性和适用性。

作为农产品电子商务领域的首个国家标准，《农产品电子商务供应链质量管理规范》规定了电子商务交易环境下食用农产品的采购和供应、初加工处理与包装、贮存与运输、销售、配送等各环节的质量管理要求。科学规范的农产品供应链质量管理是保障农产品电子商务健康和高质量发展的关键。该标准的发布对于实现我国农产品在电子商务环境下安全、及时和高效地交易，确保电子商务交易环境下食用农产品质量安全、降低食用农产品损耗、提高我国农产品供应链效率具有重要意义。

思考：

为何我国要发布《农产品电子商务供应链质量管理规范》？发布这一标准对于我国的农产品电子商务供应链质量管理有何影响？

6.1　供应链质量管理概述

供应链管理是近年来兴起的管理理念和模式，要保证整个供应链运作的稳定性、高效性，有效的供应链质量管理是关键。电子商务的出现和发展彻底地改变了原来的物流、信息流、资金流的交互方式和实现手段，能够帮助企业充分利用资源、提高效率、降低成本、提高服务质量。电子商务环境下，企业必须深刻认识供应链质量管理的内涵，分析其内在特征，确保供应链质量管理适应电子商务的特点。

6.1.1 质量与质量管理

1. 质量

质量在某些国家和地区也称为品质。人们对质量的理解和认识随着生产力的发展、社会的进步而逐步加深。

🎯 课堂小案例

在海尔的展览室里，至今仍保存着一个大铁锤，这个大铁锤有一个故事。

1985年，海尔从德国引进了先进的冰箱生产线。一年后，有客户反映海尔冰箱存在质量问题。海尔在给客户换货后，对全厂冰箱进行了检查，发现仓库中有76台冰箱虽然制冷功能正常，但都有小问题。时任厂长的张瑞敏带头抡起大铁锤将这些冰箱当众砸毁，并提出"有缺陷的产品就是不合格产品"的观点，这在社会上引起极大的震动。作为一种企业行为，海尔砸冰箱事件不仅改变了海尔员工的质量观念，为企业赢得了美誉，而且开启了中国企业展开质量竞争的新局面，对中国企业及全社会质量意识的增强产生了深远的影响。

讨论题：海尔为何如此重视产品质量？

在质量管理发展的不同历史时期，人们对质量这一概念的理解在不断变化。20世纪60年代，美国著名的质量管理专家——朱兰（Juran）把产品或服务质量定义为"产品或服务的适用性"。他强调，衡量产品或服务质量不能仅从标准角度出发，只看产品或服务是否符合标准的规定，而是要从客户的角度出发，看产品或服务是否满足客户的需要以及满足的程度。这一定义全面、深刻地揭示了质量的实质，目前在世界上仍然被普遍接受。

什么是质量

这一定义有两个方面的含义，即使用要求和满足程度。人们使用产品，总会对产品质量提出一定的要求，而这些要求往往会受使用时间、使用地点、使用对象、社会环境和市场竞争等因素的影响，这些因素的变化会使人们对同一产品提出不同的质量要求。因此，质量不是一个固定不变的概念，它的含义是动态的、变化的、发展的，因使用时间、使用地点、使用对象的不同而不同，随着社会的发展、技术的进步而不断更新和丰富。

客户对产品的使用要求和满足程度，反映在产品性能、经济特性、服务特性、环境特性和心理特性等方面。因此，质量是一个综合的概念，它并不要求技术特性越突出越好，而是追求诸如性能、成本、数量、交货期、服务等因素的最佳组合。

朱兰有句名言："生活处于质量堤坝后面。"这一思想源于荷兰的海防大堤——荷兰有大约 1/4 的国土低于海平面，这块土地给予人们很大的恩惠，但也很危险，要利用好这块土地，就需要建造和维护巨大的海防大堤。质量正像海防大堤一样，可以给人们带来利益和幸福，而一旦"质量大堤"出现问题，它同样会给社会带来危害甚至灾难。所以，企业有责任把好质量关，共同维护"质量大堤"的安全。社会发展到今天，质量成了热点，成了追求，成了衡量和鉴定一切的总标准。

2. 质量管理

质量管理指在质量方面指挥和控制组织的协调活动。国际标准化组织质量管理和质量保证技术委员会对质量管理的定义：确定质量方针、目标和职责并在质量体系中通过诸如质量策划、质量控制、质量保证和质量改进使质量体系发挥全部管理职能的所有活动。

什么是质量管理

> **知识链接**
>
> 美国"阿波罗"号飞船上约有 200 万个零件，如果零件的可靠性只有 99.9%，则飞行中就可能有 5600 个零件要发生故障，后果不堪设想。为此，飞船全套装置的可靠性要求不低于 99.9999%，即在 100 万次动作中，只允许失灵一次。此外，飞船连续安全工作的时间要保持在 1 亿小时到 10 亿小时。要满足如此要求，需要开展一系列严格的质量管理工作，相关人员要对设计、准备、制造安装和使用等环节进行科学的质量管理。

上述定义可从以下几个方面来理解。

第一，质量管理是通过确定质量方针和质量目标，为实现规定的质量目标进行质量策划，实施质量控制和质量保证，开展质量改进等活动实现的。

第二，企业在整个生产和经营过程中，需要对诸如质量、计划、人事、设备、财务和环境等各个方面进行有序的管理。由于企业的基本任务是向市场提供符合客户和其他相关方要求的产品，围绕产品质量形成的全过程质量管理是企业的各项管理工作的主线。

第三，质量管理涉及企业的各个方面，是否有效地实施质量管理关系到企业的兴衰。企业的最高管理层应正式发布本组织的质量方针，在确立质量目标的基础上，按照质量管理的基本原则，运用系统的管理方法来建立质量管理体系，为实施质量方针和实现质量目标配备必要的人力和物质资源，开展各项相关的活动，这也是各级管理者的职责。所以，企业应采取激励措施激发全体员工积极参与质量管理，充分发挥他们的才干，确保质量策划、质量控制、质量保证和质量改进活动顺利地进行。

> **课堂讨论**
>
> 海尔通过 1985 年砸冰箱这件事，使得海尔全体员工的质量意识大大提高，在 1988 年 12 月就得到了金牌。拿到金牌之后，张瑞敏向员工说，我们拿到的是一块全运会金牌，下一步我们就要拿奥运会金牌。海尔的员工树立了严格的质量观。所有员工都知道，

我们要拿奥运会金牌，我们要以质量走向全球。

海尔供应链在生产经营中始终向员工反复强调一个基本观点：用户是企业的衣食父母。在生产制造过程中，他们始终坚持"精细化、零缺陷"，让每个员工都明白"下道工序就是用户"。这些思想被企业职工自觉地落实到行动上，每个员工将质量隐患消除在本岗位上，从而创造了海尔产品的"零缺陷"。海尔空调从未发生过一起质量事故，产品开箱合格率始终保持100%。

讨论题：谈谈你对海尔供应链质量管理的看法。

6.1.2 供应链质量管理

1. 供应链质量管理概述

供应链质量管理
概述

供应链质量是指供应链系统在物流、信息流和资金流等方面满足客户需求的程度，不同供应链节点质量形成质量链。供应链质量是供应链能否取得竞争优势的关键影响因素，既包括供应链企业为客户提供的有形产品的物理特性，还包括为客户提供的无形产品的质量。

供应链质量管理（Supply Chain Quality Management，SCQM）作为一个新的研究课题被提出来，由于学者们对该领域的研究时间较短，供应链质量管理至今仍处在定义阶段，尚未有一个统一的定义。不同学者对 SCQM 的定义如表6-1所示。

表 6-1 不同学者对 SCQM 的定义

学者	定义
麻书城和唐晓青	SCQM 是指在供应链成员企业内部质量管理的基础上，从宏观上考虑实现供应链成员企业之间质量职能和质量活动的协同、整合与优化，对分布在整个供应链范围内的产品质量的产生与形成过程进行有效和全面的管理，从而提高客户的满意度，增强供应链整体竞争力，最终实现供应链成员企业的经营目标
罗宾逊和马霍特拉	SCQM 是指供应链各成员企业之间通过正式的协同、整合运作流程来测量、分析和持续改进产品和服务质量，从而创造价值并使中间和最终客户满意
Lin et al	SCQM 中，SC 表示生产-分销网络；Q 表示准确、快速地满足市场需求，使客户满意并获利；M 表示保证电子商务供应链质量及获得客户信任
福斯特（Foster）	SCQM 的定义为基于系统性能的方法改进，充分利用所创造的机会与供应商的上游和下游的关系和客户

2. 供应链质量管理相关理论

（1）PDCA 循环理论

PDCA 循环又称为质量环，其中 PDCA 由 Plan（计划）、Do（执行）、Check（检查）、Act（处理）4 个英文单词的首字母组成，它是质量管理中的一个通用模型，最早于 1930 年由休哈特提出，1950 年由美国质量管理专家、耶鲁大学数学物理学博士戴明再度提出，并加以广泛宣传和运用于持续改善产品质量的过程中。戴明的观点主要如下。①如果一种产品或服务对别人有所帮助并能够持续占有不错的市场份额，那么可以说它拥有较好的质量。②不可预测的变异是影响质量的主要因素，而统计技术是不可或缺的管理工具。③强调通过减少生产和设计过程中的变异来改进产品或服务的质量，使系统获得可预测的稳定产出。④质量改进是持续的过程，企业通过质量改进可提高生产效率、降低生产成本，进而以较低的价格和较高的质量使客户满意，从而保持市场份额，为社会提供更多的工作岗位。

（2）全面质量管理理论

全面质量管理（Total Quality Management，TQM）由费根鲍姆于1961年在其《全面质量管理》一书中首先提出。随着人们在实践中对 TQM 的不断丰富，TQM 的定义也得到了进一步发展。TQM 的定义如表 6-2 所示。

表 6-2　TQM 的定义

来源	定义
费根鲍姆	TQM 是为了在最经济的水平上，考虑到充分满足客户要求的条件下进行市场研究、产品设计、产品生产和售后服务，把企业内各部门研制质量、维持质量和提高质量的活动构成一种有效体系
日本企业界	TQM 是指企业组织所有部门和全体人员，综合运用多种方法对生产全过程中影响产品质量的各种因素进行控制，以最经济的方法生产令客户满意的产品
日本知名质量管理专家石川馨	TQM 是具有以下 7 种核心价值观的管理体系，它们分别是：以客户为重，以员工为重，重视团队工作，重视安全，鼓励坦诚，要求全员参与，以过程为重
ISO 9000:2000	TQM 是一个组织以质量为中心，以全员参与为基础，目的在于通过让客户满意和本组织所有成员及社会受益而实现长期成功的管理途径

TQM 具有全面性、全员性、服务性、科学性、全过程性等特点。全面性是指 TQM 的对象是企业生产经营的全过程。全员性是指 TQM 要依靠全体员工来实现。服务性主要表现在企业以自己的产品或服务满足客户的需要，为客户服务。科学性是指质量管理必须科学化，企业必须更加自觉地利用现代科学技术和先进的科学管理方法。全过程性要求企业对产品生产过程进行全面控制。

TQM 以客户为导向，以持续改进、全员参与及团队协作为核心原则，目标是持续满足客户的需求，因此 TQM 聚焦于提高客户的满意度，其核心内涵如表 6-3 所示。

表 6-3　TQM 的核心内涵

内容	客户导向	持续改进	全员参与、团队协作
原则	使提供的产品与服务符合客户的需要，此为企业的首要任务，企业必须以客户为主	只有不断改善产品与服务的创造过程，才能持续使客户满意	通过企业、客户与供应商三方面的通力合作，持续改进的目标才能充分达成
措施	1. 直接与客户接触 2. 收集有关客户需求的信息 3. 应该用信息来设计产品，提供产品和服务	1. 过程分析 2. 过程重建 3. 问题解决 4. 规划、执行、考评、修正	1. 设计理想的团队，从而使参与部门受益 2. 建立不同类型的团队 3. 进行团队技能训练
技术	1. 客户调查及焦点团体访谈 2. 质量功能展开（将客户的意见转化为产品的详细特征）	1. 流程图 2. 帕累托分析 3. 统计程序控制法 4. 特性要因图分析	1. 企业发展的方法，如敏感度训练及名义团体技术训练 2. 团体建立的方法，如角色厘清及团体反馈

（3）6 Sigma 质量管理理论

1987 年，摩托罗拉提出了产品生产的"6 Sigma"概念和相应的质量管理方法。采取 6 Sigma 质量管理方法后，该企业生产率平均每年提高 12.3%，由质量缺陷造成的费用减少了 84%，运作过程中的失误减少了 99.7%。通用电气在 1995 年引入 6 Sigma 质量管理方法，随后其经济效益加速增长：1998 年，通用电气因此节省的资金达 75 亿美元，经营率增长 4%，达到 16.7%；1999 年，通用电气因此节省的资金达 160 亿美元。通用电气全面实施 6 Sigma 质量管理方法取得的辉煌业绩使该方法名声大振。此后，6 Sigma 质量管理方法被视为质量管理秘诀而被众多企业广泛学习和效仿。

6 Sigma 意为"6 倍标准差"，在质量管理上代表产品合格率超 99.9997%，或者可以表示为每一百万个产品中不合格品少于 3.4 个或操作中的失误少于 3.4 次。但是 6 Sigma 质量管理方法并不简单地指上述统计学上的要求，而是一整套系统的理论和实施方法。6 Sigma 质量管理方法其实是以客户为中心、以统计数据为基础、以追求较高的质量为目标的质量管理理念和方法。它的核心过程是通过一个以统计学为依据的数据分析过程，测量问题、分析原因、优化和控制产品的过程质量，使企业的运作能力达到最佳。6 Sigma 质量管理方法要求产品质量特性满足客户的需求，在此基础上尽可能避免任何缺陷，实现客户的完全满意。

（4）质量功能展开理论

质量功能展开理论最早是在 1966 年由日本的赤尾洋二和几所大学的教授共同提出的，其含义可以分为以下两层。①狭义的质量功能展开，即用一定手段，将与质量相关的功能乃至业务，以不同的层次分配到具体的阶段。②质量展开，是将客户的需求转换为图样和设计要求及产品生产过程中各阶段的要求，以确定产品的设计质量，并将其系统地、关联地展开为设计要求、零部件要求、工艺要求及生产要求等。质量功能展开示意图如图 6-1 所示。

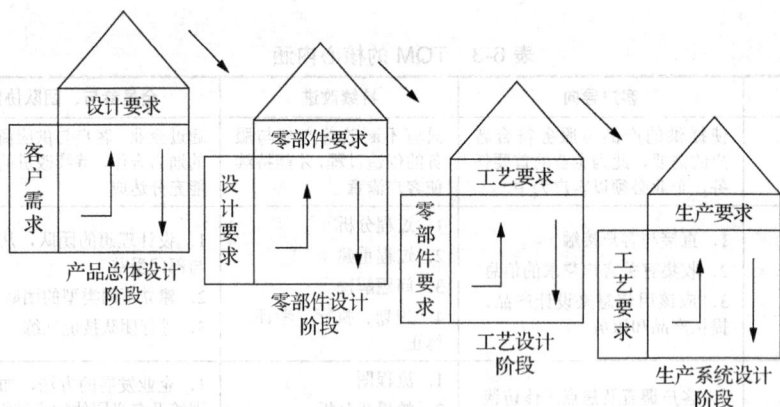

图 6-1 质量功能展开示意图

6.1.3　电子商务供应链质量管理的概念和相关理论

在电子商务供应链环境下，质量是由电子商务供应链上所有的成员企业共同保证的，因此，质量管理模式也从单一服务企业质量管理模式转变为多供应链企业协同的质量管理模式——电子商务供应链质量管理模式。在电子商务供应链环境下，质量保证将比单一企业服务质量保证困难得多，产品质量取决于构成电子商务供应链的所有企业的质量管理与控制水平，质量问题的出现将使整个电子商务供应链产生波动，且其调整过程复杂、协调周期长、调整成本高。因此，在电子商务供应链质量管理中，要从源头处消除质量问题，确保电子商务供应链稳定运行。

1. 电子商务供应链质量管理概述

电子商务供应链质量管理不再局限于企业内部，而是延伸到供应商和客户，甚至供应商的供应商和客户的客户，主要包括电子商务供应链企业为客户提供有形产品的质量，也包括电子商务供应链企业为客户提供无形产品的质量。涵盖从产品设计、需求预测、外协与外购、制造、分销、储运和客户服务等全过程。同时又最大化地以网络方式将客户、销售商、生产商、供应商和雇员等联系在一起，极大地提高企业质量管理水平，提高客户满意度，增强企业的竞争力。

电子商务供应链
质量管理的特点

电子商务供应链质量管理至今仍未有一个明确的定义。我们定义电子商务供应链质量管理为，对分布在整个电子商务供应链范围内的产品质量的产生、形成和实现过程进行管理，从而实现电子商务供应链环境下产品质量控制与质量保证。

> **课堂小案例**
>
> 　　2022年12月24日，波司登2022/2023财年预告显示，预计年收入同比增长14%，集团毛利率达69.4%，预计本财年企业营收将创新高。波司登积极推进数字电商化转型，聚焦新零售能力建设、商品快反能力建设和数据中台建设，推动数字电商化落地应用到"用户、品牌、产品、渠道、零售、人资、财务"的经营管理过程中。通过电子商务供应链管理，波司登打通了产销双向灵活互动的渠道，精准消费者画像，并对其进行精准营销，做强商店销售，做好顾客服务，有效发挥赋能品牌价值增长的作用。数字电商化为波司登赢得了忠实的顾客人群，也让波司登2022年羽绒服规模总量跃居全球第一。

2. 电子商务供应链质量管理相关理论

（1）电子商务供应链视角下的6 Sigma质量管理理论

在电子商务供应链背景下，要提高最终客户服务水平，达到6 Sigma质量管理理论的服务水平要求，需要电子商务供应链上各企业共同努力才能实现，仅电子商务供应链上某个企业或核心企业提高质量对提高电子商务供应链整体质量水平难以有显著作用。由此可知，传统的基于内部流程改进的企业6 Sigma质量管理理论必须拓展到整个电子商务供应链的各成员企业，由电子商务供应链各成员企业共同采用 6 Sigma 质量管理理论和方法，才能有效地提高最终客户服务水平。

在电子商务供应链背景下，6 Sigma 质量管理方法作为一种基于统计技术的产品质量提高方法，通过对单个或多个项目进行改进，可以获取电子商务供应链各过程持续的质量保证、质量提高及竞争优势并最终提高服务客户的质量水平。与此同时，此方法也可以减少交货时间的变化，使送货时间更稳定，降低安全库存水平，从而降低产品成本，改善整个电子商务供应链的柔性，减少柔性不一致所引发的风险，进而提高电子商务供应链的整体绩效。

但是，目前学者们对电子商务供应链环境下的 6 Sigma 质量管理理论的研究仅局限在供应链某一阶段或过程管理，未能在电子商务供应链整体视角下开发出能够传递信息的供应链通用标准格式。6 Sigma 质量管理理论与实践也仍局限于基于精确的统计，对于模糊数据不能够灵活处理，其在供应链质量管理实践中没有分析应该具备的应用过程条件和前提，导致研究与实践不完全吻合，削弱了对实践的指导作用。

（2）ISO 9000 质量管理体系

SCQM 实践的一个重要内容是质量管理标准应用实践。自 20 世纪 90 年代中期以来，ISO 9000 风靡全球，质量管理体系认证在国际贸易中逐渐成为供应商质量保证能力和水平的标志。

ISO 9000:2000 为《质量管理体系结构基础》，表述质量管理体系的基础知识，并规定质量管理体系术语。具有提高产品质量和保护客户利益、消除贸易壁垒和拓展市场空间、促使企业持续改进和持续满足客户需求及期望、有效提高企业运行效率和经营业绩等作用。质量管理体系的持续改进如图 6-2 所示。

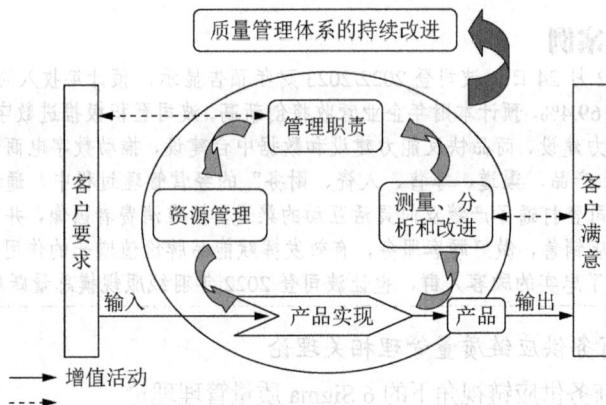

图 6-2　质量管理体系的持续改进

基于电子商务供应链视角，ISO 9000 质量管理体系也存在一些不足。在整个供应链中，虽然一些位于关键环节的企业制定并实施了严格的内部质量管理标准，但上游供应商和下游经销商并不一定能遵守同样的质量管理标准，这致使供应商、企业、经销商之间缺乏或无法进行有效的质量管理合作与协调。这就使电子商务供应链质量管理的整体性和系统性难以得到保证，致使关键环节企业的质量难以保证，从而造成一定程度的资源浪费、信用及利润损失，并使供应链各成员企业面临较高的质量风险。由此可知，现有的 6 Sigma、TQM 和 ISO 9000 质量管理体系等供应链质量管理工具及方法也尚不能有效解决电子商务供应链质量协调及其风险难题。

6.2 电子商务供应链质量管理活动

电子商务环境下，由于供应链质量管理过程突破了传统企业的边界，供应链质量管理的范围不断扩大，在实际的运作过程中蕴含着更多的风险。企业必须深刻探讨供应链质量管理活动的内涵，包括质量预警管理、质量控制管理和质量协调管理等，通过系统性地研究供应链质量管理活动来适应电子商务时代供应链质量管理的发展。

6.2.1 电子商务供应链质量预警管理

质量预警就是在获取大量信息的基础上，对质量活动进行必要的研究和预判，提出控制其发展的对策，预防质量问题的发生。建立企业质量预警机制，对于优化生产工艺，减少产品质量缺陷，加快质量改进速度，降低企业运营风险具有重要的现实意义。供应链质量预警是一种主动型的供应链质量管理，即供应链成员企业有计划地、积极主动地对其运营过程中存在的各种供应链质量问题进行识别、监测、分析和评价，并及时采取有效的措施进行防范和控制，确保供应链在物流、信息流、资金流等方面满足客户的需求。

电子商务环境下市场信息的获取、传递和沟通更为精确和高效，供应链中信息的流通不再受到时空的限制，企业通过电子商务系统可以及时进行信息共享，这大大提高了供应链效率。但是，电子商务技术在给供应链管理带来便利的同时，也使得供应链质量风险不断增加。网络的安全性和稳定性、传统供应链与电子商务的耦合、产品和服务质量的保证等因素都会给电子商务供应链带来质量风险。下面简要介绍电子商务环境下的供应链质量预警的相关内容。

  1. 电子商务供应链质量预警指标体系的构建思路
  电子商务供应链质量预警基本因素是一系列用于反映电子商务供应链整体以及各成员企业质量问题的指标集合，分析、测定电子商务供应链质量预警基本因素，是构建供应链质量预警指标体系的第一步，从不同的特征角度进行分析，我们可以得出不同的电子商务供应链质量预警基本因素。这些因素具有广泛性、具体性和复杂性的特点。

2. 电子商务供应链质量预警指标体系构建

对于电子商务供应链质量预警来说，预警指标体系的构建是第一步，有了科学合理的指标体系，才能为后续研究工作的开展打好基础。按照上述电子商务供应链质量预警指标体系的构建思路，在设置电子商务供应链质量预警指标时，通过统计分析得出 27 个指标，再据此构建表 6-4 所示的电子商务供应链质量预警指标体系。

表 6-4　电子商务供应链质量预警指标体系

一级指标	二级指标	三级指标
供应链外部	环境	自然灾害影响系数
		社会安全影响系数
		经济增长指数
		政策法规符合程度
	网络平台	网络传输速率
		服务器故障率
		网站设计合理性
		防病毒成功率
供应链流程	供应	延迟供货率
		交货失败率
		质量合格率
	需求	需求波动幅度
		客户满意度
	物流	安全库存水平
		配送及时性
		货物受损率
		服务商可靠性
	资金流	资金周转率
		总资产增长率
		销售利润率
	信息流	信息共享程度
		信息传递准确率
供应链系统	结构	供应链结构合理性
		供应链柔性
	合作	利益分配公平度
		文化差异程度
		合约信任度

确立电子商务供应链质量预警指标体系后，还需要明确每个指标的含义，对于定量指标，要列出具体的计算方法，为后续的电子商务供应链质量预警模型的构建奠定基础。

3. 电子商务供应链质量预警模型构建

单个预警指标值仅仅反映了电子商务供应链某一方面的质量状况，要把握电子商务供应链整体质量状况，需要对各指标进行综合评价，而进行指标的综合评价最为关键的是确定每一个指标的权重。

（1）各指标权重的确定。从目前的理论研究现状来看，指标的赋权方法主要有两类：一是主观赋权法，如专家评分法、德尔菲法等，其主要特点在于能够体现评价专家"偏好"，概念清楚、简便灵活，但欠缺科学性；二是客观赋权法，如主因子分析法、方差分析法等，虽然其在科学性方面有了进步，但也存在诸如对样本要求苛刻而造成实际应用困难等不足。为综合这两类方法的优点，可以采用层次分析法，即通过咨询专家意见构造判断矩阵，并采用特征根法求解综合判断矩阵，将专家经验与数学模型结合起来以确定各指标的权重。

（2）指标的归一化处理。指标的归一化处理（即无量纲化处理）是指将指标的原始值转化为评价值的过程。电子商务供应链质量预警指标可以归纳为以下 3 种类型：成本型（逆向型）、效益型（正向型）和适中型。其归一化处理借助隶属函数的思路，构造无量纲化处理函数。具体方法如下。

设有 n 个指标 $k_1, k_2, \cdots, k_n$，令 $\max k_i = k_{\max}, \min k_i = k_{\min}$，$k_d = k_{\max} - k_{\min}$，$k_a = k_{\max} + k_{\min}$，则所构造的归一化处理隶属函数 y_i 为：

$$\text{对成本型指标，} \quad y_i = \begin{cases} 1 & k_i \leqslant k_{\min} \\ (k_{\max} - k_i)/k_d \ (k_{\max} - k_i)/k_d \\ 0 & k_i \geqslant k_{\min} \end{cases} \quad (6.1)$$

$$\text{对效益型指标，} \quad y_i = \begin{cases} 1 & k_i \geqslant k_{\min} \\ (k_{\max} - k_i)/k_d \ (k_{\max} - k_i)/k_d \\ 0 & k_i \leqslant k_{\min} \end{cases} \quad (6.2)$$

$$\text{对适中型指标，} \quad y_i = \begin{cases} 2(k_i - k_{\min})/k_d & k_{\min} \leqslant k_i \leqslant k_a/2 \\ 2(k_{\max} - k_i)/k_d & k_a/2 \leqslant k_i \leqslant k_{\max} \\ 0 & k_i \leqslant k_{\min} \text{ 或 } k \geqslant k_{\max} \end{cases} \quad (6.3)$$

其中，k 为供应链质量整体风险，k_i 为第 i 个供应链质量风险指标值，$k_{\max}$ 为供应链质量风险指标最大值，$k_{\min}$ 为供应链质量风险指标最小值。经过上述归一化处理，即可将所有的指标无量纲化，以利于指标信息的综合。

（3）指标信息的综合。电子商务供应链质量预警是一个多目标综合评价问题，各指标在评价中的地位和重要程度存在一定差异，但它们皆为反映电子商务供应链质量状况所不可或缺的，这就要求必须对各项指标信息进行综合考虑，不可偏废，要依据其权重大小均衡兼顾。为此，对归一化后的 n 个指标，可以用线性加权平均法，分别给予权重系数 $w_i (i = 1, 2, \cdots, n)$，然后构造综合评价模型：

$$K_i = \sum_{i=1}^{n} w_i \times k_i$$

其中，
$$\sum_{i=1}^{n} w_i = 1 \qquad (6.4)$$

其中，w_i 为第 i 个供应链质量指标权重。

根据上述评价结果和下列划分标准，可以判断电子商务供应链质量状况，实现综合评价。若 $K \leqslant (0.9, 1.0]$ 则为无警区，用绿灯表示；若 $K \leqslant (0.7, 0.9]$，则为轻警区，用蓝灯表示；若 $K \leqslant (0.5, 0.7]$，则为中警区，用黄灯表示；若 $K \leqslant [0, 0.5]$，为重警区，用红灯表示。

亮灯的目的在于提醒电子商务供应链质量管理决策者及时调整策略，以降低损失或质量问题出现的可能性，增强电子商务供应链抵抗质量问题的能力。在质量预测和预警之后，要根据不同的情况研究、制定和实施不同的电子商务供应链质量预警管理对策，对电子商务供应链质量进行全面、系统和预防性管理，使电子商务供应链避免和减少质量损失，从而确保电子商务供应链得到长期稳定的发展。

6.2.2 电子商务供应链质量控制管理

电子商务供应链质量控制管理是为了达到电子商务供应链质量要求，对电子商务供应链各环节、各节点所采用的作业技术策略与活动协调。具体而言，是为了通过监视电子商务供应链质量的形成过程，消除电子商务供应链各环节、各节点质量环上引起不合格或不满意效果的因素，以满足电子商务供应链质量要求、获取经济效益而采用的各种电子商务供应链质量作业技术策略与活动协调。电子商务供应链质量控制管理的目的是使电子商务供应链质量水平在某种意义上保持稳定，以利于过程管理以及分析和把握整体绩效。

1. 电子商务供应链质量控制管理工具

旧质量控制七工具是用于质量数据统计的管理方法，20 世纪 50 年代后期，日本质量管理专家石川馨在日本推行全面质量管理的过程中总结出了旧质量管理七工具。

旧质量管理七工具以表格、图形等直观的方式进行数据统计，主要用于问题发生后的改善，其内容是检查表、层别法、特性要因图（因果图）、柏拉图（排列图）、散布图（相关图）、直方图、控制图，简称"一表一法五图"，如表 6-5 所示。

表 6-5 旧质量管理七工具的内容

一表	一法	五图
检查表	层别法	特性要因图、柏拉图、散布图、直方图、控制图

（1）检查表。检查表也叫调查表、核对表或点检表，是一种为了便于搜集和整理数据而事先设计和制成的空白统计表，在实际应用时我们只需要在相应的栏内写下数据。检查表法是利用检查表进行数据的搜集和整理及粗略的原因分析的一种质

量管理方法。检查表法使用简单且易于理解的标准化表格或图形，在使用者填入规定的数据，再加以统计整理后，即可提供量化的分析或比对结果。

（2）层别法。层别法又叫分层法，是一种把搜集来的原始质量数据按照一定标志加以分类整理的方法。我们通常把分类整理中划分的组称为层，故分层就是分门别类或分组。

（3）特性要因图。所谓特性要因图，就是当一个问题的结果（特性）受到一些原因（其中主要的原因叫要因）的影响时，我们将这些原因加以整理，形成的各原因之间相互联系且又系统的图形，换句话说，它是一种针对特性来分析其原因所带来的影响，以便寻求要因的质量控制方法。特性要因图是由石川馨发明的，又名"石川图"。其主要目的是阐明因果关系，因而又称"因果图"。因为它的形状与一条鱼的骨架相似，故又常被称为"鱼骨图"或"鱼刺图"。特性要因图示例如图 6-3 所示。

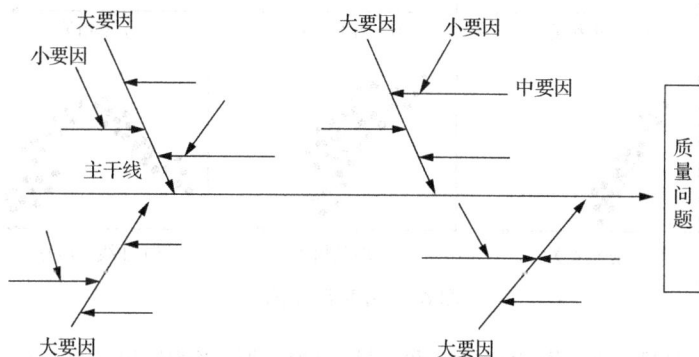

图 6-3　特征要因图示例

（4）柏拉图。柏拉图是把搜集的数据按不良原因、不良状况、不良项目、问题发生的位置等不同区分标准而加以整理、分类，以此寻求占最大比例的原因、状况、项目或位置，按其大小顺序排列，再把数值加以累计的图形。柏拉图采用双直角坐标图，左边纵坐标表示频数（如缺陷件数等），右边纵坐标表示逐项内容的累计影响度（百分比）；横坐标表示影响质量的各项因素，按影响程度的大小从左向右用柱状图排列，分段折线表示各个项目的累计百分比。柏拉图示例如图 6-4 所示。

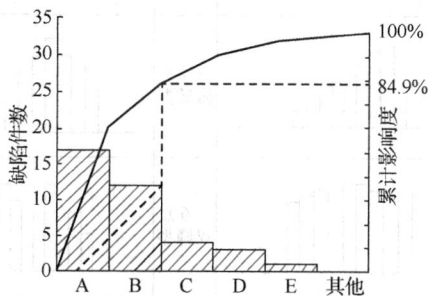

图 6-4　柏拉图示例

（5）散布图。散布图又叫相关图，它是把两个变量之间的相关关系用点表示在直角坐标系中形成的图形。其横轴表示 x 变量的数值，纵轴表示 y 变量的数值，将试验或测量所得的各组 x 和 y 的数值对应的点全部绘出，即可形成散布图。散布图法又称相关图法，是通过分析和研究两种因素的数值的关系来控制影响产品质量的相关因素的一种有效方法。它用于分析质量与影响因素之间是否存在相关关系以及相关关系的强弱，在质量管理中还可以用于分析和寻找多元变量之间的最佳结合点。6 种散布图如图 6-5 所示。

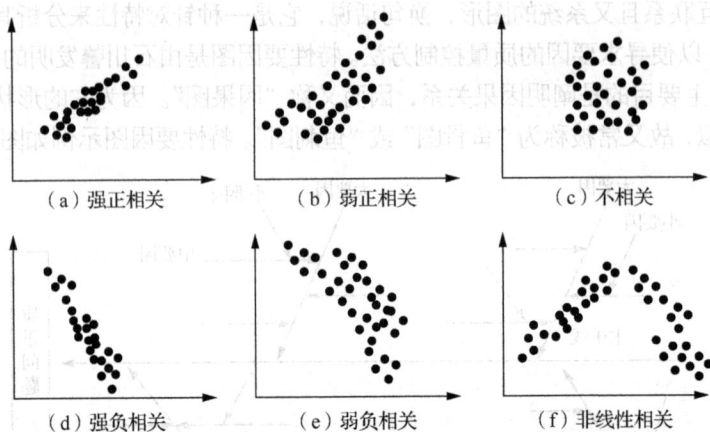

（a）强正相关　（b）弱正相关　（c）不相关

（d）强负相关　（e）弱负相关　（f）非线性相关

图 6-5　6 种散布图

（6）直方图。直方图也叫柱状图，是一种将搜集来的质量数据分成若干组，在直角坐标系中，以组距为横轴，以该组距内相应的频数为高度，按比例画出来的若干矩形图。直方图法是一种通过直方图对产品质量波动性进行观察，进而找出质量波动的规律性，预测工序质量好坏和估计工序不良品率的常用质量管理方法。直方图的 6 种类型如图 6-6 所示。

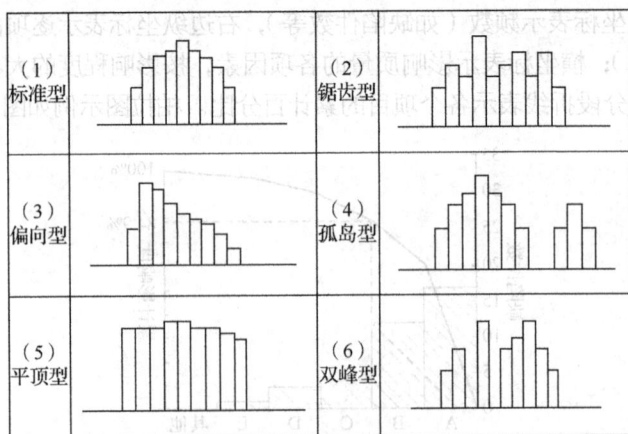

（1）标准型　（2）锯齿型

（3）偏向型　（4）孤岛型

（5）平顶型　（6）双峰型

图 6-6　直方图的 6 种类型

（7）控制图。控制图是由休哈特发明的，它是一种用来监视、控制质量特性值随时间推移而波动的情况的图表。在控制图上有 3 条横线：中间的横线为中心线（Control Line，CL），一般以细实线表示；上方的横线为上控制界限线（Upper Control Limit，UCL），下方的横线为下控制界限线（Lower Control Limit，LCL），一般以虚线或点画线表示，以表示可接受的变异范围。我们可将检测所得实际产品质量特性的数值在图上以黑点标出，然后用细实线连接。

2. 电子商务供应链质量控制管理的特征

（1）质量信息集成的系统性。电子商务环境下的供应链质量控制是对质量信息进行提取、处理、分析、共享并实现信息系统集成的过程，具有系统性特征，是供应链中与产品质量形成相关的信息、功能和过程的集成，也是与整个供应链环境协同运行的过程。

（2）质量信息处理的实时性。电子商务环境下的质量信息处理具有实时性，需要突破时空的限制，对客户做到快速响应。客户可通过网络直接参与企业的质量控制和决策工作。为此，企业需要应用质量功能展开等相关工具对质量信息进行实时处理，将处理情况及时反映到相应过程中，调整质量体系文件；质量审核员、质量专家也可以实时在线审核和评价。

（3）质量信息处理的海量化。电子商务环境下的供应链中，质量信息分布在动态的、跨越空间的合作伙伴中，企业通过分布式数据库系统可以利用分布式网络数据库系统，存储大时间跨度和大空间跨度的海量质量信息数据，并进行海量处理。

（4）质量控制环节的周期性。电子商务供应链质量控制既是对产品的质量控制，又是对供应链生命周期的质量控制，既包含产品质量相关的各个活动，也包括供应链孕育、组建、运行各阶段的过程活动，通过过程集成实现对产品质量及供应链运行质量的控制，通过周而复始的集成过程实现持续的质量改进。

（5）质量控制范围的广泛性。在电子商务环境下，分布于全球的客户质量需求可以通过互联网传到供应链核心实体，而核心实体与各联盟实体可通过外联网或互联网实现质量信息的远程交互访问，各实体内部的质量信息进入内联网，以互联网/内联网/外联网为基础，实现全球化的广泛性质量控制。

（6）质量控制过程的整体性。在电子商务环境下，供应链质量控制是协同化、整体性的活动，是合理分布性与集中统一性的有机结合，供应链质量控制系统模型必须建立在分布式结构的基础上。采用分布式网络数据库等先进的信息管理技术，精心策划和设计质量信息模型和数据结构是实现供应链质量控制过程整体性的根本保证。

6.2.3 电子商务供应链质量协调管理

电子商务供应链质量管理的核心是电子商务供应链质量协调管理，它通常指电子商务供应链环境下各企业分散式质量决策的结果与集中式质量决策的结果协调管理。电子商务供应链质量协调管理不是针对供应链上某一企业，而是针对供应链上的所有企业共同建立具有动态组织结构和业务流程的质量协调管理体系，通过供应链上所有企业之间的质量协调管理来不断提高电子商务供应链的质量水平，从而满足客户的质量需求，提高电子商务供应链整体及各成员的利润水平，降低电子商务供应链各成员及电子商务供应链整体面临的质量风险。

1. **电子商务供应链质量协调的概念**

电子商务供应链质量协调关注的一类主要问题是契约理论中的电子商务供应链质量契约设计问题，电子商务供应链环境下的质量管理是与供应商和买方、买方和客户间的契约紧密结合在一起的。电子商务供应链质量契约设计主要涉及买卖双方非合作和合作两种情形下的质量契约，包括基于产品质量水平的惩罚契约和保证契约等内容。

在电子商务供应链环境下，契约中质量条款订立的终极目标是电子商务供应链协调。电子商务供应链协调指在相互依存的电子商务供应链各主体之间实施的某些行为可以使具有不同目的的电子商务供应链各主体朝着一个共同的方向奋斗。电子商务供应链协调下，每个企业的利益及整个电子商务供应链的利益均得到优化，且任何进一步优化电子商务供应链某个企业或某些企业利益的措施都不可能使其他所有企业均从中获利，即达到帕累托最优状态。电子商务供应链质量条款不仅可以提高整个电子商务供应链的质量水平，还可以使电子商务供应链的质量成本在各企业间合理分配，而且可以使每个企业及电子商务供应链整体的质量管理活动达到最佳状态。

2. **电子商务供应链质量契约协调模型**

（1）电子商务供应链批发价格契约。批发价格契约也称价格契约，是指供应商和零售商相互签订契约，零售商根据市场需求和批发价格确定订货量，供应商根据零售商的订货量组织生产，零售商承担产品未卖出去的一切损失。因此，该契约中供应商的利润是确定的，零售商完全承担市场风险。

（2）电子商务供应链收益共享契约。供应链收益共享契约是指零售商将一定比例的销售收益交给供应商，以获得较低的批发价格，提高供应链运作绩效的一种协调方式。这一契约最先出现在音像租赁行业，后被推广到其他行业。

（3）电子商务供应链回购契约。供应链回购契约也称退货策略，是电子商务供应链协调中应用较为广泛的一种机制。它规定销售期初零售商以批发价格从供应商处订购产品，销售期结束时将没有卖出的产品以合理的价格退还给供应商，从而使由需求不确定而产生的风险由供应商和零售商共同承担，平衡两者的边际收益和边际成本，以实现电子商务供应链协调。当前，对回购契约的研究大多基于确定的需求或一般的随机需求。

（4）电子商务供应链数量弹性契约。数量弹性契约是指零售商的实际订货量可以在其提前提交的订货量的基础上进行一定范围内的变动，通常零售商在销售期前首先给供应商订货量，供应商根据这个订货量组织生产；零售商了解市场的实际需求量之后，可以根据市场的实际需求量调整订货量。

3. 电子商务供应链质量协调中的阻碍因素和解决措施

任何导致电子商务供应链不同节点企业只注重自身利益的最优化或者信息扭曲和变动性增强的因素，都是实现电子商务供应链质量协调的阻碍因素。这些主要的阻碍因素分为以下几种。

（1）激励阻碍。所谓激励阻碍，是指给予电子商务供应链内不同节点企业或参与者的激励会导致总体利润呈下滑趋势。只注重局部影响的激励措施，会导致可使供应链的总利润最大化的一些决策不能出台。

（2）信息传递阻碍。所谓信息传递阻碍，是指需求信息在电子商务供应链不同节点企业之间的传递过程中发生扭曲，从而导致供应链内订货量的变动性增强。随着订单沿电子商务供应链上溯至制造商和供应商，按照接收到的订单进行预测，会使客户需求的变动性增强。而且电子商务供应链各节点企业无法共享信息，这也加剧了牛鞭效应。

（3）运营阻碍。所谓运营阻碍，是指在发出订单和完成订单的过程中所采取的导致变动性增强的各种行动。当企业大批量订购的产品大大超出了需求扩张量时，订单的变动性就会在供应链内增强。由于与订单的发出、接收及订购货物的运输相关的固定成本很高，或者由于供应商提供的批量折扣优惠很大，企业可能大批量订购产品。大批量订购导致订单流的变动比需求流更加不规律。如果电子商务供应链各节点企业之间的补给供货期延长，则牛鞭效应会进一步加剧。

（4）定价阻碍。所谓定价阻碍，是指某一产品的定价策略会导致订单规模变动性增强。批量折扣策略扩大了电子商务供应链内订单的规模，这种人为的大批量订单加剧了电子商务供应链内的牛鞭效应。

（5）行为阻碍。所谓行为阻碍，是指引发牛鞭效应的企业内认知问题。这些问题往往与电子商务供应链构成方式及不同节点企业之间的沟通方式有关。其中的一些行为阻碍是：供应链的每个节点企业只是从局部看待自身行为，而未考虑到其行为对其他节点企业所造成的影响；供应链的不同节点企业只对眼前局部形势做出反应，而未能追根溯源；还有就是由于缺乏信任，不同节点企业之间不能共享信息或者忽视可以得到的信息等。

管理者应当思考采取什么样的措施才能有助于消除电子商务供应链质量协调中的阻碍因素，实现协调。下列措施将有助于消除供应链质量协调中的阻碍因素，提高电子商务供应链总利润。

（1）使激励措施和目标保持一致。管理者可以通过使激励措施和目标保持一致，来实现电子商务供应链质量协调，使供应链内的每个参与者的行为都以供应链总利润最大化为目标。企业内部要实现决策协调，必须确保每个部门用来评估决策的目标与企业总体目标相吻合。

（2）提高信息的准确度。管理者可以通过提高电子商务供应链内不同节点企业之间可获得的信息的准确度，来实现供应链协调。电子商务供应链各节点企业之间共享销售数据，有助于缓解牛鞭效应。一旦销售数据得以共享，如果要实现完全的协调，则电子商务供应链不同节点企业必须联合进行预测和规划。

（3）提高运营业绩。管理者可以通过提高运营业绩，设计合适的产品配给方案，以防出现产品短缺，从而缓解牛鞭效应；通过缩短补给供货期，降低供货期间需求的不确定性；同时通过缩小批量规模来缓解牛鞭效应。

（4）设计定价策略以稳定订单规模。管理者可以通过设计定价策略，鼓励零售商小批量订购，减少超前购买，来缓解牛鞭效应。以总量为基础的数量折扣策略可消除零售商扩大批量规模的动机，因为这种折扣策略考虑的是某一特定时期的购买总量，而不是某一笔交易的购买量。以总量为基础的数量折扣将导致小批量订购，从而减弱供应链订单的变动性。

（5）构建合作伙伴关系和信任机制。一旦在供应链内构建了伙伴关系和信任机制，管理者便更容易采取上述措施来缓解牛鞭效应，实现供应链协调。各节点企业之间相互信任，共享准确信息，有助于降低成本，在供应链内实现供需平衡。良好的合作关系往往能降低供应链节点企业之间的交易成本。交易成本的降低及准确信息的共享，有助于缓解牛鞭效应。

6.3 电子商务供应链质量预警管理应用

结合前文提到的电子商务供应链质量管理相关理论，本节对电子商务供应链质量预警管理方法进行介绍，希望能够深化大家对电子商务供应链质量管理的理解。

6.3.1 A企业现状及存在的问题

本节以丝绸之路（以下简称"丝路"）沿线苹果出口A企业为例，通过问卷调查，根据权重标准和丝路沿线苹果供应链质量变革（预警）模型，对该企业苹果电子商务供应链质量进行预警，同时根据该企业实际情况，检验预警模型的有效性。

A企业在发展过程中存在的问题如下。

（1）缺少针对丝路沿线苹果供应链质量的预警指标。丝路背景下的跨国苹果供应链相对于传统苹果供应链而言，流通环节较长，往往涉及农产品生产方、直接收购方、物流方、代理商、批发商以及终端零售商等，容易导致一系列问题的产生，且涉及通关、检验检疫等环节，这些都是传统苹果供应链不具有的。然而A企业当前的预警模型缺少针对丝路沿线苹果供应链质量预警指标的研究，多数研究从农产品出发，苹果虽也是农产品，但具有易腐性等特性，又区别于一般农产品。通过查询相关资料得知，农业监测预警研究中心等，都没有站在整个供应链角度对苹果供应链质量进行预警，其预警目标主要围绕供需情况，然而丝路沿线苹果供应链质量问题并不只是供需不平衡引起的，各个环节出现问题都可能导致供应链质量问题。因此A企业急需构建专属于丝路沿线苹果供应链质量的预警指标体系。

（2）预警理论充足，但在丝路沿线苹果供应链的实践方面较欠缺。A企业当前对相关预警理论的研究较充足，然而在实践方面较欠缺，尤其是针对丝路沿线苹果供应链质量的实践更少。建立针对丝路沿线苹果供应链质量的预警模型，可以有效提高A企业供应链质量水平，帮助A企业获得更高的经济效益。

（3）缺乏从生产到消费的丝路沿线苹果供应链质量预警管理

① 生产方面的主要问题表现在农药残留及污染方面。各国有不同的农产品农药残留量最高标准，丝路国内段《农药残留量》标准（GB 2763—2021）从涵盖的农药品种数量看，已超过国际食品法典委员会、美国的标准，但距离欧盟标准仍有一定的差距。丝路中间段（中亚、西亚等）的标准更加不完善。因此，丝路国内段及中亚段国家在农产品出口方面的农产品检验标准较低，出口受到限制。

② 仓储方面也有数据难以记录的问题。国内苹果市场庞大，散户较多。散户没有实力对仓储温度、湿度、二氧化碳浓度等相关指标数据进行记录。仓库条件也只能达到基本要求，致使苹果保存时间大大缩短，影响苹果品质，进而影响苹果供应链质量。

③ 苹果跨境物流涉及海关检测检验等环节，具有专业性强、技术管理要求高、营运成本高的特点。

④ 苹果并非生活必需品，消费者的喜好或者经济水平会对其需求产生一定影响，进而影响供应链整体的风险。

6.3.2 A企业电子商务供应链质量预警管理方法的应用

1. 跨境电商苹果供应链质量预警指标权重计算

通过将跨境电商苹果供应链质量问题与当前研究相结合，利用流程图建立预警指标体系，并完成问卷的设计与发放，通过对问卷结果进行描述性统计分析和信度检验的方式检验问卷调查是否合理。之后，将层次分析法和熵值法结合起来，计算预警指标组合权重，最后运用模糊综合评价法对该供应链质量情况进行预警。

跨境电商苹果供应链质量预警指标体系构建。

通过对跨境电商苹果供应链各个环节的质量问题进行合并、筛选、汇总，构建包含加工包装环节、贮藏运输环节和销售环节等的三级预警指标体系。跨境电商苹果供应链质量预警指标体系如表6-6所示。

表6-6 跨境电商苹果供应链质量预警指标体系

一级指标	二级指标	三级指标	问题因子
跨境电商苹果供应链质量	种植环节质量	苗木质量	苗木成活率
		供应质量	苹果质量
		种植环境质量	产地环境质量
	加工包装环节质量	包装质量	包装材料合格情况
		分拣设备质量	分拣设备运行状况
		分拣卫生质量	分拣线消毒合格率
		工作人员质量	食品安全教育普及状况
	贮藏运输环节质量	仓储质量	仓储温度、时间
		海关检验质量	质检合格情况
		运输质量	运输破损率
	销售环节质量	需求质量	供需不平衡
		销售价格质量	质量问题引起销售价格变化
	外部质量	政治差异质量	汇率政策
		文化差异质量	文化距离
		自然灾害质量	自然灾害情况

因此，跨境电商苹果供应链质量预警指标为3层指标。二级指标有5个，包含种植环节、加工包装环节、贮藏运输环节、销售环节和外部环节。三级指标通过对跨境电商苹果供应链中的质量问题进行整理，分为15个指标。通过整理问卷调查得到的数据，利用层次分析法权重、熵值法权重以及组合权重结果得到跨境电商苹果供应链质量预警指标权重，计算结果如表6-7所示。

表6-7 跨境电商苹果供应链质量预警指标权重计算结果

二级指标	组合权重	三级指标	组合权重
种植环节质量	0.2051	苗木质量	0.1604
		供应质量	0.4711
		种植环境质量	0.3686
加工包装环节质量	0.2796	包装质量	0.1434
		分拣设备质量	0.0695
		分拣卫生质量	0.5776
		工作人员质量	0.2095
贮藏运输环节质量	0.3272	仓储质量	0.1325
		海关检验质量	0.5751
		运输质量	0.2924

二级指标	组合权重	三级指标	组合权重
销售环节质量	0.1383	需求质量	0.6667
		销售价格质量	0.3333
外部质量	0.0499	政治差异质量	0.1700
		文化差异质量	0.5794
		自然灾害质量	0.2506

2. 跨境电商苹果供应链质量预警模型分析

（1）预警模型指标设计。共设 3 层 21 个预警模型指标，$U = \{u_1, u_2, u_3, \cdots, u_{21}\}$。跨境电商苹果供应链质量预警模型指标如表 6-8 所示。

表 6-8 跨境电商苹果供应链质量预警模型指标

一级指标	二级指标	三级指标
跨境电商苹果供应链质量 u_1	种植环节质量 u_2	苗木质量 u_7
		供应质量 u_8
		种植环境质量 u_9
	加工包装环节质量 u_3	包装质量 u_{10}
		分拣设备质量 u_{11}
		分拣卫生质量 u_{12}
		工作人员质量 u_{13}
	贮藏运输环节质量 u_4	仓储质量 u_{14}
		海关检验质量 u_{15}
		运输质量 u_{16}
	销售环节质量 u_5	需求质量 u_{17}
		销售价格质量 u_{18}
	外部质量 u_6	政治差异质量 u_{19}
		文化差异质量 u_{20}
		自然灾害质量 u_{21}

（2）预警灯信号分类。在此部分的综合评价中，对每个指标设定 5 个级别评语，即 $V = [V_1, V_2, V_3, V_4, V_5]$ = [很高，较高，中等，较低，很低]，并根据评语设置预警灯信号区间。预警灯信号区间如表 6-9 所示。

表 6-9 预警灯信号区间

评价等级	V_1（很高）	V_2（较高）	V_3（中等）	V_4（较低）	V_5（很低）
预警灯信号	黑灯	红灯	黄灯	绿灯	蓝灯

（3）模糊综合评判矩阵。逐个量化被评事物的每个指标$u_i (i=1, 2, \cdots, 21)$，确定被评事物对等级模糊子集的隶属度(R/u_i)，得到模糊评价矩阵。例如，由594位人员对指标价值体系进行评估，每个人分别对指标层的每个指标进行等级打分。可以综合每个人对该指标的打分次数，得出该指标属于某个评语等级的隶属度，取594位赞同该指标的评语等级的比重为隶属度，从而建立单因素模糊综合评判矩阵。模糊综合评判矩阵如表6-10所示。

表6-10　模糊综合评判矩阵

	很高	较高	中等	较低	很低
苗木质量	19	112	178	213	72
供应质量	11	92	208	233	50
种植环境质量	38	129	225	149	53
包装质量	15	112	143	231	93
分拣设备质量	22	165	224	165	18
分拣卫生质量	17	137	178	207	55
工作人员质量	36	149	228	144	37
仓储质量	18	192	213	137	34
海关检验质量	49	304	209	22	10
运输质量	88	221	156	112	17
需求质量	19	55	187	260	73
销售价格质量	19	189	228	123	35
政治差异质量	21	169	235	136	33
文化差异质量	10	54	201	271	58
自然灾害质量	65	273	204	37	15

（4）跨境电商苹果供应链质量预警结果。

① 二级指标的模糊隶属度矩阵及三级指标预警结果如表6-11所示。

表6-11　二级指标的模糊隶属度矩阵及三级指标预警结果

	很高	较高	中等	较低	很低	最大隶属度	风险等级	预警灯信号
苗木质量	0.0320	0.1886	0.2997	0.3586	0.1212	0.3586	较低	绿灯
供应质量	0.0185	0.1549	0.3502	0.3923	0.0842	0.3923	较低	绿灯
种植环境质量	0.0640	0.2172	0.3788	0.2508	0.0892	0.3788	中等	黄灯
包装质量	0.0253	0.1886	0.2407	0.3889	0.1566	0.3889	较低	绿灯
分拣设备质量	0.0370	0.2778	0.3771	0.2778	0.0303	0.3771	中等	黄灯
分拣卫生质量	0.0286	0.2306	0.2997	0.3485	0.0926	0.3485	较低	绿灯
工作人员质量	0.0606	0.2508	0.3838	0.2424	0.0623	0.3838	中等	黄灯
仓储质量	0.0303	0.3232	0.3586	0.2306	0.0572	0.3586	中等	黄灯

	很高	较高	中等	较低	很低	最大隶属度	风险等级	预警灯信号
海关检验质量	0.0825	0.5118	0.3519	0.0370	0.0168	0.5118	较高	红灯
运输质量	0.1481	0.3721	0.2626	0.1886	0.0286	0.3721	较高	红灯
需求质量	0.0320	0.0926	0.3148	0.4377	0.1229	0.4377	较低	绿灯
销售价格质量	0.0320	0.3182	0.3838	0.2071	0.0589	0.3838	中等	黄灯
政治差异质量	0.0354	0.2845	0.3956	0.2290	0.0556	0.3956	中等	黄灯
文化差异质量	0.0168	0.0909	0.3384	0.4562	0.0976	0.4562	较低	绿灯
自然灾害质量	0.1094	0.4596	0.3434	0.0623	0.0253	0.4596	较高	红灯

② 二级指标预警结果。

种植环节质量的模糊隶属度矩阵

$$R_1 = \begin{bmatrix} 0.0320 & 0.1886 & 0.2997 & 0.3586 & 0.1212 \\ 0.0185 & 0.1549 & 0.3502 & 0.3923 & 0.0842 \\ 0.0640 & 0.2172 & 0.3788 & 0.2508 & 0.0892 \end{bmatrix}$$

加工包装环节质量的模糊隶属度矩阵

$$R_2 = \begin{bmatrix} 0.0253 & 0.1886 & 0.2407 & 0.3889 & 0.1566 \\ 0.0370 & 0.2778 & 0.3771 & 0.2778 & 0.0303 \\ 0.0286 & 0.2306 & 0.2997 & 0.3485 & 0.0926 \\ 0.0606 & 0.2508 & 0.3838 & 0.2424 & 0.0623 \end{bmatrix}$$

贮藏运输环节质量的模糊隶属度矩阵

$$R_3 = \begin{bmatrix} 0.0303 & 0.3232 & 0.3586 & 0.2306 & 0.0572 \\ 0.0825 & 0.5118 & 0.3519 & 0.0370 & 0.0168 \\ 0.1481 & 0.3721 & 0.2626 & 0.1886 & 0.0286 \end{bmatrix}$$

销售环节质量的模糊隶属度矩阵

$$R_4 = \begin{bmatrix} 0.0320 & 0.0926 & 0.3148 & 0.4377 & 0.1229 \\ 0.0320 & 0.3182 & 0.3838 & 0.2071 & 0.0589 \end{bmatrix}$$

外部质量的模糊隶属度矩阵

$$R_5 = \begin{bmatrix} 0.0354 & 0.2845 & 0.3956 & 0.2290 & 0.0556 \\ 0.0168 & 0.0909 & 0.3384 & 0.4562 & 0.0976 \\ 0.1094 & 0.4596 & 0.3434 & 0.0623 & 0.0253 \end{bmatrix}$$

种植环节质量的评价向量

$$B_1 = (0.1604, 0.4711, 0.3686) \begin{bmatrix} 0.0320 & 0.1886 & 0.2997 & 0.3586 & 0.1212 \\ 0.0185 & 0.1549 & 0.3502 & 0.3923 & 0.0842 \\ 0.0640 & 0.2172 & 0.3788 & 0.2508 & 0.0892 \end{bmatrix}$$

$$= (0.0374, 0.1832, 0.3526, 0.3347, 0.0920)$$

加工包装环节质量的评价向量

$$\boldsymbol{B}_2 = \left(0.1434, 0.0695, 0.5776, 0.2095\right) \begin{bmatrix} 0.0253 & 0.1886 & 0.2407 & 0.3889 & 0.1566 \\ 0.0370 & 0.2778 & 0.3771 & 0.2778 & 0.0303 \\ 0.0286 & 0.2306 & 0.2997 & 0.3485 & 0.0926 \\ 0.0606 & 0.2508 & 0.3838 & 0.2424 & 0.0623 \end{bmatrix}$$

$$=(0.0354, 0.2321, 0.3142, 0.3271, 0.0911)$$

贮藏运输环节质量的评价向量

$$\boldsymbol{B}_3 = \left(0.1325, 0.5751, 0.2924\right) \begin{bmatrix} 0.0303 & 0.3232 & 0.3586 & 0.2306 & 0.0572 \\ 0.0825 & 0.5118 & 0.3519 & 0.0370 & 0.0168 \\ 0.1481 & 0.3721 & 0.2626 & 0.1886 & 0.0286 \end{bmatrix}$$

$$=(0.0948, 0.4459, 0.3267, 0.1070, 0.0256)$$

销售环节质量的评价向量

$$\boldsymbol{B}_4 = \left(0.6667, 0.3333\right) \begin{bmatrix} 0.0320 & 0.0926 & 0.3148 & 0.4377 & 0.1229 \\ 0.0320 & 0.3182 & 0.3838 & 0.2071 & 0.0589 \end{bmatrix}$$

$$=(0.0320, 0.1678, 0.3378, 0.3608, 0.1016)$$

外部质量的评价向量

$$\boldsymbol{B}_5 = \left(0.1700, 0.5794, 0.2506\right) \begin{bmatrix} 0.0354 & 0.2845 & 0.3956 & 0.2290 & 0.0556 \\ 0.0168 & 0.0909 & 0.3384 & 0.4562 & 0.0976 \\ 0.1094 & 0.4596 & 0.3434 & 0.0623 & 0.0253 \end{bmatrix}$$

$$=(0.0432, 0.2162, 0.3494, 0.3189, 0.0723)$$

进而得到一级指标的模糊隶属度矩阵及二级指标预警结果，如表 6-12 所示。

表 6-12　一级指标的模糊隶属度矩阵及二级指标预警结果

项目	很高	较高	中等	较低	很低	最大隶属度	风险等级	预警灯信号
种植环节质量	0.0374	0.1832	0.3526	0.3347	0.0920	0.3526	中等	黄灯
加工包装环节质量	0.0354	0.2321	0.3142	0.3271	0.0911	0.3271	较低	绿灯
贮藏运输环节质量	0.0948	0.4459	0.3267	0.1070	0.0256	0.4459	较高	红灯
销售环节质量	0.0320	0.1678	0.3378	0.3608	0.1016	0.3608	较低	绿灯
外部质量	0.0432	0.2162	0.3494	0.3189	0.0723	0.3494	中等	黄灯

　　根据最大隶属度原则，种植环节质量中等风险的隶属度最大，最大隶属度为 0.3526，因此认为该质量预警等级为中等，对应的预警灯信号为黄灯。加工包装环节质量较低风险的隶属度最大，最大隶属度为 0.3271，因此认为该质量预警等级为中等，对应的预警灯信号为绿灯。贮藏运输环节质量较高风险的隶属度最大，最大隶属度为 0.4459，因此认为该质量预警等级为较高，对应的预警灯信号为红灯。销售环节质量风险较低的隶属度最大，最大隶属度为 0.3608，因此认为该质量预警等级为中等，对应的预警灯信号为绿灯。外部质量中等风险的隶属度最大，最大隶属

度为 0.3494，因此认为该质量预警等级为中等，对应的预警灯信号为黄灯。

③ 整体评价向量。

$$B = (0.2051, 0.280, 0.3272, 0.1383, 0.0499) \begin{bmatrix} 0.0374 & 0.1832 & 0.3526 & 0.3347 & 0.0920 \\ 0.0354 & 0.2321 & 0.3142 & 0.3271 & 0.0911 \\ 0.0948 & 0.4459 & 0.3267 & 0.1070 & 0.0256 \\ 0.0320 & 0.1678 & 0.3378 & 0.3608 & 0.1016 \\ 0.0432 & 0.2162 & 0.3494 & 0.3189 & 0.0723 \end{bmatrix}$$

$$= (0.0552, 0.2824, 0.3312, 0.2609, 0.0704)$$

根据最大隶属度原则，质量中等的隶属度最大，最大隶属度为 0.3312，因此认为该质量预警等级为中等，对应的预警灯信号为黄灯。

（5）预警结果分析。根据预警过程及结果分析，基于 AHP-EWM-FCE（层次分析法—熵权法—模糊综合评价法）的跨境电商苹果供应链质量预警模型可以较好地达到预警效果。此处根据预警结果，得到以下结论。

① 跨境电商苹果供应链具有影响因素多、许多指标难以量化的特点，而 AHP-EWM-FCE 模型可以较好地量化预警指标，在数据处理方面具有优势。

② 根据组合权重结果及各环节预警结果可以发现，众多影响因素中，海关检测检验质量最有可能导致跨境电商苹果供应链质量出现问题。

思考与练习

1. 选择题

（1）电子商务供应链质量管理活动包括（　　）。

  A. 质量预警管理　　　　　　　　B. 质量控制管理

  C. 质量协调管理　　　　　　　　D. 质量评价管理

（2）全面质量管理具有（　　）。

  A. 全员性　　　B. 全过程性　　　C. 全面性　　　　D. 单一性

（3）电子商务供应链质量预警的基本因素具有（　　）的特点。

  A. 广泛性　　　B. 具体性　　　C. 复杂性　　　　D. 不确定性

（4）质量管理的定义是确定质量方针、目标和职责并在质量体系中通过诸如（　　）使质量体系发挥全部管理职能的所有活动。

  A. 质量策划　　　B. 质量控制　　　C. 质量保证　　　D. 质量改进

（5）供应链质量预警即供应链成员企业有计划地、积极主动地对其运营过程中存在的各种供应链质量问题进行（　　），并及时采取有效的措施进行防范和控制，确保供应链在物流、信息流、资金流等方面满足客户的需求。

  A. 识别　　　　B. 监测　　　　C. 分析　　　　D. 评价

2. 填空题

（1）朱兰把产品或服务质量定义为_____。

（2）全面质量管理以客户为导向，以_____、_____及_____为核心原则。

（3）建立企业预警机制，对于_____，_____，_____，_____具有重要的现实意义。

（4）质量管理指在质量方面_____和_____组织的协调活动。

（5）供应链质量是指供应链系统在_____、_____和_____等方面满足客户需求的程度，不同供应链节点质量形成质量链。

3. 简答题

（1）什么是质量？

（2）如何理解供应链质量管理的内涵？

（3）如何理解电子商务供应链质量管理的内涵？

（4）什么是 6 Sigma？6 Sigma 管理有什么特点？

4. 论述题

作为一种跨企业的协作，电子商务供应链包含了所有加盟的节点企业，不仅是一条连接供应商和客户的物流链、信息链和价值链，还是一条增值链。提高整条供应链的增值能力，增强供应链的竞争力，成为各节点企业共同的目标。尽管如此，在电子商务供应链的实际运作中，却存在着各种各样的问题，如预测的不准确导致对需求难以把握；信息的不透明导致供给不稳定；因为企业之间的信任机制还没有完全建立，企业之间的合作性与协调性差，电子商务供应链中的主导企业很难发挥作用。引起这些问题的原因很多，但主要原因之一就是牛鞭效应。牛鞭效应已经成为削弱供应链增值能力和竞争力的主要负面因素。

请论述为了应对电子商务供应链质量管理中的牛鞭效应，具体的协调方法有哪些。

案例分析

京东的电子商务供应链质量管理策略

电子商务近年来发展迅速，2021 年我国电子商务交易额达到了 42.3 万亿元，给传统零售业造成了巨大的冲击。但是，电子商务交易过程中以次充好、商品质量差的情况仍然存在。因此，如何提升电子商务供应链质量管理水平，提升商品质量是亟待解决的问题。京东是我国知名的电子商务企业，近年来发展十分迅速，经营着数以亿计的商品——既有自营商品，也有其他商家的商品，商品质量管控的难度非常大。为了在市场需求多变、供应商复杂的环境下保证较高的商品质量，京东采用了 360 度质量保障体系，对待假货持零容忍的态度，取得了较好的效果，可以为其他电子商务企业提供有益的借鉴。

1. 构建高效的质量管理人员队伍

为了控制商品质量，京东组建了流程管理部协调质量控制工作，所有业务和运营部门均设立了质量控制团队或岗位，由售后服务、技术研发等部门予以支持和配合。在企业层面，流程管理部对业务质量控制部门的工作要进行指导和监督管理；在业务层面，售后服务部、技术研发部、客户体验部等多个部门从各自职能角度全面支持、积极配合质量管控工作，形成了统一领导、分类把关的矩阵式管理机制。所有负责质量管理的员工都接受了来自国家相关部门、第三方权威机构及法务机构等的专业培训。京东对从事质量管理的员工要求非常严格，一旦发现假货，A、B、C 3级的管理人员1年之内不得升职加薪，如果1年内发现3次假货，相关人员就会被开除。

2. 严格的抽检制度

京东的质量控制部门在每年年初会根据国家相关部门抽检的年度计划、企业促销计划和部门常规抽检需求，以及商品质量管理系统中的监测结果等制订抽检计划，并借助德国莱茵、天祥企业等第三方检测机构的力量对商品进行检测和鉴定，有针对性地抽检京东销售的不同品类的商品，并为京东的抽检工作出具可靠的质检报告。一旦检测后发现问题，京东会迅速与商家沟通，并对其进行处罚和整改。京东每周都会进行抽检，在售的所有品类的商品每年至少会被抽检1次，重点品类的商品每年可能会被抽检2~4次。

3. 基于大数据技术与国家市场监督管理总局联合进行质量控制

京东在质量管理中非常注重运用信息技术。京东自主开发了商品质量管理系统。首先，该系统实现了工商系统与京东系统的数据对接，能够运用监管机构的数据发现问题商家，并将问题商家阻挡在京东平台外。其次，该系统能够通过大量交易信息和消费者评价等数据对在售商品进行风险评估和筛查，主动发现潜在质量风险，并将商家的所有资料提供给国家市场监督管理总局，再通过地方工商总局对这些商家进行调查和处罚。再次，该系统可以将不同属性的质量问题进行分层，再根据问题的严重性进行分级；还能够监控商品从生产到销售的全流程，记录商品在每个节点的信息，追责到供应商甚至生产者，形成对商品质量的矩阵式管理。最后，该系统汇总了国家相关部门公开发布的不合格商品信息和召回商品信息，相关法规、标准更新信息，以及内部抽检信息，能够帮助京东及时且最大限度地对商品质量进行把关。

4. 严格的供应商管理

对于自营商品，京东主要从品牌厂商、品牌权利人及总代理和一级代理处进行采购，以保证商品的质量。对于供应商的选择，京东有一套"2.5法则"，即如果某品类有多个供应商，京东会根据供应商的价格、供货周期、质保能力和响应速度等进行综合打分，然后按照排名进行不同比例的采购，这样的机制能够促使供应商提供更好的商品和服务。

讨论：

概述京东是如何提高其电子商务供应链质量管理水平的。

第7章 电子商务供应链风险管理

教学目标

1. 了解供应链风险管理的定义、原则，以及电子商务供应链风险及其管理。
2. 理解电子商务供应链风险的识别方法及处理措施。

引导案例

爱立信公司目前在全球140多个国家拥有6万多名员工；世界十大移动通信运营商全都是爱立信的客户；每天40%的无线电话呼叫是通过爱立信的系统来完成的。促使爱立信重视供应链风险管理的是"阿尔伯克基事件"。2000年3月18日，位于美国新墨西哥州阿尔伯克基的菲利普电子公司晶片厂因闪电发生火灾，但恢复正常生产需要数周的时间。这家晶片厂是爱立信手机产品核心部件的唯一供应商，火灾使得这一核心部件的供应断档。而当时的手机销售火爆，爱立信在随后的几个月内几乎中断了主流手机产品的生产销售。2001年春公布的年报显示，该事件造成的损失约4亿美元，并最终导致爱立信从无线通信终端业务中退出。

思考：
你如何理解供应链风险管理对企业的影响？

7.1 供应链风险管理

当今世界，供应链多主体、跨地域、多环节的特征及信息不对称，供应链产品种类繁杂，产品生命周期缩短，客户需求的随机性及全球化水平的持续提高，使供应链容易受到来自外部环境和链上各实体不确定因素的影响，从而形成供应链风险。下面主要对供应链风险的定义、类型以及供应链风险管理的原则、流程等相关知识进行介绍。

7.1.1 供应链风险概述

1. 供应链风险的定义

《供应链风险管理指南》对供应链风险进行了定义：供应链风险是指有关供应链的不确定性对目标实现的影响。因此，我们可以认为，供应链风险包括所有影响和破坏供应链安全运行，使之不能达到供应链管理的预期目标，造成供应链效率下降、成本增加，导致供应链合作失败或解体的各种不确定因素和意外事件，既包括自然灾害带来的风险事件，也包括人为因素产生的风险事件。

> **知识链接**
>
> 供应链风险形成的原因可以概括为两大方面：外生原因和内生原因。所谓外生原因，即外界的不确定因素，主要存在于供应链之外，这些因素常常具有不可预测性和不可抗拒性，主要包括以下内容：自然灾害、政治动荡、政策的不确定性、市场的不确定性和社会信用机制的缺失。所谓内生原因，即存在于供应链内部的不确定因素，主要包括以下方面：信息、经营、制度、运输、利益、企业文化和通信网络。

2. 供应链风险的类型

从不同的角度，按照不同的标准，供应链风险可分为不同的种类，这些分类结果不同程度地揭示了供应链风险的特征。供应链风险可以按不同维度和方面来划分，如风险存在的周期、风险的可预测性等，如图 7-1 所示。

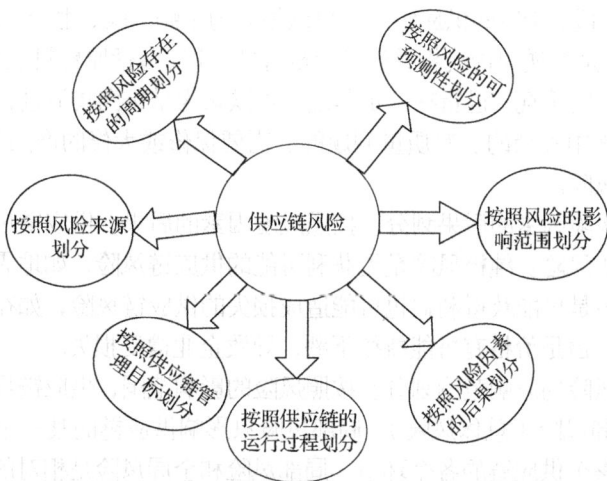

图 7-1　供应链风险的分类方法

（1）按照风险存在的周期划分。按照风险存在的周期，供应链风险可以划分为长期风险和短期风险。长期风险也称为战略风险，是指短时间内对供应链没有什么不良影响，甚至是有利的，但从长期来看有可能会给企业造成损失的风险。

知识链接

招标采购、外包和建立战略伙伴关系等常用的供应链管理方法都存在风险。其中招标采购是具有优势地位的企业压低原材料价格的惯用方法，它所带来的成本优势十分明显。但与此同时，供应商有可能为了争夺合同拼命压价，几乎没有利润可言，最终只能压低自身生产成本，使原材料的质量受到影响，还可能造成供应关系紧张，合作关系不稳定，企业的交易费用上升。从长期来看，这对企业是不利的。

（2）按照风险来源划分。按照风险来源，供应链风险可以分为两类：自然风险和人为风险。自然风险，即天灾造成的，如地震、台风、洪水等。供应链中的人为风险主要包括单一供应源风险、技术风险、信息传递不畅导致的风险等。

（3）按照供应链管理目标划分。按照供应链管理目标，供应链风险可划分为成本风险、时间风险和质量风险。降低成本是供应链管理的一个根本目标。在供应链的运营中，成员企业信息交流不畅等造成的浪费或决策失误导致的损失称为成本风险。常见的延迟交货和缺货属于时间风险。质量是供应链持续经营的保障，这就要求供应链中流动的产品符合质量标准。供应链质量问题主要产生于3个方面，一是原材料的采购，二是供应链的物流过程，三是服务的质量能否达到客户的要求。这三个方面中的任何一个方面出现问题都会导致质量风险。

（4）按照供应链的运行过程划分。供应链的运行过程可以分为采购、生产、配送、退货4个阶段，相应的供应链风险可以划分为采购风险、生产风险、配送风险、退货风险。退货是与逆向物流相关的供应链管理过程，包括原材料退货和产品退货，它逐渐受到人们的重视。退货在一定程度上可以认为是正向物流过程的风险处理手段（退回供应链中多余的、有质量问题的、需要保修或大修的产品等），它本身也存在运行管理风险。

（5）按照风险因素的后果划分。按照风险因素的后果，供应链风险可以划分为纯粹风险和投机风险。纯粹风险是无获利可能的供应链风险，如地震、火灾造成的风险。投机风险是可能获得利益也可能造成损失的供应链风险，如在原材料价格较低时大量买入，但是价格有可能持续下跌，导致企业遭受损失。

（6）按照风险的影响范围划分。按照风险的影响范围，供应链风险可以划分为局部风险和全局风险（总体风险）。局部风险只影响供应链的某一个或几个环节，全局风险影响整个供应链的各个环节。局部风险和全局风险是相对的，在一定条件下可以相互转化。

（7）按照风险的可预测性划分。按照风险的可预测性，供应链风险可以划分为已知风险、可预测风险和不可预测风险。风险是否可预测，与供应链管理人员的经

电子商务供应链管理（微课版）

验、管理水平、信息资源等密切相关。一些看似不可预测的供应链风险，有经验的供应链管理人员却有可能预测到。

7.1.2 供应链风险管理概述

1. 供应链风险管理的定义

针对供应链风险管理的定义，众多学者进行了详细的阐述。里奇（Ritchie）等认为，供应链风险管理是供应链管理、风险管理的交叉领域，研究如何控制可能对供应链正常运行起负面作用的不利因素及其影响，通过提高供应链的可靠性来保证供应链管理目标的实现。供应链风险管理示意图如图 7-2 所示。

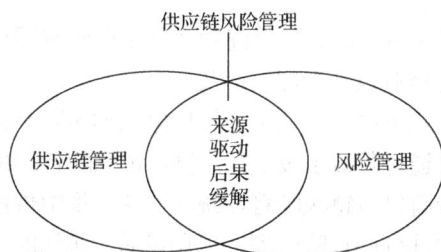

图 7-2　供应链风险管理示意图

宁钟和孙薇把供应链风险管理定义为通过供应链成员之间协作，识别和管理供应链内部风险和外部风险，来降低整体供应链的脆弱性。他们认为供应链风险管理既属于供应链管理的范畴，也属于风险管理的范畴，是供应链管理和风险管理的组合。

本书认为，供应链风险管理是供应链节点企业独自或者协作，通过相应的风险管理方法和工具对供应链各个环节的风险进行有效的识别、评价、监控、处理等，从而降低企业以及供应链整体的脆弱性，增强供应链对风险的抵抗力。

课堂小案例

2000 年惠普公司遭遇了一次供应链危机。由于迅猛发展的移动电话制造商们大量使用闪存，原本应用于打印机的闪存数量明显不够，惠普公司无法获得充足供应来满足利润颇丰的打印机生产需求。惠普公司无法按计划生产出大约 250000 台打印机，这意味着会产生几千万美元的收入损失。为了确保闪存的供应量，惠普公司被迫和供应商签订了为期 3 年的合同，合同中规定了固定供应数量和价格。但是闪存市场是一个高度动荡的市场，闪存的价格差异变化很大。

这次危机促使惠普公司建立了评估和管理供应链危机的框架，取名为采购风险管理框架（Procure Risk Management，PRM）。该框架涵盖了相关流程和技术，运用于公司内部许多业务部门，每年涉及的费用支出为 560 亿美元左右。PRM 的实施，迄今为止已为公司节省了 1 亿多美元。

2. 供应链风险管理与企业风险管理之间的区别

供应链风险管理是在企业风险管理的基础上发展起来的，与企业风险管理有很多相同之处，如流程上都包括风险识别、风险分析、风险处理和管理效果评价与反馈等步骤，但同时两者还是有本质区别的。

全面风险管理和传统风险管理的区别

（1）管理对象不同。企业风险管理的对象是单个企业的风险，即企业内外部环境的不确定性、生产经营活动的复杂性和企业能力的有限性导致企业的实际收益达不到预期收益，甚至导致生产经营活动失败的风险，其侧重于企业内部的风险管理。供应链风险管理的对象则是供应链的风险，这些风险包括供应链整体的信息流、资金流和物流所面对的风险，其侧重于整体以及节点企业之间的风险管理。

（2）层次不同。供应链风险管理是建立在整个供应链层次上的，它可覆盖供应链上各个节点企业。而企业风险管理仅涉及一个企业。

（3）决策与执行方式不同。企业风险管理采用的风险决策方式主要是集中式，由企业管理者说了算，通过行政手段执行。供应链风险管理采用的风险决策方式主要是集中与分散式，既有供应链风险管理统一协议、集中规范、共同决策，又有各节点企业自主决策所属部分的风险管理，采用灵活、实用的方式执行。

7.1.3 供应链风险管理的原则

供应链风险不但种类繁复，而且具有一定的传递性。在进行供应链风险管理的过程中，如果一味采取措施以降低某一风险，则有可能引发另一风险，如提高库存量以降低供应不及时的风险，而过高的库存量则又会带来资金积压、库存损耗等运营上的风险。因此，在对供应链风险进行管理时需要遵循以下几个原则。

（1）理解供应链。从分析供应链的整体状态出发，结合对每个企业、部门的管理，分析供应链整体以及成员企业（尤其是核心企业）面临的不确定因素，尽量做到全面地把握供应链。

（2）优化供应链结构。精简供应链、降低供应链的复杂性，提高供应链运行的可靠性。一些企业很少全面计划和设计供应链，只是稍微系统地发展了对于需求和实际的反应机制。例如，供应商被选中，是因为它们迎合了低价的要求，而不是因为它们的供应链具有可靠性。

（3）增加供应链弹性。构建富有弹性的供应链可能会造成成本的增加，但是这样的供应链才能更好地应对不确定的环境。

（4）提高网络的可见性。这就需要提高供应链中各企业的信息共享程度，除了对信息技术发展有要求外，还需要各企业积极共享信息。

电子商务供应链管理（微课版）

7.1.4 传统供应链风险管理的流程

传统供应链风险管理在供应链管理中的地位是比较重要的，而且在保障供应链高效率运行的过程中作用较大。传统供应链风险管理流程汇总表如表 7-1 所示，表中 4 个环节紧密联系：对供应链风险进行识别后，才能对其进行评估，在对供应链风险大小进行正确的评估后，才能选择合适的方法对其进行处理，最后才能对供应链风险进行有力监控和正确评价。

风险管理的实施步骤

表 7-1 传统供应链风险管理流程汇总表

供应链风险识别	供应链风险评估	供应链风险处理	供应链风险监控与评价
认识风险 风险结构	风险结果 风险概率	回避风险 控制风险 转移风险	风险跟踪 风险评价 风险反馈

1. 供应链风险识别

供应链风险识别是一项持续和系统的工作，要全面分析各种潜在的风险因素和原因，密切关注风险可能发生的变化。对供应链风险进行识别，首先应该按一定程序和步骤选择具有潜在风险的供应链环节；其次应对这些环节进行重点监控，如果某一供应链节点出现风险，则应对风险的产生原因、发展过程、影响后果等进行记录和分析；最后根据风险的影响后果和产生原因进行判断，为后续进行风险处理提供依据。在风险识别中需要考虑的问题如表 7-2 所示。

表 7-2 在风险识别中需要考虑的问题

有关风险识别的 10 个问题	
1. 风险信息是什么	6. 信息的来源可靠吗
2. 信息的论据是否足够充分	7. 这个信息是否会带来影响
3. 收集到的数字意味着什么	8. 与其他风险相比，这种风险的状况如何
4. 采取怎样的行动才能降低风险	9. 折中的方法是什么
5. 还需要知道哪些信息	10. 还能从哪些渠道获得更多的信息

2. 供应链风险评估

供应链风险评估一般分为 3 个阶段。第一个阶段是识别供应链风险的类型，第二个阶段是发现风险的源头，第三个阶段是对风险进行测量。最终目标就是确定风险可能发生的概率所在的范围，明确风险带来的损失。一般而言，供应链风险发生概率可归类为表 7-3 所示的 5 个等级，进而我们可将风险带来的损失程度划分为表 7-4 所示的 5 个等级。在评估供应链对整个系统造成的损失时，需要评估供应链的直接损失和间接损失。企业之间存在一些无形损失，如信任危机和企业形象损失，这些损失是不能使用数据进行定量评估的。

表 7-3　供应链风险发生概率描述

序号	等级评估	评估描述
1	不可能	发生的概率非常小
2	不太可能	发生的概率较小
3	中度可能	发生的概率为 1/2
4	可能	发生的概率在 1/2 以上
5	很可能	经常发生

表 7-4　供应链风险带来的损失程度描述

序号	等级评估	评估描述
1	没有损失	造成的损失可以忽略
2	较小损失	有一定损失
3	中度损失	损失在短期内恢复困难
4	严重损失	损失在长期内恢复困难
5	灾难	供应链发生断裂

3. 供应链风险处理

供应链风险处理的步骤是针对风险评估结果，施行一定方案。例如，在出现紧急情况时制定应急预案、对可能导致企业损失的业务流程进行改进。在处理风险时，要构建一套完整的应急流程，当风险发生后，可采取应急流程进行处理，这样可以最大限度地减少损失。

4. 供应链风险监控与评价

供应链风险管理者需要监控和评价风险处理效果，同时将风险处理的效果与目标进行对比，评价现有风险处理措施是否存在进一步改进的地方。该环节对于有效降低供应链风险发生概率以及减少损失具有重要意义。

7.2　电子商务供应链风险管理概述

电子商务在供应链管理中的应用使各个节点企业需要通过不完全约束的方式和无形的道德准则来实现信息协调，从而使电子商务供应链风险具有传递性、复杂性、多样性、动态性、不确定性以及虚拟性等特点。下面主要对电子商务供应链风险的定义、分类、识别、评价、处理策略等相关知识进行介绍。

电子商务供应链
风险管理概述

7.2.1　电子商务供应链风险

1. 电子商务供应链风险的定义

电子商务供应链风险是由于物资经由电子商务供应链流，经众多生产流通企业到终端客户，产生商流、物流、信息流，涉及运输、配送、仓储、装卸、搬运、包装、流通加工、信息处理等诸多过程，其中任何一个过程出现问题都会产生电子商务供应链风险，影响供应链的正常运作。

2. 电子商务供应链风险分类

电子商务供应链风险可分为信息风险、金融风险、物流风险以及资金流风险。

（1）电子商务供应链信息风险。电子商务供应链信息风险主要来源于 3 个方面：一是信息本身不精确带来的风险，如节点企业自身信息不确定，企业间沟通信息不确定等；二是供应链中信息传递带来的风险，包括传递媒介的不确定带来的风险，供应链内部信息中断或错误信息流通带来的风险等；三是企业间相互关联带来的风险，如合作伙伴不配合带来的风险、企业道德风险、隐藏信息带来的不确定性风险等。

（2）电子商务供应链金融风险。在电子商务供应链金融风险中，供应链预期的金融目标具有不确定性，原因之一是金融资产在实际运作中有不确定因素，使得供应链成员实际得到的利益与期望值不一样，这是一种潜在的威胁。如果电子商务环境下供应链系统和金融系统出现缺陷，那么电子商务供应链金融风险会随之增大。

供应链金融风险
管理

 **课堂讨论**

苏宁易购坚持线上、线下业务同步发展，不断升级线下各种业态，实现线上、线下融合运营，形成了苏宁易购智慧零售模式。苏宁易购一直加强与银行的合作，开展供应链金融活动。随着线上平台的进一步发展，苏宁易购可以减少资金占用带来的流动性风险，但同时也产生了容易被银行制约的风险，在经济不景气的情况下这会对其造成重大影响。同时，如果线下业务出现不稳定的情况，银行将会降低对苏宁易购的授信额度，从而制约其供应链金融的发展。

针对苏宁易购面临的电子商务供应链金融风险，结合行业特点，请给出几点建议。

（3）电子商务供应链物流风险。随着信息技术的迅猛发展，跟传统物流相比，电子商务供应链物流出现了新的形态。该形态的主要表现为供应链企业间能交流信息并统一管理货物，甚至可以协同合作制订计划。在供应链实际运作的情况下，由于各种外部因素不断变化，原材料运输和生产销售过程的合作有失误的风险，这种风险称为供应链物流风险。在电子商务大环境下，供应链结构由线状变为网状，由简单变为复杂，每个企业都可能不仅位于一条供应链上，而是位于供应链的交叉网络中。电子商务环境下，供应链物流风险管理至关重要，较好的物流质量能带来更佳的客户体验。

（4）电子商务供应链资金流风险。电子商务环境下供应链资金流风险所带来的危害是最为严重的，资金链一旦断裂，会对供应链系统造成毁灭性打击。电子商务环境下，供应链资金流风险来源于两个方面：一是供应链上企业本身的财务风险，如企业由于生产过剩造成的资金短缺，银行授信额度改变带来的财务危机，其他不可抗力导致的资金链断裂等；二是供应链上资金流向出现偏差导致的风险，如资金流向集中于制造商，而供应商因资金短缺出现财务问题，客户处于供应链的末端，若客户的预期与供应链的预期不一致，也会出现资金短缺的现象。

7.2.2 电子商务供应链风险评价

电子商务供应链风险评价可以视为在对电子商务供应链风险识别这个过程结束后，对电子商务供应链风险科学性的系统性的深入分析。整体来看，电子商务供应链风险评价在电子商务供应链风险管理中的作用和意义是巨大的。

1. 电子商务供应链风险评价的方法

目前，电子商务供应链风险评价方法很多，通过分析电子商务供应链的特征之后，我们认为比较适合评价电子商务供应链风险的常见方法有以下几种。

供应链风险识别的方法

（1）概率风险评价法。概率风险评价法是对各子系统的事故概率进行分析计算后，得出系统的总体事故概率。该方法在计算系统的总体事故概率后，采用主次排列法筛选出高风险因素和重要风险因素，然后分析事故发生原因与事故后果之间的关系，以修改现行标准或法规，制定新的标准或法规，从而降低风险发生的概率。

如果将概率风险评价法应用于电子商务供应链的风险评估，则需要分析供应链中各影响因素的发生概率。然而，在供应链的影响因素中，许多因素都无法通过定量分析来获得其发生概率。

（2）评分评价法。评分评价法要求先对评价目标的具体情况进行分析，然后选择评价项目，最后在设定的评分范围内对评价项目进行评分，计算出总分。在最后一步中，根据总分将工作系统危害划分为几个级别，并在级别分类后做出预防决策。如果仅使用评分评价法对电子商务供应链风险的细节进行评估，则需要先为每个评估项目设定一定的评分范围，然后计算其得分，得出总分。这种方法相对容易使用，但是每个评价指标相对独立。然而在电子商务供应链风险评估中，各个因素并不是独立的，而是有一定的相关性。

（3）层次分析法。层次分析法是 20 世纪 70 年代中期由美国的一位数学教授提出的。它的特点是能很好地将定性分析和定量分析结合起来。它是一种系统化、层次化的分析方法。层次分析法的基本原理是：对复杂问题中各指标之间的关系进行划分和分解，使问题具有一定的层次性。每个级别中的元素的状态几乎相同。每一层都与相邻的层有一定的关系。根据这种关系，建立具有一定逻辑顺序的层次模型。然后，采用适当的数学方法计算各级判断矩阵中各指标的重要权重系数。

最后，对这些系数进行一系列组合处理，从而得到各指标相对于目标的重要权重系数。

（4）模糊综合评价法。模糊综合评价法的基本思路是，以模糊数学、模糊线性变换以及最大隶属度原则为基础，在对各个评价指标进行分析后，对评价指标的合理性或等级做出评价。此方法将模糊理论跟实践结合起来，在自然科学和社会科学中都有应用。

📚 知识链接

层次分析法和模糊综合评价法是普遍应用于电子商务供应链风险识别的方法。层次分析法能把定性分析和定量分析有机结合起来，层次分析法可基于系统所处环境进行决策。若将层次分析法与模糊综合评价法结合起来对电子商务供应链风险进行识别，也是很好的。

（5）逼近理想解排序法（Technique for Order Preference by Similarity to an Ideal Solution，TOPSIS）。TOPSIS 是根据有限个评价对象与理想化目标的接近程度进行排序的方法，是对现有的对象进行相对优劣的评价。TOPSIS 的基本思想是：对原始矩阵进行归一化处理之后，在有限方案中，先找到最优方案和最差方案，再计算评价对象与最差方案的距离以及计算评价对象与最优方案的距离，将评价对象与最优方案的距离远近作为评价方案优劣的依据。

（6）主成分分析法。主成分分析法也称主分量分析法，旨在利用降维的思想，把多指标转化为少数几个综合指标，其中每个主成分都能够反映原始变量的大部分信息，且所含信息互不重复。这种方法在引进多方面变量的同时将复杂因素归结为几个主成分，使问题简单化，同时得到更加科学有效的数据信息。在实际问题研究中，为了全面、系统地分析问题，我们必须考虑众多影响因素，这些因素一般称为指标，在多元统计分析中也称为变量。由于每个变量都在不同程度上反映了所研究问题的某些信息，并且变量彼此之间有一定的相关性，因而所得的统计数据反映的信息在一定程度上有重叠。

（7）灰色关联分析法。对于两个系统之间的因素，其随时间或不同对象而变化的关联性大小的量度，称为关联度。在系统发展过程中，若两个因素变化的趋势具有一致性，即同步变化程度较高，即可谓二者关联程度较高；反之，则较低。因此，灰色关联分析法，是根据因素之间发展趋势的相似或相异程度，亦即"灰色关联度"，作为衡量因素间关联程度的一种方法。

2. 电子商务供应链风险评价过程

电子商务供应链风险评价不仅可以为供应链企业制定相应制度提供依据，还可以为相应的供应链企业改善业务流程、规避风险提供帮助。电子商务供应链风险评价过程如图 7-3 所示。

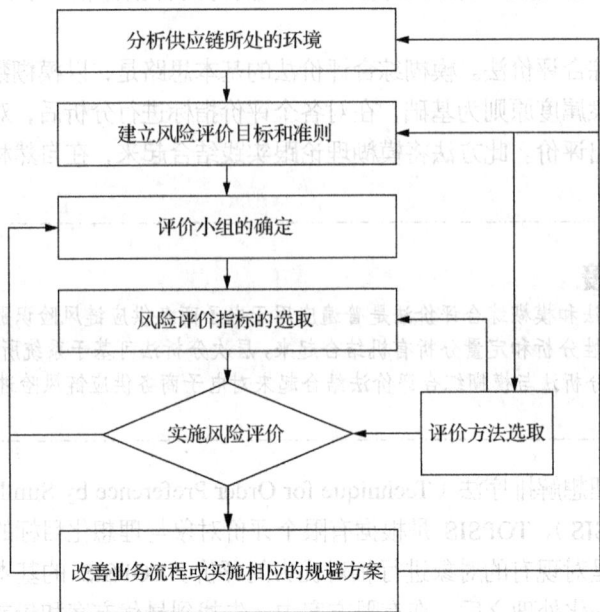

图 7-3　电子商务供应链风险评价过程

（1）分析供应链所处的环境。在对供应链所处的环境进行分析时，要考虑电子商务平台所处的大环境。不同的企业虽然都可以将电子商务技术运用到企业供应链管理中，但也要结合本企业所处的行业环境，同时考虑企业本身的经营状况等，只有把所处的环境分析清楚了才有可能对即将面临的风险做出判断，所以环境分析是电子商务供应链风险评价的前提。

（2）建立风险评价目标和准则。电子商务供应链风险评价就是依据建立的风险评价指标体系对供应链风险进行评价。对风险进行评价必须确定评价目标和评价准则，在这个目标和准则下对供应链风险进行评价才更具科学性。不同行业，不同企业，不同环境的要求不一样，因此风险评价目标和准则也应该不一样，企业要根据自身所处的环境特点建立合适的评价准则。

（3）评价小组的确定。电子商务供应链风险评价不能单靠数据进行，而需要人的参与。参与电子商务供应链管理的各个专家就是评价小组的重要组成部分。小组成员应该来自各个企业的不同职能部门，在技术实现方面，电子商务供应链领域的专家肯定更具发言权。在确定小组成员以后，小组成员应保持良好的沟通和合作，同时需要具备团队合作精神。

（4）风险评价指标的选取。在确定了评价目标、准则和评价小组成员以后，指标的选取是整个评价过程中最为关键的一步。评价小组成员依据评价目标和准则，收集供应链上企业的相关数据，分析供应链整体情况，同时兼顾供应链所处的环境，包括行业环境、政策环境、区域环境等，依据现实情况建立判别风险的评价指标体系，只有利用合适的评价指标体系才能对电子商务供应链风险做出精确的评价。

（5）实施风险评价。实施风险评价首先要对所选取的指标进行量化，方法有很多，如调查法、相关系数法、实验研究法等，由此给出选取指标的量化数据，这个工作是实施风险评价的前提。然后根据量化数据，结合评价小组的意见确定评价方法。评价方法的选取依据是量化数据的特性，不同的评价方法对相同的数据进行评价得出的结论可能不太一样。有时为了确保评价结果的准确性，我们可以采取多种方法对量化数据进行计算，然后相互比较得出结论。

（6）改善业务流程或实施相应的规避方案。对电子商务供应链风险进行评价的目的，是对企业中可能带来风险的流程或者制度进行改进，从而保证供应链安全高效运行。在实施风险评价以后，管理者应该根据风险评价的结果，结合企业自身发展情况，对需要改善的流程进行重组。当然，在改善业务流程之后，供应链风险评价过程还没有结束，因为相应流程的改变可能带来其他的风险，此时必要的规避方案就起到了有效的作用。在实施新的企业流程以后，供应链本身也需要一定时间去适应，同时管理者也需要考虑新流程的实施是否真的能保障供应链安全高效运行。因此在进行风险评价和采取相应的措施后，建立规避方案也是十分必要的。

电子商务供应链风险评价过程不仅是一个简单的风险评价过程，它更是企业对自身供应链进行重新认识和了解的过程，同时也是企业供应链业务流程改善的过程。风险评价是电子商务供应链管理的重要内容，因此企业必须对这一过程持足够重视的态度，才能使电子商务供应链管理更加规范，从而促进企业的发展。

7.2.3　电子商务供应链风险处理策略

电子商务供应链风险处理策略主要有风险回避、风险控制、风险转移和风险自担等，下面分别进行概述。

1. 风险回避

风险回避是指将风险降低到零，断绝一切风险的来源，主动放弃那些可能导致风险损失的项目和方案或者尽量避开不利的外部环境。风险回避是一种较为极端的风险处理策略，主要应用于电子商务供应链风险发生的概率极高，且损失也颇为严重，同时企业没有其他有效的策略来减轻风险的情形，它是一种简单易行、彻底和经济的风险处理策略。

但是需要注意的是，由于风险回避建立在风险管理人员对电子商务供应链风险进行识别的基础上，风险管理人员认知的偏差可能导致风险回避并不是最合适的策略。供应链企业如果长期采取风险回避，则可能产生消极的风险应对态度，过度规避风险而放走一些发展的机遇。

风险控制与
供应链

2. 风险控制

风险控制是一种积极的风险处理策略，在风险评估的基础上，制定策略和措施以减少风险带来的损失。风险控制包括事前控制、事中控制和事后控制。事前控制是在风险发生前，采取一些措施降低风险发生的概率。事中控制和事后控制在风险发生后，此时企业的重点应放在减少风险导致的损失上。

3. 风险转移

风险转移是指供应链企业通过合同或非合同方式，将风险转移给供应链上的另外一些合作伙伴的一种风险处理策略。当供应链企业无法通过其他有效方法来减轻风险时，可以采用风险转移，常用的转移方式有保险转移和非保险转移。保险转移是指企业通过与保险公司订立保险合同，缴纳一定的保险金给保险公司，使保险公司负有对合同范围内的供应链风险产生的损失进行赔偿的责任。非保险转移是指企业与供应链上其他合作伙伴签订合同，合同双方不仅共享利益，而且共担风险。例如，企业不自建仓库、车队等，将相关业务外包给供应链上的合作伙伴，可以降低成本。

4. 风险自担

风险自担也称风险承担，是指企业主动地承担风险，自己承担潜在的风险损失。供应链上的企业选择自担风险主要基于两个原因：一个是该风险无法转移或无法规避，如自然灾害和人为事故；另一个是企业虽然明知风险存在，但是通过权衡可能的收益和风险，愿意为获得收益而承担风险。在风险自担过程中，企业必须采取适当的措施来保证供应链的弹性，此外企业必须建立高效的信息传递渠道，保证信息传递的及时准确，消除冗余环节，确保供应链的优化。

课堂讨论

史密斯先生是印度某环保公司的采购经理。公司计划从位于中国的某汽车制造有限公司购买 12 辆洒水车，因此史密斯先生带领采购小组对该公司进行了详细的调研。他们发现该公司的品管部门负责零部件质量检测、生产过程质量控制、产成品质量检测以及合格证发放工作；产品质量问题多，质量不稳定；品管部门在质量检验中没有尽到职责，生产过程中的检验也没有严格开展。

对于潜在的风险，史密斯先生该向汽车制造有限公司提出哪些应对措施？

7.3 电子商务供应链风险评价及处理措施的应用

本节在电子商务供应链风险管理思想的基础上对供应链风险进行研究，同时以电商代表 A 企业为例进行分析。本节首先结合实际调研情况，建立基于电子商务环境的供应链风险指标体系，再结合层次分析法和模糊综合评价法对 A 企业的供应链风险进行综合评价，明确 A 企业的供应链在电子商务环境下的风险程度，为 A 企业日后进行风险控制提供依据。

7.3.1 A 企业现状

浙江省杭州市 A 企业于 2010 年 4 月成立，注册资本达 3000 万元。A 企业拥有总仓储面积约 10000 平方米，在全省范围内拥有投递站点 100 个、配送车（含冷链运输车）60 余辆。目前其主营业务有以下几个。

（1）网上超市零售。网上超市以本地生鲜食品和日用快消品为主，全面覆盖大型商超所有品类，致力于成为杭州本地客户购买优质生活用品的首选平台。

（2）智慧便利店联盟。对杭州地区各社区周边的便利店进行充分整合，通过品牌授权与联盟，利用多元化的产品整合渠道、自有的 B2B 批发平台、专业的供应链管理体系、强大的同城配送物流以及灵活多样的积分返利政策，为这些便利店提供完善的智慧化服务。

（3）企业大客户服务。为满足各企事业单位的不同需求，经过多年的探索与发展，以网上超市为基础，利用自有的同城配送物流体系，为各企事业单位提供员工福利、礼品定制、后勤物资采购、食堂生鲜配送、虚拟超市等一站式后勤保障服务，真正解决各企事业单位的后顾之忧。

（4）同城物流。通过仓储分拣中心、干线物流、发行站以及社区便利店形成四位一体的同城物流网络。

A 企业通过官网以及设立的论坛，为客户提供 24 小时畅通的沟通渠道，以便及时满足客户需求。企业采取网络直销模式，因此不必维持庞大的经销商网络，有利于降低库存量和成本，进一步提高客户满意度。目前，A 企业的核心业务主要是快消品和生鲜农产品销售，其供应运作模式如图 7-4 所示。

A 企业推出的大型本地网上超市，以"轻松购物，乐享生活"为理念，致力于为客户提供优质、健康的生鲜食品和日用快消品。企业拥有专业的供应链管理体系，严格管控采购、仓储、配送三大环节。

下面主要从技术平台、计划采购、服务、物流配送 4 个维度分析 A 企业在电子商务环境下的发展现状。

（1）技术平台。A 企业电子商务系统平台研发团队核心成员包括程序开发工程师、网页设计师，拥有比较丰富的技术平台研发经验，特别是在网络架构和数据安全领域有优势。在支付系统方面，A 企业在引入第三方担保机构的同时，允许客户采用多种支付方式。在防病毒能力方面，A 企业为保证平台的正常运行，采用先进的服务器系统，实现日均访问量达百万级别，同时对内部数据采用物理隔绝方式，以保证运营数据安全。

客户	企业官网	电商事业部	采购部	供应商	客户

开始

网上下单 → 获取客户订单

处理客户订单 → 传递客户订单

库存是否足够

反馈交货日期

向采购部下单 → 生成采购订单

传递采购订单

计算交货时间

确定交货时间 ← 反馈交货时间

发出出货通知

结束

接收货物

由配送商完成运输配送任务

接收通知

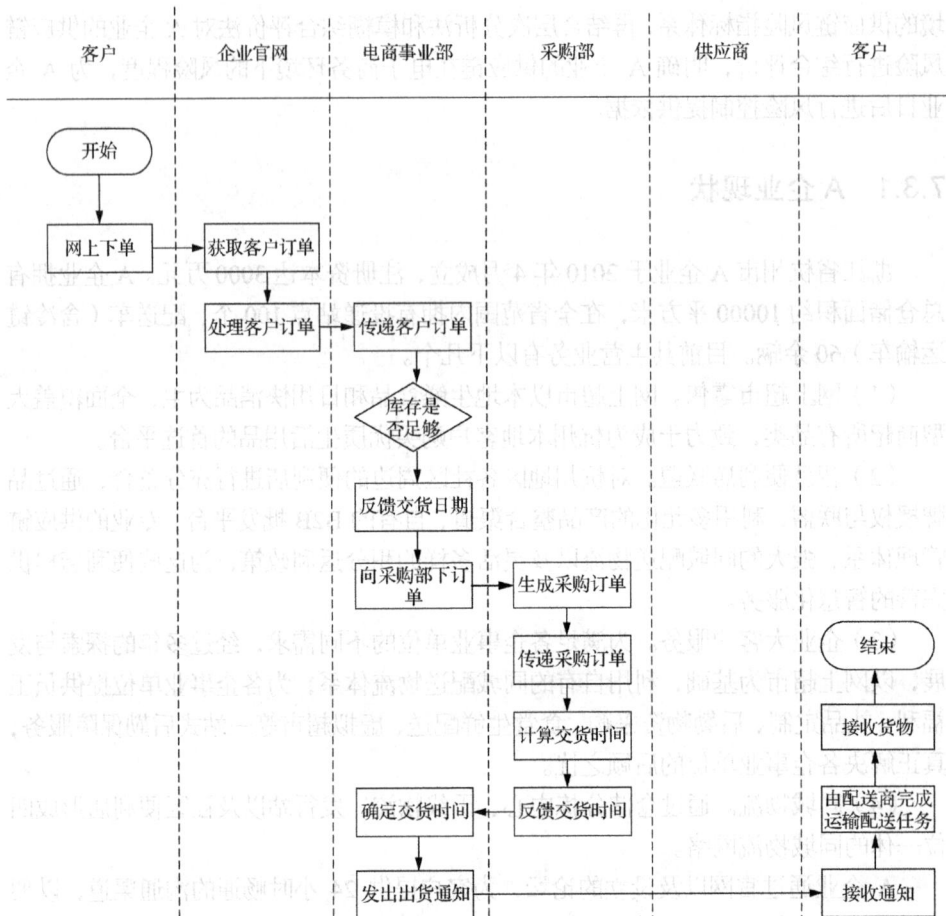

图 7-4　A 企业的供应运作模式

（2）计划采购。A 企业刚开始的运作模式没有供应链和仓储的环节，而是跟麦德龙合作，把超市的商品挂在网站上，A 企业相当于只负责销售和配送，没有多少利润。后来由于看到了供应链的重要性，A 企业开始自建仓库，寻找供应商和农产品生产基地，从快消品入手向生鲜农产品慢慢扩展。

（3）服务。A 企业主要面向杭州区域，包括富阳、安吉、德清主城区都在其配送范围之内。A 企业目前盈利状况良好，财务状况健康。网站销售的商品价格低于超市，并且厨房常用商品和生鲜商品的销量较好，由此形成规模效益，有利于降低成本。

（4）物流配送。A 企业在物流方面，充分利用其两大投资方的资源来覆盖最后一公里。以猪肉类商品为例，传统供应商发货往往以半头猪为单位，而 A 企业可以根据系统进行订单汇总，计算出要进多少份半头猪，然后分解至猪头、猪蹄这样的小单位。这样做的好处是商品新鲜而损耗低，综合损耗率不到 2%。

7.3.2 A企业电子商务供应链风险评价及处理措施的应用

1. A企业电子商务供应链风险评价方法

电子商务供应链风险评价需要尽量做到合理客观。目前评价电子商务供应链风险的主要方法是层次分析法和模糊综合评价法，这两种方法引入隶属函数，实现了把抽象的风险转化为具体数值，且根据不同的可能性得出多个层次的问题求解，具备可扩展性。但传统的模糊数学方法仍然具有较强的主观性，为了使评估尽量客观，此处提出了一种结合模糊综合评价法和层次分析法的定量风险评估方法，该方法利用三角模糊数在表达区间数方面的独特优势，求出不同环境下的风险值，减少了传统赋权法的主观性，使得评估结果更加客观合理。

（1）层次分析法。层次分析法是一种将有关指标分解成目标、准则、方案等层次，在此基础之上进行定量与定性分析的决策方法。层次分析法简单明了，适用于存在不确定性和主观信息的情况。

（2）模糊综合评价法。模糊综合评价法的基本思路是以模糊数学、模糊线性变换以及最大隶属度原则为基础，在对各个评价指标进行分析后，接着对评价指标的合理性或等级做出评价。该方法可根据不同情况、不同的指标要求得出不同层次的不同解，符合柔性思想。其计算步骤如下。

步骤1：建立评价对象的因素集。设 $U = (U_1, U_2, \cdots, U_m)$，刻画被评价对象的 m 种评价因素，其中 m 是评价因素的个数，由评价对象选取的特征数量决定。

步骤2：确定评价对象的评语集。设 $V = \{V_1, V_2, \cdots, V_s\}$，用来表示评价者对被各评价对象可能做出的各种评价结果组成的总的评语等级的集合。其中 V_s 代表第 s 个评价结果。

步骤3：确定评价因素的权重向量。用权重集 $W = (w_1, w_2, \cdots, w_n)$ 表示权重向量。

步骤4：进行单因素模糊评价，确立模糊关系矩阵 R。设定每个被评价对象从因素 u_i 来看，对于模糊集 v_j 的归属度为 r_{ij}，r_i 描述的是评价对象由于因素 u_i 的影响导致的表现，体现的是因素集与评价集的一种模糊关系。矩阵构建如下：

$$R = \begin{bmatrix} r_{11} & r_{12} & \cdots & r_{1n} \\ r_{21} & r_{22} & \cdots & r_{2n} \\ \vdots & \vdots & \vdots & \vdots \\ r_{m1} & r_{m2} & \cdots & r_{mn} \end{bmatrix}$$

步骤5：多指标综合评价。在取得模糊关系矩阵 R 和权重集 W 后，选取模糊合成算子，将两者合成为结果矢量 B，B 用来表示各评价对象的模糊综合评价结果。

$$B = W \times R = (w_1, w_2, \cdots, w_n) \begin{bmatrix} r_{11} & r_{12} & \cdots & r_{1n} \\ r_{21} & r_{22} & \cdots & r_{2n} \\ \vdots & \vdots & \vdots & \vdots \\ r_{m1} & r_{m2} & \cdots & r_{mn} \end{bmatrix} = [b_1, b_2, \cdots, b_n]$$

其中，b_n 表示被评价对象从整体上看对评价等级模糊子集元素的隶属程度。

步骤 6：对模糊综合评价结果进行分析。

（3）层次分析法和模糊综合评价法相结合的评价模型。

第一，构建电子商务环境下供应链风险综合评估指标体系。

第二，根据每份调查问卷中的风险危害性等级和风险发生概率等级，采用重心法去模糊化，计算对应的风险值大小，然后统计各风险指标的风险值的均值。

第三，构建判断矩阵，用层次分析法计算其权重，计算各指标的综合权重。

第四，根据各项供应链风险指标的风险值和权重计算企业风险综合评估值。

2. A 企业电子商务供应链风险评价过程

（1）风险评价指标的选取。基于前文对 A 企业相关维度的分析，在技术平台风险方面，软件平台构架、支付系统、防病毒能力是进行风险评估所需要考虑的方面；在计划采购风险方面，战略计划、政策和环境、采购风险是需要考虑的方面；在服务风险方面，信誉风险、服务过程控制、财务风险、客户满意度和退货风险可作为评价指标；在物流配送风险方面，物流设备风险、物流信息滞后风险和配送风险可作为评价指标。因此 A 企业将从技术平台风险、计划采购风险、服务风险和物流配送风险 4 个维度建立图 7-5 所示的电子商务环境下供应链风险评价指标体系。

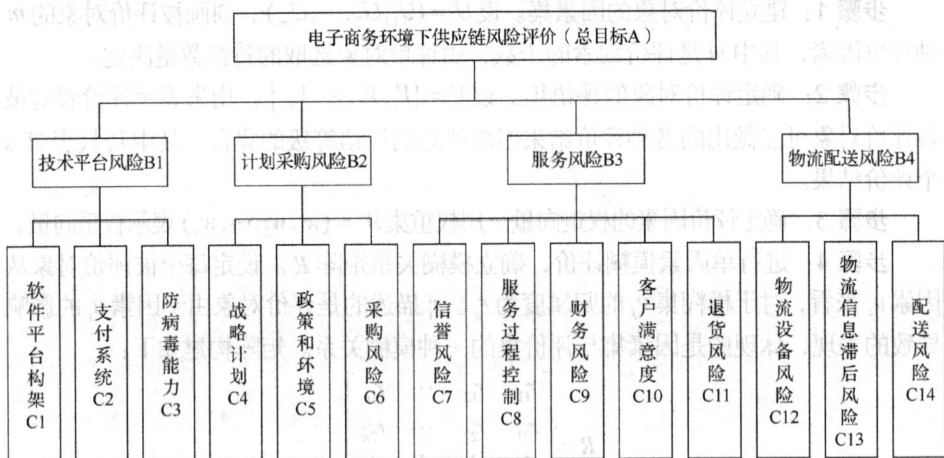

图 7-5　电子商务环境下供应链风险评价指标体系

（2）评价小组的确定。

① 确定调研对象。结合企业实际情况和评估指标确定问卷发放人群。

② 调查项目设计。依据风险评价指标体系设计调查问卷，采用打分制。

③ 问卷初稿拟定。按研究需要对问卷进行分类，分为风险危害性等级评分表（见表 7-5）和风险发生概率等级评分表（见表 7-6）。

表 7-5　风险危害性等级评分表

一级指标	二级指标	危害性等级						
		1	2	3	4	5	6	7
技术平台风险	软件平台构架出现问题							
	支付系统错误、不完善							
	防病毒能力差							
计划采购风险	战略计划不当							
	政策和环境不利							
	采购出现问题							
服务风险	信誉遭受损失							
	难以控制服务过程							
	财务状况不良							
	客户满意度差							
	客户退货							
物流配送风险	物流设施设备出现问题							
	物流信息滞后							
	配送过程出现问题							

注：1——非常低；2——很低；3——低；4——中等；5——高；6——很高；7——非常高。

表 7-6　风险发生概率等级评分表

一级指标	二级指标	发生概率等级						
		1	2	3	4	5	6	7
技术平台风险	软件平台构架出现问题							
	支付系统错误、不完善							
	防病毒能力差							
计划采购风险	战略计划不当							
	政策和环境不利							
	采购出现问题							
服务风险	信誉遭受损失							
	难以控制服务过程							
	财务状况不良							
	客户满意度差							
	客户退货							
物流配送风险	物流设施设备出现问题							
	物流信息滞后							
	配送过程出现问题							

注：1——非常低；2——很低；3——低；4——中等；5——高；6——很高；7——非常高。

④ 问卷测试。邀请专业人士对问卷进行测试，进一步修订问卷直至定稿。问卷的发放对象包括企业工作人员和供应链专家。发放问卷 50 份，回收 45 份，有效份数 42 份。回收问卷后，对每份问卷进行统计，取平均值，得出表 7-7 所示的 A 企业供应链风险值。

表 7-7 A 企业供应链风险值

一级指标	二级指标	危害性等级	发生概率等级	风险值
技术平台风险	软件平台构架	3	3	0.1250
	支付系统	6	2	0.1528
	防病毒能力	7	1	0.0556
计划采购风险	战略计划	6	5	0.5694
	政策和环境	5	4	0.3472
	采购风险	5	5	0.4583
服务风险	信誉风险	6	4	0.4306
	服务过程控制	4	4	0.2639
	财务风险	7	4	0.4793
	客户满意度	5	5	0.4583
	退货风险	2	5	0.1250
物流配送风险	物流设备风险	5	3	0.2361
	物流信息滞后风险	6	2	0.1528
	配送风险	3	5	0.2361

用 h_i 表示风险值如下：

$$h_i = (0.1250, 0.1528, 0.0556, 0.5694, 0.3472, 0.4583, 0.4306,$$
$$0.2639, 0.4793, 0.4583, 0.1250, 0.2361, 0.1528, 0.2361)$$

（3）构造判断矩阵和权重。构造各层次指标的判断矩阵和权重，并利用分析软件 AHA 导出结果（见表 7-8 至表 7-13）。

表 7-8 准则层判断矩阵及权重

A1	B1	B2	B3	B4	W_i
B1	1	1/4	1/9	1/4	0.0491
B2	4	1	1/4	1	0.1641
B3	9	4	1	7	0.6404
B4	4	1	1/7	1	0.1463

一致性比例为 0.0212；指标权重为 1；$\lambda_{max} = 4.1243$

表 7-9 技术平台风险判断矩阵及权重

B1	C1	C2	C3	W_i
C1	1	7	5	0.7235
C2	1/7	1	1/3	0.0833
C3	1/5	3	1	0.1932

一致性比例为 0.0633；指标权重为 0.0491；$\lambda_{max} = 3.0658$

表 7-10　计划采购风险判断矩阵及权重

B2	C4	C5	C6	W_i
C4	1	5	2	0.5697
C5	1/5	1	1/4	0.0982
C6	1/2	4	1	0.3339

一致性比例为 0.0176；指标权重为 0.3854；$\lambda_{max}=3.0183$

表 7-11　服务风险判断矩阵及权重

B3	C7	C8	C9	C10	C11	W_i
C7	1	5	3	1/4	4	0.1690
C8	2	1	5	1/2	5	0.2866
C9	1/3	1/5	1	1/3	2	0.0878
C10	4	2	3	1	5	0.4025
C11	1/4	1/5	1/2	1/5	1	0.0541

一致性比例为 0.0564；指标权重为 0.6404；$\lambda_{max}=5.2528$

表 7-12　物流配送风险判断矩阵及权重

B4	C12	C13	C14	W_i
C12	1	3	1/3	0.2510
C13	1/3	1	1/6	0.0960
C14	3	6	1	0.6530

一致性比例为 0.0176；指标权重为 0.1463；$\lambda_{max}=3.0183$

表 7-13　各个判断矩阵及各层次一致性检验结果

指标	A	B1	B2	B3	W_i
λ_{max}	4.1243	3.0658	3.0183	5.2528	3.0183
CI	0.0414	0.0329	0.009	0.0632	0.0092
R1	0.89	0.52	0.52	1.12	0.52
CR	0.0465	0.0633	0.0173	0.0564	0.0177

由结果可见，各项指标的一致性比例 CR<0.1，全部通过了一致性检验，最终算出各评价指标及其权重，如表 7-14 所示。

表 7-14　各评价指标及其权重

各项指标	软件平台构架	支付系统	防病毒能力	战略计划	政策和环境	采购风险	信誉风险
权重	0.0355	0.0041	0.0095	0.0932	0.0161	0.0548	0.1082
各项指标	服务过程控制	财务风险	客户满意度	退货风险	物流设备风险	物流信息滞后风险	配送风险
权重	0.1836	0.0562	0.2578	0.0347	0.0367	0.0140	0.0956

W_i=(0.0355，0.0041，0.0095，0.0932，0.0161，0.0548，0.1082，

0.1836，0.0562，0.2578，0.0347，0.0367，0.0140，0.0956)

结合表 7-7 和表 7-14，求得 A 企业供应链风险综合评估值为：

$$d = h_i \times W_i = 0.3672$$

（4）进行单因素模糊评价，确立模糊关系矩阵。运用模糊综合评价法的目的是对电子商务环境下的供应链风险进行评价，评价的对象集包括 4 个维度：技术平台风险、计划采购风险、服务风险和物流配送风险。

$$U = (u_1, u_2, u_3, u_4) = （技术平台风险、计划采购风险、服务风险、物流配送风险）$$

10 位专家（包括 A 企业相关供应链负责人及物流专业教授）对 A 企业供应链风险进行评估，专家们根据对 A 企业的分析以及对 A 企业供应链系统的了解，单独对指标层的每个指标进行等级打分，得到的评价等级如表 7-15 所示。

表 7-15 评价等级

风险等级	非常高	很高	高	中等	低	很低	非常低
数段值	61～70	51～60	41～50	31～40	21～30	11～20	0～10
平均值	65	55	45	35	25	15	5

$$V = (V_1, V_2, V_3, V_4, V_5, V_6, V_7) = （非常高，很高，高，中等，低，很低，非常低），$$
所对应的评价向量为 C= （65，55，45，35，25，15，5）。

由于指标的模糊性，综合专家对指标的打分次数，得出该指标属于某个评语等级的隶属度，从而建立模糊关系矩阵，具体如下：

$$R_{B1} = \begin{bmatrix} 0 & 0 & 0.1 & 0.1 & 0.6 & 0.1 & 0.1 \\ 0 & 0 & 0.1 & 0.1 & 0.2 & 0.4 & 0.2 \\ 0 & 0 & 0 & 0.1 & 0.1 & 0.2 & 0.6 \end{bmatrix}$$

$$R_{B2} = \begin{bmatrix} 0 & 0 & 0.1 & 0.5 & 0.2 & 0.1 & 0.1 \\ 0 & 0 & 0 & 0.3 & 0.4 & 0.2 & 0.1 \\ 0.1 & 0.1 & 0.5 & 0.2 & 0.1 & 0 & 0 \end{bmatrix}$$

$$R_{B3} = \begin{bmatrix} 0.1 & 0.1 & 0.1 & 0.5 & 0.2 & 0 & 0 \\ 0 & 0 & 0 & 0.3 & 0.4 & 0.2 & 0.1 \\ 0 & 0.1 & 0.2 & 0.3 & 0.2 & 0.2 & 0 \\ 0 & 0 & 0.1 & 0.2 & 0.5 & 0.2 & 0 \\ 0.1 & 0.4 & 0.2 & 0.2 & 0.1 & 0 & 0 \end{bmatrix}$$

$$R_{B4} = \begin{bmatrix} 0 & 0 & 0 & 0.1 & 0.2 & 0.4 & 0.3 \\ 0 & 0 & 0 & 0 & 0.2 & 0.6 & 0.2 \\ 0.1 & 0.2 & 0.4 & 0.3 & 0 & 0 & 0 \end{bmatrix}$$

（5）多指标综合评价。由前面利用层次分析法得到的指标权重可知：

$$W_{A1} = (0.0491，0.1641，0.6404，0.1463)$$

$$W_{B1} = (0.7235，0.0833，0.1932)$$

$$W_{B2} = (0.5679，0.0982，0.3339)$$

$$W_{B3} = (0.1690，0.2866，0.0878，0.4025，0.0541)$$
$$W_{B4} = (0.2510，0.0960，0.6530)$$

则有：

$$B_1 = W_{B1} \times R_{B1} = (0，0，0.8068，0.1，0.4701，0.1443，0.2050)$$
$$B_2 = W_{B2} \times R_{B2} = (0.0334，0.0334，0.2239，0.3811，0.1866，0.0766，0.0670)$$
$$B_3 = W_{B3} \times R_{B3} = (0.0223，0.0473，0.0855，0.2881，0.3727，0.1554，0.0287)$$
$$B_4 = W_{B4} \times R_{B4} = (0.0653，0.1306，0.2612，0.2210，0.0694，0.1580，0.0945)$$

这样就完成了电子商务环境下供应链在技术平台、计划采购、服务、物流配送四大方面的模糊评价。接下来，把4个二级评价的结果向量构成一级评价的模糊关系矩阵，对4个方面的评价结果进行汇总，进行一级模糊综合评价。即：

$$A = W \times B = (W_1，W_2，W_3，W_4) \times (B_1，B_2，B_3，B_4)^T$$
$$(0.0293, 0.0549, 0.1337, 0.2843, 0.3025, 0.1423, 0.0532)$$

上述模糊评价结果表示在综合考虑了在技术平台、计划采购、服务、物流配送四大方面的因素及各自权重后，电子商务环境下供应链的风险程度对于"非常高，很高，高，中等，低，很低，非常低"这7个评语等级的隶属度分别为0.0293、0.0549、0.1337、0.2483、0.3025、0.1423和0.0532。

（6）计算综合评价值。给评语集的每个评价等级赋予一定的分值，设赋分值后的评语集 $C = (65, 55, 45, 35, 25, 15, 5)$，综合评价值如下：

$$D = A \times C^T = 30.85$$

因此可以看出，A企业的供应链风险程度属于中等。

3. A企业电子商务供应链风险处理措施

（1）技术平台风险处理措施。根据上文的分析与计算过程可知，技术平台风险下的二级指标中，防病毒能力比较重要，虽相关风险发生的概率不大，但它一旦产生问题，危害巨大。软件平台构架主要影响客户购物的便捷性，发生风险的概率和危害性偏低。对于支付系统来说，其风险最低，因为现在支付宝和各大网银的广泛应用都为网上购物提供了便利。

（2）计划采购风险处理措施。计划采购风险下的二级指标中，战略计划风险发生概率较小，但任何企业的经营都需要战略目标，目标偏差会为企业带来沉重打击。对于电子商务企业来说，采购风险的控制尤为重要，保证产品质量安全和供应链流畅运行都需要强大的企业实力，所以采购方面一旦产生问题，其危害不容小觑。而对于国家政策和自然环境的变化，只要企业做好应急预案，危害不会持续过久，企业可安然度过。

（3）服务风险处理措施。对于电子商务企业来说，信誉尤为重要。供应链具有复杂性和动态性，势必难以完全满足客户需求，将会导致矛盾发生，其风险危害较大，因此需要企业积极改进服务，有良好的财务管理能力和供应链掌控能力。

（4）物流配送风险处理措施。电子商务企业进行产品配送需要建立完善的冷链运输系统，这有助于企业提高服务水平。对于物流信息滞后风险，信息的滞后性影响企业对市场需求的掌控，将会导致出现产品供需不匹配等问题，要求企业保持对市场的敏锐度，积极推进企业信息化建设。产品配送需要兼顾配送时间和效率，因此企业配送风险发生的概率较大，要求企业在送货之前必须依据客户需求进行合理的组织与计划，实现配送流程的优化管理，进而有效满足客户需求。

思考与练习

1. 选择题

（1）按照风险来源，供应链风险可以分为（　　　　）。

　　A. 自然风险和人为风险　　　　　　B. 长期风险和短期风险

　　C. 时间风险和质量风险　　　　　　D. 可预测风险和不可预测风险

（2）TOPSIS 评价法的中文含义是（　　　　）。

　　A. 逼近理想解排方法　　　　　　　B. 模糊综合评价法

　　C. 灰色关联分析法　　　　　　　　D. 层次分析法

（3）（　　　　）的基本原理是对复杂问题中各指标之间的关系进行划分和分解，使问题具有一定的层次性。

　　A. 层次分析法　　　　　　　　　　B. 概率风险评价法

　　C. 评分评价法　　　　　　　　　　D. 模糊综合评价法

（4）对于两个系统之间的因素，其随时间或不同对象而变化的关联性大小的量度，称为（　　　　）。

　　A. 联合度　　　B. 联系度　　　C. 关联度　　　D. 紧密度

（5）（　　　　）是指将风险降低到零，断绝一切风险的来源，主动放弃那些可能导致风险损失的项目和方案或者尽量避开不利的外部环境。

　　A. 风险控制　　　B. 风险回避　　　C. 风险转移　　　D. 风险自担

2. 填空题

（1）_____的过程是对评价目标的具体情况进行分析，然后选择评价项目，最后在设定的评分范围内对评价项目进行评分，计算出总分。

（2）_____是对各子系统的事故概率进行分析计算后，得出系统的总体事故概率。

（3）供应链风险形成的原因可以概括为_____和_____。

（4）_____是指有关供应链的不确定性对目标实现的影响。

（5）电子商务环境下供应链风险处理策略主要有_____、_____、_____和_____等。

3. 简答题

（1）阐述供应链风险管理的原则。

（2）阐述传统供应链风险管理的流程。

（3）简述电子商务供应链风险的定义。

（4）简述电子商务供应链风险评价方法。

（5）简述电子商务供应链风险评价的一般过程。

4. 论述题

供应链管理使电子商务企业展现出很大的优势，更方便抓住稍纵即逝的市场机会，为客户供应更高质量的产品和提供更好的服务。与此同时，供应链风险也随之存在，以前传统的供应链风险管理机制在电子商务交易活动中难以适应形势发展。故电子商务供应链风险管理研究逐渐受到广大学术研究者的青睐。结合本章所学，谈谈你是如何理解电子商务供应链风险管理的，请结合实例简要阐述。

案例分析

京东电商供应链金融大数据风险管理

1. 京东供应链金融简介

京东集团成立于 1998 年，2014 年在纳斯达克证券交易所上市，所涉及的业务包括电商、物流、金融和科技等，它是我国最大的自营电商平台。京东金融最初创立于京东集团内部，在 2013 年 10 月开始自主运营，以数据为基础，基于其强大的数字科技能力来为实体经济和金融创新服务。京东金融在 2017 年完成重组交割，2018 年 11 月正式更名为京东数字科技，京东金融自此作为京东集团旗下的子品牌，至今已经建立了供应链金融、消费金融、财富管理、支付、金融科技等多种业务模块。

2. 京东电商供应链金融大数据风险管理的优势

（1）广泛的大数据来源。京东电商供应链金融中大数据的获取来源相对传统供应链金融来说更加广泛，京东金融不仅采取了与大数据公司合作和挖掘第三方信用数据的方式，而且可以利用京东集团积累的非结构化数据信息构成自身的大数据服务平台。

（2）建立科学的大数据风控模型。京东金融利用大数据风控超脑系统，可以突破地域限制，实现非现场监控，及时管理供应链金融风险。大数据风控模型利用了关联分析法，挖掘分析融资企业重大人事信息、股权结构调整以及重大体制改革等信息，可以追踪企业的实时动态信息，线上关注企业是否存在异常情况，及时提醒相关业务人员掌握风险情况。

（3）建立完善的风控方案架构。对于电商供应链金融风险管理来说，在对用户数据进行采集与分析处理以后，就需要将有效数据应用于具体的风险管控流程中。风控系统基于收集到的大数据信息，通过建立逻辑关系算法的子系统和风控模型的子系统，保证数据间的逻辑关系与实际场景的交易关系相匹配，结合实际的交易场景，将风险管理按业务发生的路径或顺序进行流程化设置，进而实现数据化风险管理体系的搭建，来对风险进行识别、分析和控制。

3. 京东电商供应链金融大数据风险管理的措施

（1）增强大数据信息采集的准确性。针对大数据信息可能存在信息不规范的情况，可以采取将海量数据分类管理的方式。将数据采集渠道分为企业内部数据、投资数据、行为数据等类别，再根据不同类别的数据按照其相应处理程序规范处理。将不同数据分类规范管理可以提升对原始数据进行处理的效率，增强数据的有效性，让后续的数据分析与建模更加快速精准。

（2）保护用户隐私数据信息。电商平台在获取用户信息时，可以设置授权协议，协议里包括取得用户明确的授权，并且表明平台对用户信息的使用目的，确保用户对自身隐私信息的控制权，表明该信息只会用于声明里的目的，如果要将用户信息用于其他目的，必须获得用户的再次授权。设置此类用户授权协议，可以减少由于侵犯用户隐私造成的法律问题。

讨论：

京东如何进行供应链金融风险管理。

第8章 电子商务供应链协调

教学目标

1. 了解什么是供应链协调，对供应链协调的基本知识有清晰的认知。
2. 理解供应链契约的定义和类型。
3. 通过电子商务供应链协调实例了解协调的作用。

引导案例

2000 年 3 月 10 日，H 集团投资的 H 电子商务有限公司（以下简称"H 公司"）成立，这是家电企业首次全面进军电子商务领域，全面开展面对供应商的 B2B 业务和针对客户个性化需求的 B2C 业务。经过多年的摸索，H 公司与供应商和销售终端建立了紧密的互联网关系，建立起动态企业联盟，提高了双方的市场竞争力。在 H 公司搭建的电子商务平台上，企业和供应商、客户实现互动沟通，使信息增值。在 2018 电子商务创新发展峰会上，H 公司副总裁的发言表现出了 H 公司对于电子商务发展的思考，同时也体现了电子商务对于企业的重要性。

H 公司为了提高电子商务供应链的整体绩效，在与供应商的协调管理上制定了许多策略。H 公司在建立了以流程为核心的组织模式后，重新整合外部供应商资源，一方面大幅削减不合格供应商，另一方面大量纳入国际化的合格供应商，以保证 H 集团能在全球范围内采购质优价廉的零部件。此外，H 公司重新定位与供应商之间的关系，把双方的关系由供需关系上升到以订单为中心的战略合作伙伴关系，变买卖关系为双赢关系。

H 公司为了响应电子商务客户的需求，加强与外部物流企业的合作，与多个物流企业和运输企业签订协议。至今 H 公司已经建立起覆盖全国的网络配送体系，目前 H 公司已经建立了 42 个物流配送中心，覆盖全国所有区域，与 300 多家运输企业建立了紧密的合作伙伴关系。客户可以在 H 公司的网站上进行浏览、选购、支付等操作，然后在家里静候 H 公司的快捷配送及安装服务。

无论是供应商还是物流企业，H 公司都加强了与各电子商务供应链节点企业的合作协调，通过整合协作使各企业的目标与供应链的目标兼容，在电子商务供应链上取得了良好的效益。

思考：

通过了解 H 公司在电子商务供应链上的运作，你对供应链协调有什么感悟？

8.1 供应链协调概述

供应链管理的核心是供应链协调。供应链协调是为了提高供应链的整体效益而采取的一系列措施。在电子商务迅速发展的今天，电子商务供应链协调对于各节点企业的效益和电子商务终端客户的体验都有非常重要的作用。本节主要介绍供应链协调的定义和类型，以及供应链协调的方法。

牛鞭效应与啤酒游戏

8.1.1 供应链协调的定义

目前理论界对供应链协调没有统一的定义，综合众多学者的研究成果，本书认为：它是指为使供应链的信息流、物流和资金流能无缝地、顺畅地在供应链中传递，减少因信息不对称造成的生产、供应和销售等环节的不确定性，以及消除因供应链的各成员目标不同而造成的利益冲突，提高供应链的整体绩效而采取的各种行动；供应链协调也是两个或两个以上的企业为了实现某种战略目标，通过签订协议或联合组织等方式而结成的一种网络式联合体。

中华文化中的协调思想

与供应链协调相对应的就是供应链失调，供应链失调主要是由各节点企业目标不一致而造成的，同时也受到供应链的不确定性因素影响。图 8-1 所示为供应链失调的原因。不确定性因素主要包括供应商供货的不确定、生产过程的不确定以及客户需求的不确定。

```
目标不一致  ───▶  供应链失调  ◀───  不确定性
```

图 8-1 供应链失调的原因

8.1.2 供应链协调的类型

供应链协调主要根据协调的层次、协调的界面和协调的内容分类。

1. 根据协调的层次分类

供应链协调根据协调的层次可分为功能内部协调、功能间协调和企业间协调。功能内部协调是指对企业物流功能内部的活动及流程的协调，即对企业内部的物流活动中的各种冲突进行权衡，从而降低成本，提高服务水平。功能间协调是指对企业不同职能部门之间的协调，包括物流与市场销售、物流与生产、物流与财务的协调，要考虑不同功能领域的平衡。企业间协调是指独立的供应链成员间的协调，如供应商与制造商、制造商与分销商等之间的协调。前两种协调为内部协调，企业间协调为外部协调。

2. 根据协调的界面分类

供应链协调根据协调的界面可分为 3 类：买卖协调、生产分销协调和库存分销协调。买卖协调是指对从产品生产到客户购买这一过程的协调。生产分销协调是指在生产分销计划、运输路线、运输调度、订货提前期和库存政策等方面进行协调。库存分销协调是指对产品从库存管理到进入市场中进行销售这一过程的协调。

3. 根据协调的内容分类

供应链协调根据协调的内容可分为信息协调和非信息协调。信息协调主要是指实现整个供应链对内外部信息的掌握，以指导供应关系。非信息协调则是指安排好实物的供应条件，如 JIT 或零库存生产方式，直到良好的运输协调状态，做到及时到货，不影响生产或销售。

> **课堂讨论**
>
> 啤酒游戏是一种类似大富翁的策略游戏。游戏是这样进行的：一群人分别扮演制造商、批发商和零售商，彼此只能通过订单/送货程序来沟通。各个角色可决定该向上游企业下多少订单、向下游企业销出多少货物。终端客户由游戏组织者扮演，只有零售商能直接面对客户。某学校的学生利用此游戏做了实验，得到的结果几乎一样：零售商、批发商、制造商起初都严重缺货，后来却严重积货。批发商一方面怪罪零售商，开始时拼命增加订单，到最后却取消订单，另一方面也怪罪制造商，开始时一直缺货，后来又生产太多的货。制造商也怪批发商开始要太多货，后来却不再要任何货。学生只好推测这是客户需求强烈变动导致的。
>
> 那么，到底该怪谁？大家不妨尝试扮演一下各个角色，讨论到底是哪里出了问题，以及这种问题又该怎样解决。

8.1.3 供应链协调的方法

供应链协调的方法主要有 3 种：一是基于供应链契约促进供应链协调；二是基于信息共享促进供应链协调；三是基于信任促进供应链协调。

1. 基于供应链契约促进供应链协调

改变决策者的激励方式在一定程度上能促进供应链协调，即通过设计恰当的契约来减少不对称信息引起的道德风险和逆向选择问题。

虽然作为委托人的一方不能直接观测到代理人的行为，会导致道德风险的产生，但是对于代理人"行为"所产生的"结果"却是可以观测的。道德风险引起的目标冲突可以通过基于"可观测的产出"确定报酬的方法来解决。举例来讲，在供应链中，

供应链协调问题
的提出

零售商销售某类产品的努力程度不可观测，但是和努力相关的产出（增加的销售量）可以被制造商观测到。正常情况下，零售商由于增加了销售收入会得到相应的佣金。运用合适的激励设计，我们可以减少零售商和制造商之间的目标冲突问题。

在供应链中，当一个潜在的客户不能在多个厂商提供的产品中判断产品的质量时，逆向选择问题基于契约的解决方法是，若厂商对于自己的产品质量有把握，可以通过信用保证（如实行"三包"政策）和返回政策来消除逆向选择带来的影响。保证、返回政策等都是制造商向零售商传递的信号。低质量（价值）产品的制造商由于承诺成本太高不会提供这样的承诺，因此，零售商可以通过制造商的信号传递来减少逆向选择。

2. 基于信息共享促进供应链协调

基于信息共享促进供应链协调主要是通过使更多的变量被观测到，从而减少道德风险问题。信息共享是通过向供应链伙伴提供私有信息，从而最大限度地减少信息不对称现象对供应链绩效的负面影响。企业通过共享信息可以增加销售额，减少成本，提高产品质量，缩短产品周期。

客户数据的分享使供应链成员可以快速地对市场的不确定性做出反应。零售商向制造商提供销售和客户数据，制造商通过共享的数据理解最终客户的行为和需求放大所产生的牛鞭效应（见图 8-2）。需求的不确定性一方面来自客户需求模式的改变，另一方面则受最终客户地方性政策的影响。通过辨别需求变化的原因，制造商可以设计出合适的生产计划从而把需求不确定性带来的风险降到最低。

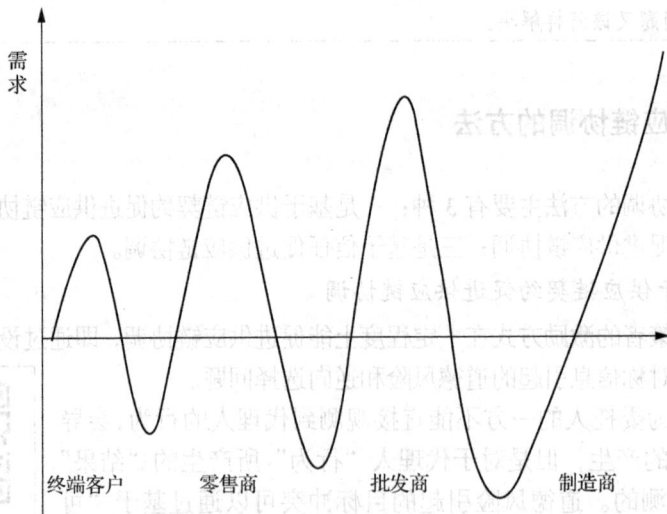

供应链信息共享
案例

图 8-2 牛鞭效应

信息共享主要包括以下内容。

① 客户的需求信息。下游企业通过市场调查将预测的需求信息传递给上游企业。

② 库存信息。上游企业可以根据下游企业的库存信息合理制定自己的生产决策，以免生产过剩。

③ 生产信息。掌握生产信息可以帮助企业消除无目的的生产，减少生产决策过程中的不确定因素。

④ 订单状态信息。各节点企业掌握订单状态信息可以为客户提供更好的消费体验。

⑤ 促销信息。共享促销信息可以使制造商提前应对产品的市场需求变化。

⑥ 产品质量信息。共享产品质量信息可以减少检验产品所产生的成本，加快供应链运转速度。

3. 基于信任促进供应链协调

基于信任促进供应链协调有 3 种形式。第一种是通过契约性信任促进协调，即相信对方将遵守诺言，并按照协议执行。契约为供应链整体的稳定提供一种保护，对供应链上的成员有一定的制约作用。第二种是通过能力信任促进协调，即相信对方会兑现承诺，高度的能力信任将允许消除或减少产品的内部检查活动。第三种是通过信誉信任促进协调。在这种信任中，双方都相信另一方会完全对双方关系负责，他们会愿意做超过契约所期望的事，同时并不期望因此而得到优先或直接回报。当评价无形"服务"类型时，在卖方评级系统中，买方经常会衡量信誉这一方面的情况。

8.2 供应链契约概述

供应链契约是实现供应链协调的重要手段。针对不同的供应链状况，我们可以采取不同的供应链契约进行协调。供应链契约下的协调也是供应链研究领域的热点。本节主要介绍供应链契约的定义和电子商务供应链中常见的几种契约类型，然后列出几个典型的供应链契约协调模型供大家了解和学习。

供应链契约参数

8.2.1 供应链契约的定义

供应链契约是指通过提供合适的信息和激励措施，保证买卖双方协调，优化销售绩效的有关条款。即使供应链达不到最好的协调状态，也可能存在帕累托最优解，以保证每一方的利益至少不比原来少。

有效的供应链契约有两个主要的作用。第一是降低供应链的总

供应链契约

成本、降低库存水平、提高信息共享水平、改善节点企业间的沟通交流、产生更大的竞争优势，以实现供应链绩效最优。第二是可实现风险共担。供应链中的不确定因素包括市场需求、提前期、销售价格、质量、生产核心零部件的能力及研发投入等。契约是双方共担由各种不确定因素带来的风险的重要手段。

8.2.2 供应链契约的类型

供应链契约主要有回购契约、收益共享契约、批发价格契约、价格补贴契约、数量弹性契约和数量折扣契约等。基于当前学者的研究，在此主要介绍电子商务供应链中常见的 3 种契约。

1. 回购契约

回购契约是指供应商对零售商未售出的产品以低于批发价的价格进行回购，故该契约的转移利润就是在批发价格契约所付利润的基础上，扣除那些没有卖掉的产品的回购值。其目的是给零售商一定的保护，引导零售商增大采购量，使由于需求不确定而产生的风险由供应商和零售商共同承担，它经常应用在易逝品的销售渠道中，如服装、书刊、牛奶、化妆品等。

回购契约的优点在于可以减轻零售商的压力，如果不允许退货，零售商会减少订货量，从而也减少了供应商的潜在利润。然而，简单地回购或允许退货并没有使产生冗余库存的风险消除，仅仅是使这种风险的承担者发生了转移。当供应商的规模较零售商大、经营区域比较广时，由供应商来承担这种风险比较合理。日本的退货政策非常普遍，因为其零售商店规模小且分散，零售商不具备承担风险的能力，退货对这样的供应链更有意义。与此相反，在类似洽洽瓜子与家乐福这样的两级供应链中，回购契约则未必合适，零售商——家乐福有过剩存货时，由家乐福在不同门店之间调配可能会更好。

回购契约也存在一些弊端。回购或退货过程中会产生逆向物流成本，如包装、运输等成本。由于逆向物流活动相对零散，其成本往往比正向物流活动的成本高。这些因素会大大减小退货契约对供应链绩效的贡献，此时就要思考到底针对什么样的产品或企业适合采用回购契约。

2. 收益共享契约

收益共享契约是指零售商将一定比例的销售收益交付供应商，以获得较低的批发价格，增加供应链运作绩效。

在该契约的运用中，著名的例子就是百事达（Blockbuster）公司。客户对新发行的音像碟片的需求通常是先高后低，需求的高峰期为 10 周左右。假设百事达公司从音像发行商购得音像碟片的平均价格为每片 65 美元，而客户租赁音像碟片的价格为每次 3 美元，不考虑其他成本，每片音像碟片要至少周转 22 次才能让百事达公司实现盈亏平衡。因此，对碟片租赁商而言，理性的决策是购买最少的音像碟片，尽可能提高音像碟片的周转（租赁）次数。然而这样做的结果是客户会抱怨缺货。

1998 年，百事达公司与供应商采用收益共享契约，百事达公司将其租赁收入的 30%～45%返还给音像发行商，而作为回报，后者将每片音像碟片的价格由 65 美元下调至 8 美元（周转 6 次就能实现盈亏平衡）。这样做的好处十分明显：无论是音像发行商还是百事达公司的利润额都获得了提高。由于百事达公司购买了更多的音像碟片，租赁时缺货的情况也得到了缓解，客户满意度提高，销售收入增长了 75%。目前，国内常用的特许经营模式实际上也是采用收益共享契约的典型案例。

3. 数量弹性契约

数量弹性契约是指零售商的实际订货量可以在其提前提交的订货量的基础上进行一定范围内的变动。零售商在对下一个销售周期进行预测之后，提供给供应商一个订货量，供应商以此为基数组织生产，零售商在获得了确定的市场需求之后，只能在供应商所允许的范围之内确定最后的实际订货量，无论最后市场的需求是超过还是低于零售商的预测。此时零售商和供应商共同承担市场风险。企业间的供应链数量弹性契约流程如图 8-3 所示。

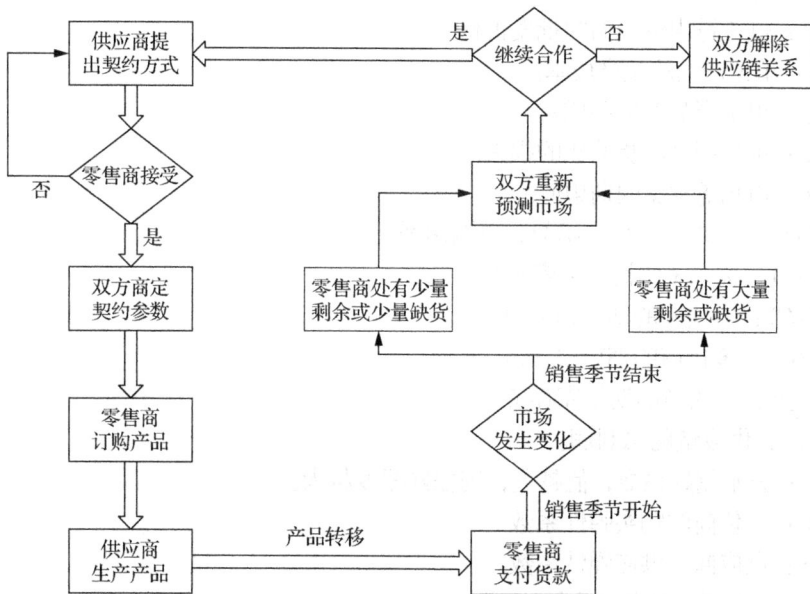

图 8-3　企业间的供应链数量弹性契约流程

数量弹性契约在汽车、电子等行业中有大量的应用，如 IBM、惠普等企业都曾经采用这种契约向其供应商订购产品。数量弹性契约具有以下特点。①在内容上提供许多具有弹性选择权的条款，具有较强的灵活性。②采用了"序列契约"的形式，即只有在完成上一契约条款的基础上，才可以执行下一契约条款。③具有较强的动态性。数量弹性契约包括动态检查机制、利润/风险分担机制、激励机制和清算机制等内容。其中动态检查机制和利润/风险分担机制比较重要。

8.2.3 典型的供应链契约协调模型

本节主要围绕 8.2.2 节的 3 种契约来介绍供应链契约协调模型，本节模型的基本假设如下。①供应链契约研究的对象一般是由一个供应商和一个零售商组成的二阶供应链。②根据领导者与追随者博弈（Leader and Follower Game，LF）理论，供应商是领导者，零售商是追随者，供应商给出一套契约参数，零售商根据参数确定最优订货量。③产品市场是开放的，有关产品的市场销售价格、需求分布和库存成本等的信息是对称的。④供应商和零售商是风险中性且完全理性的，都根据期望利润最大化原则进行决策（风险中性原理在经济学中的解释为：假设投资者对待风险的态度是中性的，所有证券的预期收益率都等于无风险利率。完全理性指一种行为方式，在给定条件和约束的限度之内实现指定目标）。本节模型的基本参数说明如下。

p：单位产品零售价格。

Q：产品订购量。

r：供应商回购价格。

w：供应链中供应商的批发价格。

c：单位产品的生产成本。

c_e：单位产品的库存成本。

c_u：单位产品缺货造成的损失。

μ：市场需求 x 的期望值。

$F(x)$：需求 x 的分布函数，单调递增。

$f(x)$：需求 x 的概率密度函数。

$S(Q)$：零售商的期望销售量。

$L(Q)$：零售商的期望缺货量。

$I(Q)$：零售商的期望库存量。

Π_T：供应链的总利润。

λ：公平偏好系数，值越大，则偏好程度越大。

α：零售商的购买弹性系数。

β：供应商的供应弹性系数。

η：数量弹性契约的弹性度。

v：单位产品残值。

设定 $p > w > c > v$，以保证零售价格高于批发价格，而批发价格高于供应链渠道中发生的成本，未售出产品的残值低于供应链成本，为常规情形。

1. 供应链回购契约模型

模型分析

零售商的利润为：

电子商务供应链管理（微课版）

$$\Pi_R = pS(Q) + rI(Q) - c_e I(Q) - c_u L(Q) - wQ$$
$$= (p + c_e + c_u - r)S(Q) - (w + c_e - r)Q - c_u \mu$$

得到零售商的最优订购量为：

$$Q_R^* = F^{-1}\left(\frac{p + c_u - w}{p + c_e + c_u - r}\right)$$

令 $Q_R^* = Q^*$，则最优批发价格为：

$$w = c + \frac{(r - v)(p + c_u - c)}{p + c_e + c_u - v}$$

代入得到零售商的利润为：

$$\Pi_R = \frac{p + c_e + c_u - r}{p + c_e + c_u - v}\Pi_T - \frac{r - v}{p + c_e + c_u - v}c_u \mu$$

从而得到供应商的利润为：

$$\Pi_s = \Pi_T - \Pi_R$$
$$= \frac{r - v}{p + c_e + c_u - v}\Pi_T + \frac{r - v}{p + c_e + c_u - v}c_u \mu = \lambda_1(\Pi_T + c_u \mu)$$

其中，$\lambda_1 = \dfrac{r - v}{p + c_e + c_u - v}$

显然 $0 < \lambda_1 < 1$，所以回购契约可以实现供应链协调。

由上式，供应商通过选择回购价格 r 的大小来确定自己占有整个供应链利润的份额，并确定其最优批发价格 w，参数 $\{r, w\}$ 即为其最优决策参数。

2. 供应链收益共享契约模型

模型分析

假设供应商占有销售收入的份额为 ϕ，零售商的份额为（$1 - \phi$），则零售商的利润为：

$$\Pi_R = (1 - \phi)[pS(Q) + vI(Q)] - c_e I(Q) - c_u L(Q) - wQ$$
$$= [(1 - \phi)(p - v) + c_e + c_u]S(Q) - [w + c_e - (1 - \phi)v]Q - c_u \mu$$

可得零售商的最优订购量为：

$$Q_R^* = F^{-1}\left[\frac{(1 - \phi)p + c_u - w}{(1 - \phi)(p - v) + c_e + c_u}\right]$$

令 $Q_R^* = Q^*$，可得最优批发价格为：

$$w = (1 - \phi)c + \phi c_u - \frac{\phi(c_e + c_u)(p + c_u - c)}{p + c_e + c_u - v}$$

所以，零售商的利润为：

$$\Pi_R = \frac{(1 - \phi)(p - v) + c_e + c_u}{p + c_e + c_u - v}\Pi_T - \frac{\phi(p - v)}{p + c_e + c_u - v}c_u \mu$$

从而得到供应商的利润为：

$$\Pi_S = \Pi_T - \Pi_R$$

$$= \frac{\phi(p-v)}{p+c_e+c_u-v}\Pi_T + \frac{\phi(p-v)}{p+c_e+c_u-v}c_u\mu = \lambda_2(\Pi_T + c_u\mu)$$

其中，$\lambda_2 = \dfrac{\phi(p-v)}{p+c_e+c_u-v}$

显然 $0 < \lambda_2 < 1$，所以收益共享契约可以实现供应链的协调。

比较 λ_1 和 λ_2 可知，当 $\lambda_2 = \lambda_1$，即 $\phi(p-v) = r-v$ 时，收益共享契约与回购契约具有相同的协调效果，因此，其协调实质是一致的。

3. 供应链数量弹性契约模型

模型分析

假设零售商预测市场需求为 Q，其最低承诺购买量为 $Q(1-\beta)$，供应商的生产量为 $Q_S = Q(1+a)$，其中 $0 \le \beta \le 1$，$a \ge 0$，则

零售商的期望购买量为：

$$N(Q,\alpha,\beta) = \int_0^{Q(1-\beta)} Q(1-\beta)f(x)\mathrm{d}x + \int_{Q(1-\beta)}^{Q(1+\alpha)} xf(x)\mathrm{d}x + \int_{Q(1+\alpha)}^{\infty} Q(1+\alpha)f(x)\mathrm{d}x$$

零售商的期望销售量为：

$$S[(1+\alpha)Q] = \int_0^{Q(1+\alpha)} \overline{F}(x)\mathrm{d}x, S[(1-\beta)Q] = \int_0^{Q(1-\beta)} \overline{F}(x)\mathrm{d}x$$

零售商的期望利润：

$$\Pi_R = pS[Q(1+\alpha)] + vI[Q(1-\beta)] - c_eI[Q(1-\beta)]$$
$$- c_uL[Q(1+\alpha)] - wN(Q,\alpha,\beta)$$

令 $\dfrac{\partial \Pi_R}{\partial Q} = 0$，得到 Q^* 满足下式：

$$(1+\alpha)(p-w+c_u)\overline{F}[Q^*(1+\alpha)] - (1-\beta)(w-v+c_e)F[Q^*(1-\beta)] = 0$$

令 $\eta = (1+\alpha)/(1-\beta)$，且 $Q_s = (1+\alpha)Q$，可得：

$$F(Q_s^*\eta) = \eta[(p-w+c_u)/(w-v+c_e)][1-F(Q_s^*)]$$

令 $Q_R^* = Q^*$，可得最优批发价格为：

$$w = v - c_e + \frac{c-v+c_e}{\dfrac{1}{\eta}F[\dfrac{1}{\eta}F^{-1}(\dfrac{p+c_u-c}{p+c_e+c_u-v})] + \dfrac{c-v+c_e}{p+c_e+c_u-v}}$$

其中，$\eta = (1+\alpha)/(1-\beta)$ 可以被看作数量弹性契约的弹性度。

根据最优批发价格公式，考虑以下两种极端情况。

如果弹性无限大（$\eta = \infty, \alpha = \infty, \beta = 1$），则零售商的缺货损失为零（$c_u = 0$），批发价格 $w = p$，零售商的利润将为零。

若弹性度最小（$\eta = 1, \alpha = 0, \beta = 0$），则零售商为风险偏好（风险偏好是指主动追

求风险，喜欢收益的波动性胜于收益的稳定性的态度），数量弹性契约也相应地转变为批发价格契约，其最优批发价格为 $w=c$，零售商因此将承担全部市场风险并获得全部收益，而供应商的利润为零。

上述两种情况都无法实现供应链协调，只有当 η 位于上述两种情况之间时，才能 $w\in(c,p)$，通过契约参数 $\{\alpha,\beta,w\}$ 实现供应链的协调。

8.3　电子商务供应链协调方法的应用

在介绍完供应链协调的基本内容后，本节以 D 企业为例，主要介绍电子商务企业供应链协调的发展历程和问题解决方法，希望能够深化读者对电子商务供应链协调内容的理解。

8.3.1　D 企业现状及存在的问题

1．D 企业现状

D 企业成立于 20 世纪 90 年代，是一家在国内生产、面向全球销售的服装企业。D 企业自成立初到现在已经有 20 余年，企业的发展战略也经过了几次转型。D 企业先后经历了生产销售一体化、包产分销、分产包销等不同的阶段，现在也在电子商务平台挖掘自己的市场。

D 企业对供应链的协调可追溯到企业成立之初。企业在成立的时候以制造生产为主，直接采购、制成服装成品，再通过门店进行销售，将大部分产品通过供应链销售出去。此阶段的供应链管理基本不存在协调方面的问题。

之后 D 企业为提高销售额，委托其他企业进行销售，大部分利润被其他企业拿走。虽然企业业绩得到提升，但此时的 D 企业已经不是供应链的核心企业了。该阶段供应链协调旨在协调对外采购、制造、仓储之间的关系，基本是纵向一体化的供应链协调。

几年后，D 企业迈出了供应链管理方面的一大步。企业放弃与委托企业的合作，开始建立自己的供应链网络。其供应链协调机制主要协调原材料、加工、库存、销售之间的关系，从对企业内部的协调开始走向对不同节点企业的协调。

进入电子商务快速发展的时代后，该企业也积极在电子商务领域开拓市场。为了符合电子商务市场客户的要求并提升企业的效益，D 企业从选择上游企业入手，将生产产品所需要的全部原材料的采购工作交给采购部，由其面向全球进行采购，并和上游企业订立一系列合约；D 企业关闭了自己的原材料生产制造工厂，委托其他知名企业生产；D 企业变卖了自己的仓库，改为与知名物流企业合作，加强了直接面向电子商务客户的最终销售渠道的建设。从本阶段开始，D企业真正实施了全面的电子商务供应链协调。此时供应链协调的主要内容有节点企业的选择、信息协调、共同目标的设定、契约的设计和签订、风险的防范处理等。

D企业发展战略的几次转型脉络很清晰，就是针对不同时期供应链内容的变化（见图8-4）逐步实施供应链管理、逐步扩展对其供应链的协调，这一切行为都是服装制造企业在时代发展趋势下的必然选择。

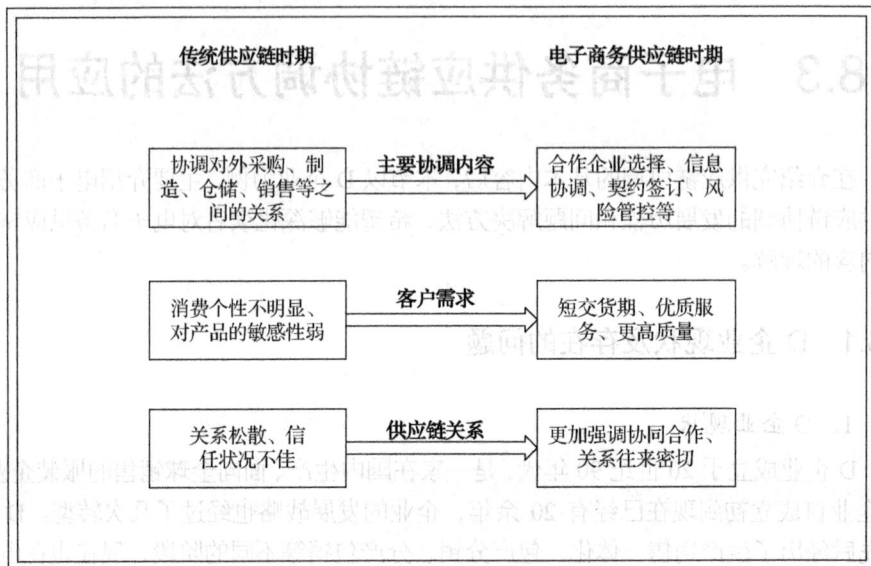

图 8-4　不同时期供应链内容的变化

2. D 企业存在的问题

当然，D企业在供应链协调中遇到的问题也有许多，主要有外部环境问题、沟通协调问题、利益共享问题等。

（1）外部环境问题。如果企业所处环境的信用体系很不完备，违约责任很小，对节点企业进行约束很难，这就会使供应链协调面临较大的系统风险。在D企业发展的过程中，国内一些企业的管理水平仍然不高，整体的沟通协调能力不强，尤其是合作意识不强。实现供应链整体最优化需要企业内部各部门、各企业之间进行合作和信息共享。而现实是一些部门或企业往往过分看重自己的利益，为了追求眼前的利益，把周围所有的人看成对手。

（2）沟通协调问题。如果供应链没有顺畅的信息流，供应链的运转就会难以维系。D企业在发展过程中，不仅要面临与外包的生产企业、原材料采购企业之间进行交流沟通，而且在面向国际供应链时还有因文化差异、制度差异等导致的问题。

（3）利益共享问题。供应链协调和管理方面的基础问题就是企业之间的利益共享问题。从一定程度上来说，供应链企业的利益共享程度直接决定了供应链的稳定性。D企业在供应链协调中遇到的最直接的问题就是如何确定与划分节点企业的利益，尤其是 D 企业实施电子商务供应链管理后节约的成本、D 企业的增值部分如何计算与区分，以及如何将利益返回给各节点企业。

8.3.2　D 企业电子商务供应链协调方法的应用

起初，D 企业并未将收益共享视为影响供应链高效运转的关键因素，只是在与供应商的信息沟通和改善企业环境方面做了很多努力。但经过半年左右，D 企业运营效率并没有明显提升，这令 D 企业的高层领导非常头痛。

面对遇到的难题，D 企业成立专门的调研小组，积极与其他企业和高校学者进行沟通，根据实际情况得出图 8-5 和图 8-6 所示的分析结果：D 企业的最优订货量保持不变，当供应商的公平意识越来越强时，作为供应商的决策者就会通过减少供应量来减少自己的收益损失，那么供应链整体决策者也会相应地减少订货量来达到市场平衡；如此一来，供应链的收益就会变少，那么供应商规避损失的意愿会更强烈，然后供应商就会减少供应量以减少收益受损，当供应满足不了市场需求时，为了维持整条供应链的协调平衡，订货量就会进一步减少。总之，如果收益共享问题不能及时妥善地得到解决，供应链绩效就会越来越低。

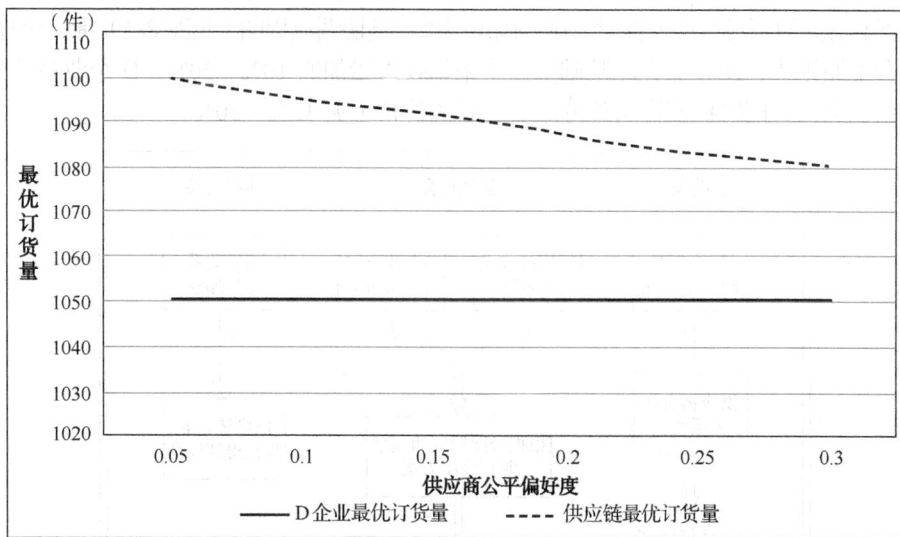

图 8-5　供应商公平偏好度对订货量的影响

总体来说，如果不能将供应链企业共同发展的价值合理公平地分配给供应商，供应商就不会主动传递真实的产品及服务等相关信息，同时也会不断减少供应量。D 企业所要求的当季所需原材料供应商不能及时供给，导致 D 企业的服务质量降低，线上和线下客户对其服装产品的满意度也明显下降，整个供应链的关系就变得越来越差。

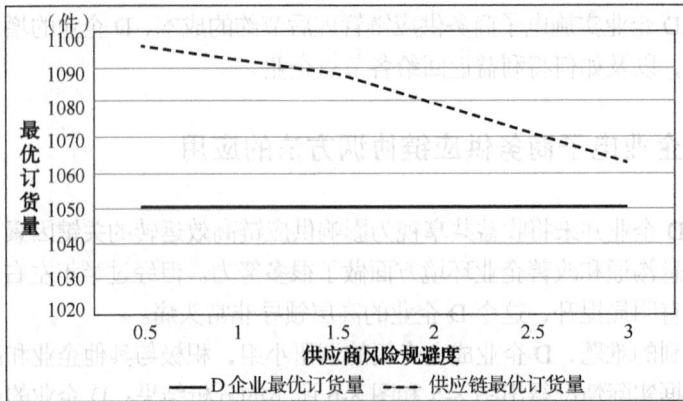

图 8-6 供应商风险规避度对订货量的影响

归根结底，D 企业所面临的问题是如何建立有效的分配机制和激励机制来约束供应商的投机行为，以保证供应链的高效运转。供应商和服装企业进行合作所付出的努力与其公平偏好度密切相关，当供应商认为自己所获得的收益较为合理和公平，他们的工作积极性也会上升，反之会下降。作为供应链核心企业，D 企业很快组织各方专门成立相应的协调部门，积极与供应商展开沟通协商，就供应链的实际情况和分配原则进行深入探讨，最终确定了供应链协调流程图（见图 8-7），制定的初步分配原则为：D 企业在原基础上当季销售收入增加的 10%～20%，D 企业将其分配给供应商，同时供应商将部分服装材料的价格下调 15%～30%。

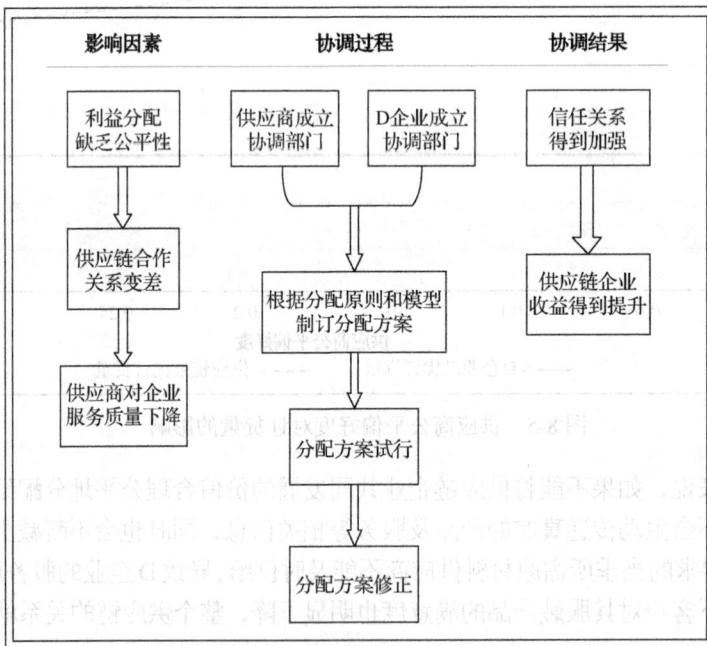

图 8-7 供应链协调流程图

除了协调利益分配之外，D 企业也主动建立了相应的激励机制（见图 8-8）。同时 D 企业向供应商许诺，如果当季销售收益能够超过计划收益，D 企业会将超出的收益按一定比例与供应商共享。

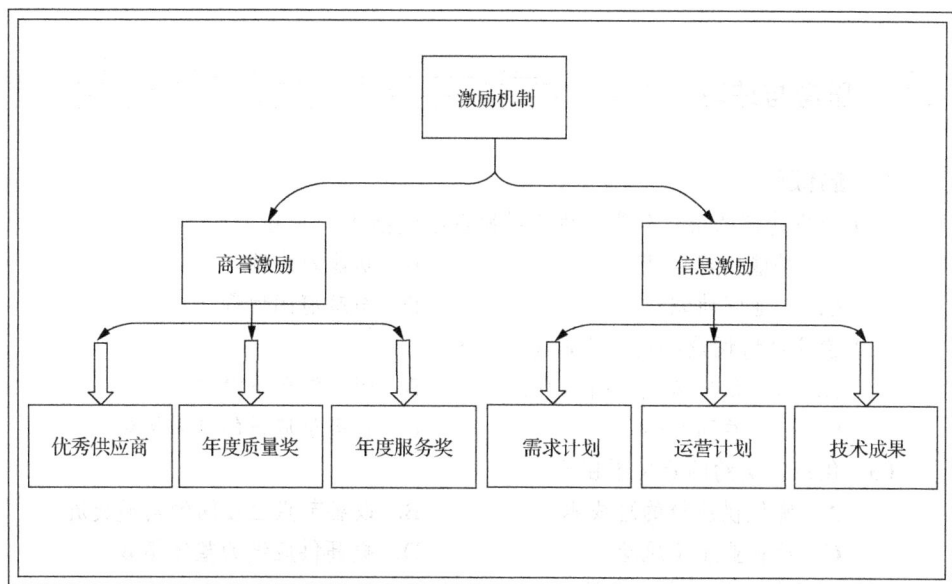

图 8-8　D 企业对供应商的激励机制

通过不断地调整与尝试，D 企业与供应商的收益分配方案得到了完善，供应商的积极性也大幅提高，供应商积极与 D 企业进行沟通，甚至与 D 企业共同协商如何制造出更受欢迎的服装产品。另外，D 企业与核心供应商成立了联盟，建立起全渠道供应链信息管理系统，获得了稳定的采购源，研发、企划能力等也得到明显提升，而供应商借助 D 企业的强大实力，不仅业务量和企业规模稳定增长，供货速度、品质等方面也得到改善。

D 企业在建立起完善的协调和激励机制后，成效逐渐显著，毛利润比之前增长约 13%，经营利润增长约 10%，年度营收增加约 11%；在线平台收入快速增长的同时，线下实体店的数量也不断增多，线下零售网点数从 1000 多个增加到了 2000 多个；另外，客户体验也得到了很好的优化。无论线上还是线下，客户都能购买到 D 企业的所有服饰；在供应链效率方面，数据显示，D 企业的上新周期仅为 8～12 天，库存周转速度明显加快，平均存货周期为 173 天，相比协调前的 201 天大幅下降。由此可见，D 企业的各渠道实现了良性互动，发挥了完全的协同效应，带来了整个供应链效益的同步提升。

在经济全球化和电子商务飞速发展的背景下，市场需求日益主体化、个性化和多样化。除了外部环境问题，许多电子商务企业也面临缩短交货期、提高产品质量、降低产品成本和改进服务的压力。D 企业在面临这些压力的情况下，凭借自身多年的供应链管理和改革经验，在对供应链协调机制进行充分研究、分析、设计的基础上，在电子商务供应链协调上做出了许多积极尝试，并且取得了良好的效益，同时也对同类型电子商务企业的发展具有一定指导作用。

思考与练习

1. 选择题

（1）根据协调的层次分类，供应链协调不包括（　　　）。

    A. 功能内部协调　　　　　　　　B. 功能间协调

    C. 企业间协调　　　　　　　　　D. 与政府间协调

（2）供应链协调最终的目的是（　　　）。

    A. 减少供应链成员间的冲突　　　B. 减少信息不对称

    C. 建立共同目标　　　　　　　　D. 提高供应链的整体绩效

（3）供应链契约的意义不在于（　　　）。

    A. 降低供应链的总成本　　　　　B. 改善节点企业间的沟通交流

    C. 让企业承担风险　　　　　　　D. 提高供应链的整体绩效

（4）回购契约的优点主要是（　　　）。

    A. 减轻零售商的压力　　　　　　B. 实现信息共享

    C. 使客户获利　　　　　　　　　D. 减少成本

（5）信息共享的主要内容不包括（　　　）。

    A. 客户的需求信息　　　　　　　B. 库存信息

    C. 产品质量信息　　　　　　　　D. 企业财务信息

2. 填空题

（1）供应链失调的原因包括＿＿＿和＿＿＿。

（2）供应链协调的方法有＿＿＿、＿＿＿和＿＿＿。

（3）常见的供应链契约有＿＿＿、＿＿＿、＿＿＿、＿＿＿、＿＿＿和＿＿＿。

3. 简答题

（1）简述供应链协调和供应链契约的概念。

（2）供应链协调和供应链契约是什么样的关系？

（3）供应链协调和供应链契约的类型有哪些？

（4）典型的供应链契约协调模型有几种？建立模型的意义是什么？

（5）结合生活实际概括供应链协调对社会的意义。

（6）简述供应链契约对供应链协调的作用。

4. 论述题

无论是前文所说的 D 企业还是"案例分析"中的华硕等电子商务企业，它们为了提高整体绩效都在供应链协调上付出了巨大的努力。请描述一下它们都采取了哪些共同的措施，以及通过协调给自身和社会带来了什么益处。

案例分析

华硕的供应链协调

华硕致力于为个人和企业用户提供具有创新价值的产品及应用方案。华硕的业务遍布全球，其供应链也存在于全球各地，华硕与供应链各成员之间的有效协调为其创造了良好的效益。

在生产分销协调和库存分销协调方面，华硕在与供应商的协调上下足了功夫。首先从华硕所在的电子商务供应链的上游来看，为了集成企业的优势，供应商的系统与华硕的系统实时连接。华硕通过信息系统和网络，利用 EDI，使上游的供应商能够及时准确了解企业所需零件的数量、时间，从而降低了存货，这就是"以信息代替存货"。

为了加强电子商务供应链上的信息协调，华硕提升了电子商务供应链上的信息流通速度和透明度。和华硕做生意的供应商必须清楚出货计划，以免库存过多或库存不够。华硕也必须掌握整条供应链上的库存情形，确保每家企业的运作正常，这牵涉双向的信息流通和信任。

通过对电子商务供应链进行协调与管理，华硕建立了自己的竞争优势：通过与供应商建立战略合作伙伴关系，优化了供应链成员间的协同运作管理模式，实现了合作伙伴之间的信息共享，促进了企业间的工作协调；通过在全球范围内优化合作，各个节点企业将资源集中于核心业务，充分发挥其专业优势和核心能力，最大限度地缩短了产品开发、生产、分销、服务的时间和空间距离；通过战略合作充分发挥电子商务供应链协调的优势及作用，实现优势互补和资源共享，共生出更强的整体核心竞争能力与竞争优势。

讨论：

为了促进电子商务供应链的协调，华硕采取了什么措施？

第9章 电子商务供应链成本管理

教学目标

1. 了解电子商务供应链成本管理的定义和方法。
2. 掌握电子商务供应链成本的构成及管理方法。

供应链成本管理
与电子商务
供应链成本管理
概述

引导案例

"物流冰山"理论

"物流冰山"理论是日本早稻田大学西泽修教授提出来的创造性见解，他研究物流成本时发现，依靠现行的制度和方法都不可能掌握物流费用的实际情况，因而人们对物流费用的了解是一片空白，甚至有虚假性，他把这种情况比作"物流冰山"。冰山的特点是大部分位于水面之下，露出水面的仅是冰山一角。物流便是"冰山"，沉在"水面"以下的是我们看不到的黑色区域，而看到的不过是物流的一部分。尤其是我们根据现有的数据认识到的物流成本，远远不足以反映实际的物流成本，这是人们忽视物流的重要原因。"物流冰山"理论如图 9-1 所示。

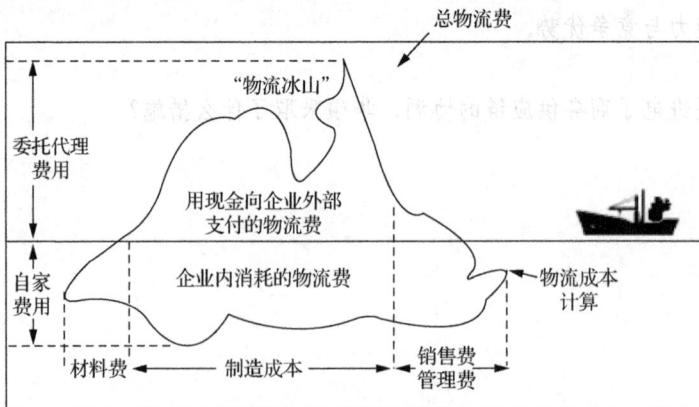

图 9-1 "物流冰山"理论

思考：

物流的潜力所在就像冰山水下部分尚待开发的领域，而物流成本支出占据企业总成本的巨大份额，降低物流成本一直是困扰企业的重要问题，那么企业该如何进行成本管理，从而降低成本，使利润最大化？

9.1 成本管理与供应链成本管理

近年来，供应链成本管理引起了足够的重视，一方面是因为企业之间的竞争进一步被供应链之间的竞争取代，另一方面是因为随着企业内部制造成本管理方法的日渐完善与成熟，成本优化潜力只能通过管理整个供应链成本来获得。这也意味着供应链成本管理是现代成本管理发展的必然趋势。

9.1.1 成本管理概述

1. 成本管理的定义

成本管理充分动员和组织企业全体人员，在保证产品质量的前提下，对企业生产经营过程的各个环节进行科学合理的管理，力求以最少生产耗费取得最大的生产成果。

2. 成本管理的过程

要成功实施成本管理和提高成本管理水平，首先要认真开展成本预测工作，规划一定时期的成本水平和成本目标，对比分析实现成本目标的各项方案，进行有效的成本决策。然后应根据成本决策的具体内容，编制成本计划，并以此作为成本控制的依据，加强日常的成本审核监督，随时发现并减少生产过程中的损失浪费情况，在平时要认真组织成本核算工作，建立健全成本核算制度和认真落实各项基本工作，严格执行成本计划，采用适当的成本核算方法，正确计算产品成本。

产品成本是指为生产一定种类和数量的产品所产生的全部生产费用。企业在生产过程中生产各种工业产品（包括成品、自制半成品、工业性劳务等）、自制材料、自制工具、自制设备以及供应非工业性劳务要产生各种耗费，这些耗费称为生产费用。

3. 成本管理的作用

成本管理是企业管理的一个重要组成部分，它要求系统而全面、科学而合理，它对于促进增产节支，加强经济核算，改善企业管理，提高企业整体管理水平具有重大意义。

什么是成本

第9章 电子商务供应链成本管理

155

9.1.2 供应链成本管理概述

1. 供应链成本管理的定义

供应链成本管理（Cost Management in Supply Chain）主要管理企业在采购、生产、销售过程中为支撑供应链运转所产生的一切物料成本、劳动成本、运输成本、设备成本等。供应链成本管理是一种跨企业的成本管理，将成本的含义延伸到了整个供应链上企业的作业成本和企业之间的交易成本，其目标是优化、降低整个供应链的总成本。

2. 供应链成本管理与传统成本管理的区别

供应链作为一种新型的"价值链""成本链"结构，其成本管理追求"通过成本进行管理"。供应链成本管理是一种跨组织的成本管理，它将成本管理思想拓展到了整个供应链，意味着成本管理方法跨越了企业边界，其表现出与传统成本管理不同的特点。供应链成本管理与传统成本管理的区别如表 9-1 所示。

表 9-1　供应链成本管理与传统成本管理的区别

项目	供应链成本管理	传统成本管理
管理目标	改善服务和降低成本的兼容性	实现成本与服务水平的平衡
管理模式	需求拉动型	生产推动型
管理核心	利用成本加强竞争优势	单纯降低成本
管理范围	扩展到开发、设计、供应、销售领域，考虑供应商和客户的关系成本、产品的全生命周期成本、物流和服务成本等	生产领域制造成本
管理特性	层次性、整体性、系统性	以单个业务为对象的单纯经济

传统成本管理仅考虑企业内部的成本，关注的是企业内部成本的逆向分配，从而确定产品的成本，而将其他潜在的成本对象，如供应商和客户之间的成本看作一般的管理费用强行分配到产品的成本中，或将其作为期间费用归入利润表，没有考虑组织间的关系成本。供应链成本管理拓展了传统成本管理的范畴，使成本管理跨越企业的边界，是跨组织的成本管理。

3. 供应链成本管理的原则

（1）成本效益原则。供应链中成本管理的目的是以适当的成本实现高质量的顾客服务。不能无限度地提高服务水平，否则成本上升的速度太快，会造成服务效率对应的销售收入水平的提高速度跟不上成本增加的速度。若效率提升所带来的经济效益不能弥补成本的增加，这将会影响供应链的整体效益。

（2）客户需求导向原则。供应链成本管理是一种需求拉动型的成本管理模式。这种模式下，企业将客户需求及客户订单作为生产、采购的动力，以控制资金占用。需求拉动生产，即有市场需求才组织生产，企业的产、供、销等经济活动都要适时适量，从而达到减少存货占用资金、仓储费用、存货损失和价值损失等目的。

（3）从供应链联盟的整体出发控制成本的原则。传统的成本理论强调企业间的竞争，而忽略合作。成本管理也较重视交易过程中的价格比较，通过供应商的多头竞争，从中选择价格最低者作为合作者。供应链的整体性体现在企业自身流通环节的整合和与上下游各节点企业间的整合两个方面。供应链成本管理，就是要摒弃传统的、将部门分割的管理思想，把企业内部以及节点企业之间的各种业务看作一个整体功能过程，形成集成化供应链管理体系。集成化供应链管理思想要求企业通过整合，使供应链整体成本最优。

（4）多样化原则。供应链成本管理的有效实现主要依靠信息技术和供求信息在企业间的整合，建立客户管理系统、供应链管理系统、合作伙伴关系管理系统、全球采购系统和电子商务系统等技术支撑体系，改善企业传统业务标准，降低成本。

（5）合作、信息共享原则。在传统模式下，采购商很难参与供应商的生产组织过程和有关质量控制活动，相互间的工作是不透明的，这就加大了验收时的质量控制难度。在采购过程中，采购商处于有利位置，往往截留部分需求信息，人为设置沟通阻碍，同时供应商们也可能隐瞒部分信息，采购双方都限制了有效的信息沟通。信息不对称，增加了采购双方的成本。信息共享对于供应链合作伙伴来说是至关重要的，无论是供应商还是采购商，都应随时获得反映供应链运行情况的信息。因此，供应链成本管理应加强上下游供应商合作伙伴的沟通，实现信息共享，从而实现共赢。

4. 供应链成本管理的流程

（1）就管理成本的必要性达成一致。这一阶段的任务包括选择项目，成立一个包括关键供应商、内部和外部利益相关者在内的跨职能团队，并从不同的角度确定团队的目标。

（2）找出供应链中的关键成本。跨职能团队的工作是确定现金如何在各自的企业和供应商之间流动，明白供应链中的哪些环节会产生成本，从而找到关键成本。

（3）衡量每种成本。一旦找到供应链中的各种成本，就需要衡量每种主要成本或次要成本，可以采用成本法的基本公式，确定各项成本的管理次序。

（4）确定关键成本驱动因素并制定战略选择。选择一个驱动因素作为关键成本驱动因素，此举可以由跨职能团队来完成，该团队还需根据选出来的成本驱动因素制定一系列战略选择。

（5）减少、改变或消除引发成本的活动。根据确定的关键成本驱动因素，选择一系列的成本战略，以减少、改变或消除一个或多个成本驱动因素。

（6）制订行动计划。这一阶段的任务是为每个战略制订必要的行动计划，包括确定谁做什么、如何做以及何时做。

（7）根据成本监控指标来审核行动计划的实施情况。成本监控指标用来审核行动计划是否实施，以确保不仅完成了行动计划中的某一项行动，还根据某个特定成本驱动因素的数值变化衡量了其所造成的影响。

（8）持续改善和优化流程。供应链成本管理是一次漫长的旅行，如果供应链成本管理流程对于一组关键成本或次要成本的管理与控制是有效的，则我们就可以对其他成本、成本驱动因素或战略开展类似的工作。

9.2 电子商务供应链成本管理概述

9.2.1 电子商务供应链成本管理的定义

电子商务供应链成本管理在供应链成本管理的基础上补充了电子商务的理念，故可以理解为借助互联网服务平台，利用信息技术对供应链上的各个主体在运行过程中产生的各种成本进行控制的管理方法。其内容主要包括管理运营成本、交易成本（如采购成本、生产成本、销售成本）、物流成本（如运输成本、库存成本等）和其他成本（如损耗费、售后成本等）。

9.2.2 电子商务供应链成本管理的方法

（1）设计和优化供应链分销网络，确保广大客户方便、快捷地获得产品。

（2）建立供应链合作伙伴关系，积极推行"零库存"策略，实现仓储成本和库存持有成本的降低。

（3）加强供应链配送管理，在满足客户要求的前提下，以最低的成本将产品送到客户手中。

（4）借助网络和信息技术，促进供应链上下游企业之间的信息沟通，确保上下游企业的销售和生产计划保持一致。

（5）建立供应链相互信任关系，形成自我监督机制，促进供应链总产出增加，控制供应链物流运作总成本，努力实现供应链效益最大化。

（6）建立合理的供应链利益分配机制，增加各节点企业共同进行成本控制的积极性和动力，降低供应链总成本。

课堂讨论

电子商务企业在进行销售成本控制的过程中，可以运用大数据技术，分析产品销售情况，避免产品累积而导致企业库存成本过高。大数据技术的应用，还能够帮助销售人员提高销售业绩，通过全面分析客户的购买需求，实现平台同类产品自动推送，提高客户的购买效率。例如，电子商务企业为提供优质的推送服务，可在平台中应用大数据分析技术掌握客户购买及浏览的产品，节省产品运输时间，同时利用大数据挖掘技术，对客户进行全面分析，并为客户提供有针对性的服务，满足客户的需求，并且可以通过明确关键词确定客户的性格，从而提高服务水平。

我国电子商务企业是如何进行供应链成本管理的？

9.2.3　电子商务供应链成本的构成

1. 平台运营成本

顺应大数据时代的发展，很多单纯依靠线下销售的企业受到严重影响，因此必须改变企业的发展模式。在供应大于需求的时代，电子商务企业为确保取得更高的经济效益，需要花费较高的运营成本来满足客户的期待，从而在激烈的行业竞争中实现经济收益最大化。

2. 交易成本

交易成本是指在供应链环节为处理各节点企业主体之间的信息和沟通所付出的成本。在供应链上，从产品生产、加工至最终送达客户手中，所涉及的主体非常多，包括供应商、制造商、分销商、零售商及最终客户。当前，一些企业对产品生产环节的重视远远超过了对产品销售环节的重视，这容易造成产品销售困境。核心企业应高度重视与各主体的战略合作伙伴关系，加强沟通，减少流通环节，尽可能降低交易成本。

3. 物流成本

所谓物流成本，是指生产加工各环节所消耗的物流费用，即从最初的原材料供应到最终将产品运送至客户手中这一过程中所消耗的全部物流费用。电子商务企业由于经营的业务种类繁多，无法针对各种产品展开市场调研，从而无法确定产品的目标消费群体，导致无法根据产品特性在不同市场销售合适的产品，制订合适的销售计划，难以对产品销售量进行预测。一旦预期市场需求大于实际市场需求，电子商务企业会有一部分产品剩余，进而产生库存成本。

什么是物流成本

4. 其他成本

产品在供应链各环节会产生一定的损耗，且损耗会随着时间和运输距离的增加而增加，具体损耗主要体现在以下几个方面。①原材料的损耗，主要指产品的原材料在运输及储存过程中因作业方式不合理等所造成的损耗。②仓储过程中的损耗。很多产品生产完成后，不能快速销售出去，可能会因为仓储方式、仓储地点不符合产品对温度、湿度的要求，造成产品腐烂变质进而产生损耗。③运输过程中的损耗，主要是指因运输环境不达标或装卸搬运不规范所造成的产品损耗。

9.2.4 电子商务供应链作业属性成本管理

1. 面向作业的电子商务供应链成本管理

所谓作业，是指企业为了实现生产经营目标所进行的与产品相关或对产品有影响的各项具体活动。而作业链是指相互联系的一系列作业组成的链条。供应链实质上是一条为了满足客户需要而建立的一系列有序的作业集合体，即作业链。对供应链的作业进行成本管理是供应链成本管理的重要内容之一。

下面从供应链成员的角度（供应链成员主要指制造商、供应商、客户），对面向作业的电子商务供应链成本进行管理。

（1）制造商成本管理。

① 产品设计成本。在电子商务供应链环境下，供应链产品设计管理必须通过将客户和供应商集成到产品研发流程中，来减少产品研发到产品市场化的时间。随着产品生命周期的缩短，制造商要具有竞争力，就必须在更短的时间内完成产品研发。

② 产品生产成本管理。在现场，降低成本的最佳方法是消除资源的过度耗用。为了降低成本，企业必须同时开展以下 7 项活动：改进质量，提升生产力，降低库存，缩短生产线，减少机器停机时间，减少空间，缩短生产交付期。其中以改进质量最为重要，其余 6 项成本降低活动可以视为广义的过程质量控制的一部分。

供应商和采购商可以通过以下 4 种合作方式进一步降低成本。①采购商将自己的制造工艺专门经验传授给供应商，从而协助供应商寻找以更低的成本生产采购商所需的零部件的途径。②采购商在不改变产品功能性的前提下，通过改变产品的设计协助供应商开发新的、成本更低的零部件。③采购商在不改变产品设计的前提下，通过改变生产流程来适应零部件的改变。例如，采购商可以同意亲自完成某些加工工序并降低对供应商的支付价格，或者采购商可以将某些加工工序转移给供应商并调高对供应商的支付价格。④其他方式。例如，采购商可以利用供应链的联合采购力量讨价还价，从而获得比供应商单独采购更优惠的折扣。

③ 电子商务中制造商作业成本控制步骤。

A. 作业增值性确认。作业增值性确认是指辨别作业是增值作业还是非增值作业。增值作业是为供应链和客户带来利润的作业，它们是企业赢利的关键。增值作业有两种类型：给客户带来价值的作业与保证供应链正常运转必不可少的作业。非增值作业是可以消除或减少的，但不会对客户的需要和供应链的竞争力造成影响的作业，是一种浪费。供应链系统面对非增值作业应考虑的不是如何使其更有效率，而是应如何消除它。

B. 作业重构。作业重构是从作业层次上重新设计组织的各项工作，由于作业是组织的各项基本活动，所以作业重构包括重构组织架构、重构供应链系统等方面。在进行作业重构时，企业需要注意以下两个方面的内容。一是努力寻找成本产生的根源。有的非增值作业，如移送原材料不能被完全消除，有时很多企业就会想方设法使这项非增值作业更有效率。然而，企业更应将注意力集中在移送原材料作业成本产生的根源上，从而找出降低成本的措施，而不应只看到成本产生的表面原因，应努力寻找深层次的根本原因。二是保持简单性。简单性是作业重构的一个重要原则。一般来说，复杂性都会引起成本的增加，企业内部通常存在一些产生复杂性的因素，分析这些因素有助于管理者找到成本产生的根本原因。

C. 标杆瞄准。完成作业重构，并不意味着增值作业本身能高效率地工作并产生高效益，因此企业还必须对增值作业进行改进和完善，也就是将供应链与先进的供应链系统进行比较，以先进的供应链系统为基准，争取使供应链达到或超过它的水平。电子商务供应链企业首先要详细了解自身的作业，找出最有问题的作业，也就是最应该改进的作业，然后再去了解作为基准的供应链系统是怎样做的。需要说明的是，市场竞争促使基准不断提高，供应链作业改进的目标也在不断调整，如此作业成本控制就变成了一个动态循环的过程。

（2）供应商成本管理。供应商成本管理的核心是供应商关系管理。企业可通过选择优秀的供应商来建立稳固的合作关系，降低成本和提高品质；通过缩短来料提前期和签订一揽子采购协议，降低采购成本和经营费用；通过吸纳供应商参与产品的设计、物料的接收和支付程序，使成本最小化。

① 基于成本的供应商选择问题。对大多数企业来说，采购成本占产品总成本的70%以上，一些企业为了节省人力成本，在采购环节安排的人员数量相对较少，同时可能没有根据自身的需求制定监管制度，这其中某些信息偏差可能会导致电子商务企业采购成本大幅度增加。除此之外，部分电子商务企业在实际开展业务的过程中，并没有落实每一环节的工作，表现为各部门之间缺少沟通交流，无法实现信息共享，尤其是采购部门，如果掌握的信息不够全面，对市场供需关系的了解不够充分，将影响对采购成本的合理控制。

企业合理地选择供应商将直接影响企业降低成本、增强柔性、提高竞争力的效果。企业应通过对各个不同供应商的采购成本的比较，选择成本较低的供应商。

② 供应商选择的作业成本法。作业成本法能够将供应商成本按照因果法进行分摊，使产品成本分摊到属于它们的特定采购成本中去，而不再是将采购成本平均分摊到全部产品上。

（3）客户成本管理。"80/20 法则"认为，80%的利润来自20%的客户，即少量客户为企业创造了大量的利润。每个客户对企业的贡献率是不同的，这就决定了企业应充分关注重要客户，将有限的营销资源用在能为企业创造大量利润的重要客户上。开展电子商务供应链客户成本管理工作的主要步骤如下。①建立客户数据库，获取客户信息。②核算客户服务成本。③分析客户类型与制定策略。④管理不能为企业创造收益的客户。

2. 面向质量的电子商务供应链成本管理

质量成本是企业质量管理活动的财务表现，是产品成本的一个组成部分。电子商务企业对电子商务供应链质量成本进行统计、核算、分析、报告和控制，不仅可以找到降低生产成本的途径，促进经济效益的提高，同时还可以监督和指导质量管理活动的正常进行。

什么是质量成本

（1）面向质量的电子商务供应链成本内容。

① 预防成本：为了保证企业所销售产品质量的稳定和提高，控制工序质量，减少或防止产品缺陷和不良品产生而采取相应措施所支付的各项费用。

② 鉴定成本：用于检验和试验，为评定销售产品是否符合所规定的质量水平所支付的费用。

③ 内部失败成本：产品在交货前由于发生质量缺陷而造成的损失，以及为处理质量问题所产生的费用之和。

④ 外部失败成本：交货后因产品不能满足质量要求所造成的损失，如保修、保换、包退、撤销合同及有关质量的赔偿、诉讼费用等。

（2）面向质量的电子商务供应链成本管理概述。对于供应链，质量概念来自客户的理解，质量工作源于客户需求，终结于客户的理解。电子商务环境下，客户在购买产品之前对于产品质量是未真实感知的，如果收货后发现产品质量与预期大相径庭，会导致企业的客户信赖度降低。因此，企业必须将客户的心声贯穿于设计、加工、配送的过程，企业不仅要关心产品质量，而且要关心广告、原材料供应、销售、售后服务等活动的质量。

供应链的"过程质量"是通过实施各节点企业的全面质量管理，达到零缺陷输入和零缺陷输出，实现基于"双零"（零库存、零缺陷）的精细供应链目的。"双零"是人们追求的理想目标，它给企业提供了不断改进和努力的方向。节点企业的过程质量模型如图 9-2 所示。

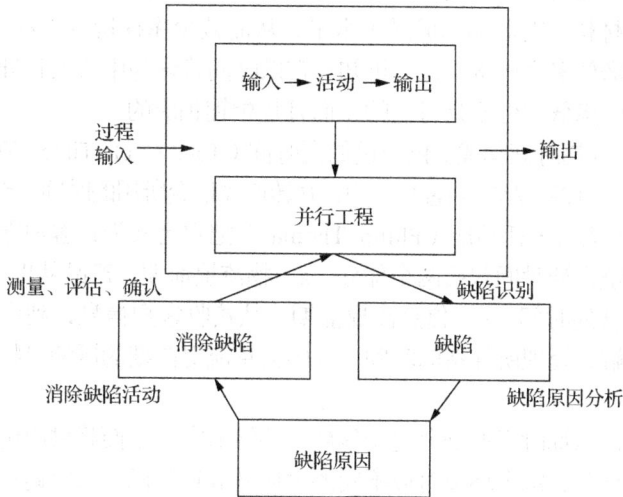

图 9-2　节点企业的过程质量模型

3. 面向时间的电子商务供应链成本管理

（1）面向时间的电子商务供应链成本管理内容。社会经济的发展加剧了市场竞争，大大加快了社会生活的节奏。速度经济对电子商务供应链成本管理提出了更高的要求。①基于时间资源的有限性，供应链各节点企业应实施关键资源消耗的重点管理，才能提高管理效率和市场反应速度。②基于产品需求对时间的敏感性，供应链成本管理必须识别不同产品间产出速度的差异性，关注系统的时间消耗，使有限资源产生最优的经营绩效。③速度经济下，电子商务供应链成本管理必须从企业整体出发，最大限度地避免局部最优而整体不优的问题产生，提高管理的有效性。

（2）面向时间的电子商务供应链成本管理概述。

① 时间、质量和成本的相容。时间被视为帮助企业获得长期竞争优势的很多重要因素的共同点，时间管理思想有助于企业获得质量竞争优势和成本竞争优势，具体分析如下。

A. 时间管理有助于提高质量管理水平。产品质量越高，用于补救的时间就会越少。若产品缺陷较多，则会产生大量的返修工作，扰乱了正常的生产秩序，造成交付周期的延长。如果质量问题出现在制约环节，则还会降低制约环节的效率，直接影响企业的产出。

B. 交付周期的缩短有助于企业降低成本。时间压缩能给供应链带来成本的减少，主要包括以下 6 个方面。a.缩短新产品的上市时间，从而减少供应链产品生产初期的投产成本和风险。b.提高产品质量，从而减少质量成本。c.提高供应链系统的产出率和生产率，从而减少管理费用、劳动力和设备成本。d.增强供应链系统的柔性，从而减少实现产品多样化的成本。e.缩短响应时间，降低整个供应链系统的库存（包括原材料、在制品和成品）水平，从而减少库存持有成本。f.加快资金周转速度，从而降低资金成本。综上可知，在以时间管理为中心的管理思想下，速度的提高与成本的降低非但不是对立的，而且是相辅相成的。

② 供应链周期时间构成。供应链周期时间（Total Cycle Time，TCT）是指供应链从接收订单，到将产品交到客户手中，并转换成现金所用的时间，也称为供应链系统的提前期。菲力普·托马斯（Philip Thomas）把它定义为：客户需要到客户满足的时间。供应链周期时间包括两个部分。a. 物流提前期，产品从供应链的最上端，流向客户所耗费的时间。b. 信息流提前期，从接收客户信息，到信息向上传递并被各级企业理解、处理所耗费的时间。其中信息流提前期的压缩对物流提前期有巨大的影响。

上述供应链周期时间的划分过于笼统，不够清晰，下面将供应链系统的整个流程分解为4个环节，每个环节对应不同的供应链周期时间。供应链周期时间构成如图9-3所示。

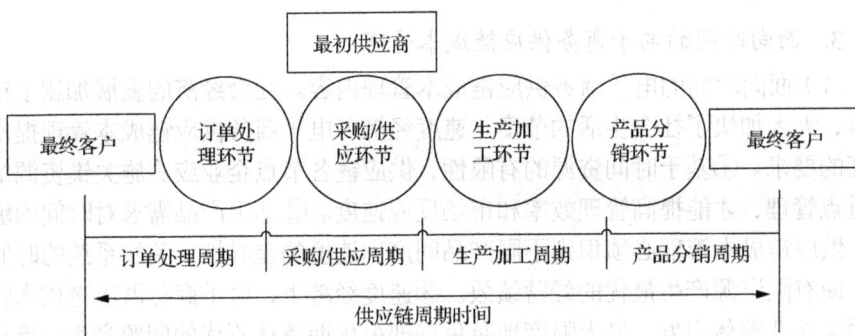

图9-3 供应链周期时间构成

可以看出，供应链周期时间由订单处理周期、采购/供应周期、生产加工周期、产品分销周期4个部分构成，各部分具体内容如表9-2所示。

表9-2 供应链周期时间具体内容

构成	具体构成	主要内容
订单处理周期	订单汇聚与传递时间	最终客户订单进入核心企业之前经过分销网络的处理过程的时间,包括零售商和分销商对订单的汇编与整理等过程所用的时间
	订单预处理时间	订单从进入核心企业到进入订单库房的时间,包括订单录入、编排等过程所用的时间
	订单后处理周期	订单在核心企业的仓库中等待分解的时间和生成主生产计划的时间

构成	具体构成	主要内容
采购/供应周期	采购预处理时间	采购订单发出之前的处理过程所用的时间，包括报价、确定供应商、商务谈判、订单签订、合同审批等所用的时间
	采购订单处理时间	供应商接收订单及发货到指定地点的时间，包括采购、制造、发运等所用的时间
	采购后处理时间	从接收地收货、点数、检验到接受入库的时间
生产加工周期	生产准备时间	由生产排序时间、原材料库存时间、发料时间等构成
	生产制造时间	从在第一个工序或工位上开始到通过所有工序加工完成的时间
	入库时间	从车间收货、点数、检验到接收成品入库的时间
产品分销周期	分销预处理时间	配送订单生成时间和其发出之前成品在库存中的滞留时间
	配送时间	从接到配送订单，在成品库中集货、将产品装车配送到最终客户所消耗的时间

③ 供应链周期时间管理。

A. 供应链周期时间不合理的原因。供应链周期时间不合理的原因有许多，综合起来，主要表现在 3 个方面：供应链尤其是物流作业过程的不合理、客户需求的不合理、环境的不合理。

B. 供应链周期时间合理规划的方法。

a. 供应链周期时间构成因素的主次判别。供应链周期时间合理规划中的一个关键点就是对其构成因素进行主次判别，分析供应链周期时间构成因素的主次，研判因素对供应链周期时间变化的影响大小：影响最大的因素就是压缩供应链周期时间的焦点，也是供应链周期时间合理规划关注的焦点。

b. 时间压缩策略。供应链管理的战略目标是建立一个无缝供应链（Seamless Supply Chain），要求整个供应链如同一个实体进行运作，从而有效地满足最终客户的需求。时间压缩策略就是通过构筑时间竞争优势，寻求各种手段压缩、减少供应链中非增值业务时间来实现供应链增值。例如，图 9-4 中的材料库存和产品库存非但不增值还占用大量成本，是时间压缩策略的主要作用对象。

物流时间压缩可以从 3 个方面进行：企业内部物流的时间压缩，企业之间物流的时间压缩，建立合作伙伴关系的时间压缩。

c. 客户需求管理。客户有不同需求，节点企业应提高对有效客户需求进行准确判断的能力，提供便捷的可得性渠道、良好的售前售后服务，明确客户服务的要素及其评价标准，根据客户需求和企业发展要求建立可操作的评价体系来评估提供给客户的价值，用来确定现有系统的有效性，同时对系统持续进行改进。例如，根据客户需求的不同，供应链企业合理使用迟延化策略。

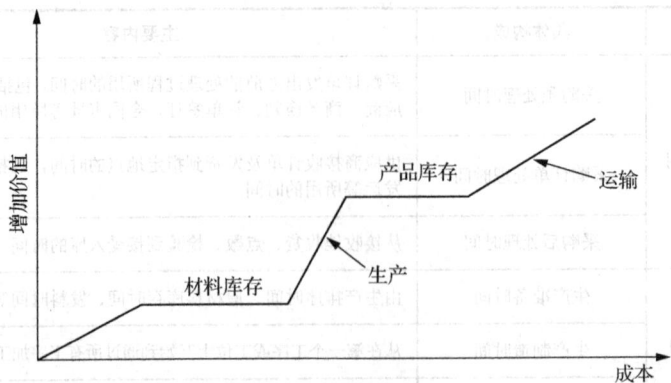

图 9-4　供应链中的非增值业务

9.3　电子商务供应链成本管理方法的应用

部分电子商务企业目前仍存在利润水平偏低、成本管理不受重视等问题。本节以成本管理、供应链成本管理理论为基础，从供应链理论视角探究以 J 企业为代表的电子商务企业优化成本管理的措施，可以为电商企业进一步改善成本管理、实现发展目标提供思路，为其他同行企业的成本管理提供具有可行性的参考建议。

9.3.1　J 企业简介及存在的问题

J 企业成立于 1998 年，2004 年年初正式进入电子商务领域，是一家自营式电子商务企业。2014 年 5 月，J 企业在纳斯达克证券交易所成功上市，成为我国第一家成功在美国上市的综合性电子商务企业。J 企业通过互联网网站和移动客户端，以较低的价格为客户提供丰富的优质产品和服务，业务覆盖家用电器、数字通信、计算机、服装等领域，其 2021 年全年净收入达 9516 亿元。

在零售企业的供应链中，核心企业处于供应链的关键位置，即整个供应链的调度和管理中心，负责信息集成和交换，在采购规模、订单处理速度和客户方面发挥重要作用。结合 J 企业的具体情况，总结出 J 企业电子商务供应链成本管理存在的问题为：采购成本高，销售成本高，库存成本高，物流成本高。

9.3.2　J 企业电子商务供应链成本管理方法的应用

为改善成本管理现状，提升竞争力，J 企业将结合实际发展情况与先进的同业经验，针对电子商务供应链成本管理过程中存在的问题，具体从采购成本、销售成本、库存成本、物流成本 4 个方面来进行成本管理。

1. 深化协同，节约采购成本

（1）采购环节的成本构成。采购环节成本构成如表 9-3 所示。

表 9-3　采购环节成本构成

采购环节的成本构成	定义
交易成本	与供应商谈判、协商、签约等一系列活动的成本
信息成本	由于信息不对称造成的不能有效选择优质供应商所产生的成本
产品成本	产品的价格
人工成本	为采购人员支付的工资
订货成本	包括订单处理成本、运输费、保险费、装卸费

企业在供应链中的采购指的是购买产品与服务的总和。J 企业作为零售电商，几乎所有的产品都需要采购，因此，采购环节对于 J 企业来说至关重要，在该环节，J 企业面临巨大挑战。

（2）大数据背景下的采购环节成本控制。

① 大数据背景下的采购环节。J 企业运用大数据技术让采购不仅局限于购买，随着 J 企业数据分析能力的增强，采购的意义变得更广，也更具有战略性。大数据背景下的智能化采购可以为 J 企业解决问题，创造竞争优势。因此采购不仅是购买，更要求 J 企业与目标供应商建立紧密、长期的工作关系。大数据能帮助 J 企业提前制定策略以应对风险，改进企业控制成本的流程，分析供应商的特点和产品特点，挖掘和存储供应商数据，使采购人员更全面地了解供应商，从而增加谈判筹码。由于 J 企业可以购买到物美价廉的产品，所以在一定程度上缩短了采购时间，降低了采购成本。

② 大数据背景下的补货环节。大数据技术可根据支持关系网络分析订单基础数据，这就提供了往哪儿补的基础。智能补货系统根据全网的库存情况，分析节点补货的成本，如哪一种最划算，需要补充多少；还能根据历史数据、分析和预测技术，预测每种商品的库存数量，并比较和分析供应商的供应水平；根据补货模型全面计算订单率，并为符合订单要求和条件的供应商提供自助订单，做出最优决策，快速补货。J 公司使用智能补货系统，缓解了采购人员的压力，减少了复杂的参数设置环节，打通上下游系统，降低了企业的信息成本、交易成本，也降低了 J 企业的谈判成本。智能补货系统由于不再需要人工预测，补货任务不必 24 小时待命，所以，J 企业大数据补货平台也降低了企业的人工成本。图 9-5 所示为 J 企业自动补货流程图。

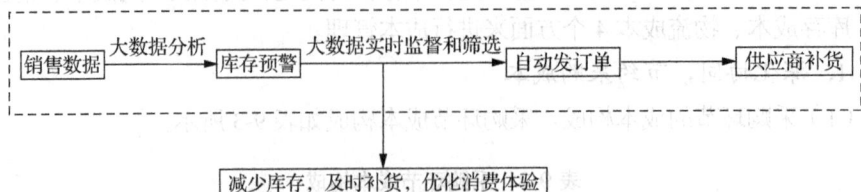

图 9-5 J 企业自动补货流程图

③ 在大数据背景下建立成本报价模型。J 企业还利用大数据建立特点突出的成本报价模型，面对海量数据对同一产品的所有供应商的产品质量、自身条件和报价进行归集整合，得出最优成本模型，对各个供应商进行情景模拟和最优组合，当供应商出现交货延期等情况或价格产生变动时，输入变量即可得出最优解决方案，迅速精准地找到可替换的供应商，从而找到成本最优的解决方案，降低采购成本。大数据平台还可以预测购货的周期和订货量，从而降低订货成本。

④ 在大数据背景下对供应商进行分析和评价。J 企业还通过大数据技术分析和评估供应商数据，如利用大数据技术评估和监督供应商产品的售后业绩，对优质供应商和劣质供应商进行分类，制定不同的管理策略。J 企业根据实际情况对供应商资质、价格、质量、服务做出更为合理的评价，用数据说话，降低了人工成本和时间成本。

2. 精化营销，节约销售成本

（1）销售环节相关成本分析。销售环节的成本主要有人工成本，如销售人员进行市场调查和判断耗费的成本；营销成本，包括为销售花费的广告成本，必要的工商税费等，还有为长期销售搭建销售优化模型所产生的成本。

（2）大数据背景下的销售环节成本控制。大数据技术可以用于分析 J 企业的销售活动中的诸多方面，在营销方面的应用如下。

① 大数据背景下的销售预测。在 J 企业消费过的客户都会留下搜索过的关键词和浏览记录，J 企业平台根据客户搜索过的关键词和浏览记录进行分析，将分析结果作为推出产品、销售产品的重要参考。J 企业还根据客户输入的关键词来对客户期望的产品外观和功能进行研发，打造客户喜欢的产品。J 企业还将这些信息反馈给供应商和制造商，为其进行产品设计提供合理的建议，这就可节约销售环节市场调查和判断耗费的成本。

② 大数据背景下的智能定价。保持价格竞争力对于电商企业至关重要，面对不同品牌的同一款产品，价格往往是影响客户选择在哪里购买的最重要的指标。面对电商企业内数以亿计的产品，供应商开放实施调价功能就尤为重要，J 企业和供应商达成合作，供应商自动调价，做到信息共享，从而降低因信息沟通不及时所带来的成本，图 9-6 所示为 J 企业大数据实时调价流程图。

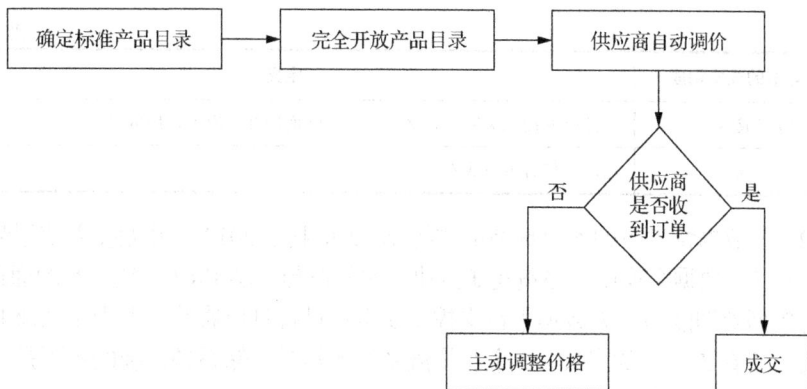

图 9-6　J 企业大数据实时调价流程图

　　③ 大数据背景下的优惠券发放。J 企业大数据平台基于大量销售模型整理得出产品售价模型，而优惠券作为一种营销利器，是推动客户消费的有效工具。优惠券利用价格优势撬动客户心理的杠杆，广泛应用在促销、引流和行动激励等场景中。随着 J 企业的不断发展和壮大，优惠券将发挥其作用，同时 J 企业也降低了销售营销成本。优惠券足以抓住客户的消费心理，与其他促销方式相比，使客户产生了一种自己赚了一笔钱，如果不利用就白白流失了的心理，所以吸引和锁定客户的效果非常明显，达到了 J 企业产品营销的目的，提高了知名度，吸引更多的消费者进入市场。

　　④ 大数据背景下的产品价值挖掘。J 企业运用大数据技术对购买过产品的客户的消费评价进行分析，挖掘产品的功能价值。随着客户对生活品质和服务体验的要求越来越高，客户对 J 企业搜索系统的精准性提出越来越高的要求。面对海量数据，J 企业如果能提高搜索的准确性，使客户在小范围内就能筛选出自己心仪的产品，就可以极大地优化客户的购物体验，J 企业恰恰抓准了消费者的心理，精准营销，从而降低长期营销的投入成本。

　　越来越多的人不再单纯为产品买单，而是追求一种高品质的服务。大数据技术帮助 J 企业提升服务效率，降低服务成本，提高服务质量，也为客户创造更为极致的电商购物体验。

　　3. 智能仓储，节约库存成本

　　（1）库存环节的成本构成。J 企业库存环节的成本由持有成本、缺货成本、客户成本、人工成本构成，具体如表 9-4 所示。

表 9-4　库存环节的成本构成

库存环节的成本构成	定义
持有成本	管理库存需要承担的费用开支，包括仓储管理成本、机会成本、风险成本
缺货成本	由于库存供应中断而造成的损失

库存环节的成本构成	定义
客户成本	不能有效地服务客户、优化客户体验而额外付出的信用成本
人工成本	仓库工作者劳务成本

（2）大数据背景下的库存环节成本控制。J 企业在 2013 年开始投入使用数据交换中心系统，数据交换中心系统是 J 企业仓储系统与上游 ERP 系统交互的通道，有较强的数据处理能力。大数据平台支撑了 J 企业进行订单履约，助力了物流业务快速发展。随着 J 企业的发展，J 企业物流系统尤其是仓储系统需要的不再是一个简单的入口，而是一个功能强大的系统，具体如下。

① 大数据背景下的产品出库前预测。J 企业利用大数据平台对客户收藏的产品进行数据分析和有效挖掘，分析客户的浏览记录和购买习惯，预测客户最有可能购买的产品；使用大数据预测技术预测当前季节产品的受欢迎程度，并将热门产品放在离出境平台最近的地方。甚至，大数据分析技术还会计算产品在不同省份的仓库，甚至季节之间的相关性，在仓库之间及时部署，从而降低劳动成本，也缩短了客户的收货时长。J 企业通过大数据平台提前合理备货，缩短了产品到客户手中的时间，同时也降低了缺货成本。

② 大数据背景下的收货环节。智能终端使用各种传感技术，如 RFID、红外传感和激光扫描，以获得产品的各种属性信息，再通过通信手段传递到智能数据中心，对数据进行集中统计、分析、识别合格标志。如果验证合格则入库，贴上条码，如果不合格则将根据信息退回给供应商并及时补货。这降低了仓库管理的人工成本、仓储成本和客户收到不合格产品产生的退货成本。J 企业作为电商行业标杆，也早已利用各种信息识别技术进行智能验货，图 9-7 所示为收货管理流程图。

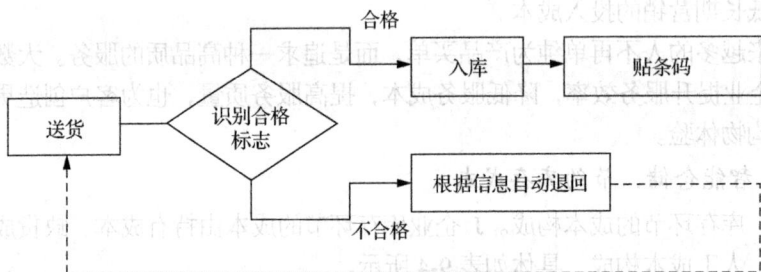

图 9-7　收货管理流程图

③ 大数据背景下的仓储管理环节。客户在 J 企业平台购买产品时通常会看到产品页显示预计哪一天送达，这其实就是大数据平台提供的物流时效计算结果。目前 J 企业的仓库范围已经覆盖全国 98% 的城市，如此庞大的库存量更需要大数据技术来达到仓储管理的最佳状态。大数据技术还可以帮助优化拣货路径，J 企业进货一般都是

由系统下单，再由拣货员按照订单上的产品依次完成拣货，这就很容易导致拣货路径重复和冗长，导致出库时间延长。而利用大数据进行仓储管理，J企业拣货路径得到优化，降低了仓储环节成本。

④ 大数据背景下的出库管理环节。出库管理阶段。J企业跟随时代发展潮流，先行采用大数据技术进行出库管理。出库管理的运营数据管理和分析包括大数据下的仓储、退货售后、客服等各种类型数据的分析与统计，涵盖入库出库信息统计、订单分拣信息、数据、物流、逆向物流、售后审核、用户满意度等。大数据系统高速进行存储管理和分析，提供运营日报和实时统计、异常监控等决策支持，J企业采用大数据出库管理，从而降低了出库环节的运营、人工等各项成本。

4. 优化物流配送，节约物流成本

（1）物流环节的成本构成。物流环节的成本构成如表9-5所示。

表9-5　物流环节的成本构成

物流环节的成本构成	定义
人工成本	产品在流通环节付出的人工成本
运营成本	运输车辆的采购费、燃油费、养路费等成本
仓储成本	购买、建造仓库和设备的花费，仓库管理费等成本
风险成本	产品损坏、被盗等风险产生的成本

（2）大数据背景下的物流环节成本控制。物流环节运用的大数据技术在J企业被称为空间大数据，它包含RFID、地理定位系统。下面对某一区域的消费订单利用履约时效体系的计算服务平台和运营数据进行全面分析。

① 大数据背景下的需求预测和发货。物流是J企业除了采购的又一大消费模块，J企业运用大数据准确地预测需求、提前发货。例如，在"双11"期间，某款手机从一位客户下单到被送到该客户手中仅仅用了半天时间，这就是因为J企业利用大数据预测该款手机是畅销产品，在客户下单前就将该手机送到距离客户最近的仓库物流车上。通过大数据的海量分析，一般情况下一个客户从单击产品到做决定的平均时间是2.7天，当客户单击和搜索产品的次数达到一定程度时，J企业就可以提前把产品运送到客户附近的仓库，节约了客户下单后产品在各地仓库之间的调配时间。

② 大数据背景下的货物分拣。在J企业的运输和配送环节，每天都会产生大量空间数据，大数据技术和GIS技术成为J企业打造智能物流系统的重要基础。收到订单时，大数据平台后台迅速根据订单对应的产品和订单所在城市关联到具体仓库，再由仓库关联到对应的分拣中心，由分拣中心智能分单系统计算出配送站点，迅速制订合理分配计划，最后再通过地理定位系统制定合理的配送路线，将产品合理地分配给区域内的配送员。如今，J企业已经积累了超过10亿条商家地址数据。

大数据平台利用这些数据建立完善的地址库，帮助J企业建立起完善的预分拣系统，利用地理定位系统将配送区域根据站点覆盖范围进行划分。随着配送数据的不断丰富，越来越多的客户享受到包括"211"和"精准达"在内的J企业高质量的购物配送服务。

③ 大数据背景下的配送路线优化。为了保证物流环节的高效性和准确性，J企业建立起完善的物流配送系统。J企业平台日常需要处理的订单有成百上千种，这些订单背后的处理逻辑不尽相同。大数据技术可以迅速梳理订单并为其匹配合理的物流方式。为了保证将产品在与客户约定的时间范围内送达，J企业需要计算出最合理的配送路线——要求J企业还要考虑交通数据和通行数据。大数据技术可以利用计算机计算出在不同时刻走每一条路线的通行时间。J企业同一区域内的配送员每天走的路线都是被限定在一个范围内的，该区域内每天的路况也是不同的，大数据技术可以计算出道路是否拥堵，算出不拥堵的路线，或者一直向右行驶，不用等待红绿灯的路线。对于J企业的众多配送员来说，规划出合理的配送路线对成本控制产生了巨大影响，大数据技术通过机器学习实时为全国众多配送方案计算规划路径，节约了大量时间成本和人工成本，也为J企业的"限时达"提供了保障。配送环节的大数据技术还可以精确计算出配送员配送包里如何才能放置更多产品等细节。从成本控制角度分析，J企业利用这些技术大大提高了分拣效率，同时降低了人工成本与运营成本，使履约效率大幅提升。

④ 大数据背景下的地理位置客户画像。由于配送也由J企业自身承担，通过多年的运营，J企业积累了海量客户购物数据，根据每个订单的地理位置信息，可以根据社区甚至街道划分来分析客户的购买习惯和偏好。客户画像并没有绝对的定义，而是需要根据客户的考量要素来进行归类。虽然说人口变量（如年龄、性别、学历、地理位置）等因素对于购买行为有一定的影响，但对于电商平台来说，地理位置上的客户画像对产品配送的指导意义也是很大的。在配送时，配送员通过跟客户交流就可以判断客户是对服务比较敏感的，还是性格外向的，所以J企业可以通过自营产品的配送了解客户对配送的偏好和对配送时间的选择。J企业分析某个区域客户的产品偏好和特定区域的客户标签，通过客户标签筛选出具有相同特征的目标客户；再通过兴趣标签对筛选出的目标客户进行精准分析。这些数据都可以为J企业进行仓库备货和线下推广提供强有力的决策支持。

🎬 课堂小案例

在电子商务企业与物流运输行业稳定发展的推动下，各地区的客户都可以在同一个电商平台购买产品，由电商平台承担物流费用。但我国物流行业市场价格相对稳定，一些电子商务企业的议价能力相对较弱，从而导致运输价格的协商空间较小，这些电子商务企业的产品运输成本难以压缩。

我国部分地区物流路线设置不够合理，有时会出现重复运输的情况，严重影响电子商务企业的整体成本控制。同时经常因为量大人少、件多人少、设施设备配置不齐、某些物流公司员工不规范操作等问题，使快件在运输过程中损坏，影响用户的购物体验。

思考与练习

1. 选择题

（1）成本管理是企业管理的一个重要组成部分，它要求系统而全面、科学而合理，它具有（　　）作用。

　　A. 促进增产节支　　　　　　　　B. 加强经济核算

　　C. 改进企业管理　　　　　　　　D. 提高企业整体管理水平

（2）供应链成本管理的效率取决于各成员间的协调，而协调的基础又依赖于信息（　　）。

　　A. 共享　　　　B. 交换　　　　C. 独占　　　　D. 安全

（3）产品在供应链各环节会产生一定的损耗，具体损耗主要体现为（　　）。

　　A. 原材料的损耗　　　　　　　　B. 仓储过程中的损耗

　　C. 运输过程中的损耗　　　　　　D. 销售过程中的损耗

（4）供应链成本管理的原则包括（　　）。

　　A. 成本效益原则　　　　　　　　B. 客户需求导向原则

　　C. 多样化原则　　　　　　　　　D. 合作、信息共享原则

2. 填空题

（1）开展电子商务供应链客户成本管理工作的主要步骤有____、____、____和____。

（2）供应链管理的效率取决于____，而协调的基础又依赖于____。

（3）供应链成本管理的有效实现主要依靠信息技术和供求信息在企业间的整合，建立____、____、____、____和____等技术支撑体系，改善企业传统业务标准，降低成本。

（4）物流成本是指生产加工各环节所消耗的物流费用，即从最初的____供应到最终将产品运送至____手中这一过程中所消耗的全部物流费用。

3. 简答题

（1）请描述电子商务中制造商作业成本控制步骤。

（2）请描述供应链成本管理与传统成本管理的区别。

（3）简述供应链成本管理的流程。

4. 论述题

J 集团在供应链成本管理中存在以下问题：采购成本占比较高；自营物流系统占用大量资金；费用结构不合理；资金周转速度放缓，影响营运资金使用效率；逆向物流成本较高。为改善成本管理现状，提升企业竞争力，试针对 J 集团供应链成本管理存在的问题，论述 J 集团管理者应如何结合实际发展情况与先进的同业经验

对供应链成本管理进行优化（请从采购成本、物流成本、费用结构、资金周转速度、逆向物流成本 5 个方面提出优化供应链成本管理的建议）。

📖 **案例分析**

H公司供应链成本管理

1. 建立适合电子商务供应链管理的组织结构

H公司在快速扩张式的发展过程中，随着规模的扩大，其组织结构也处在不断调整中——先后采用了直线职能制、事业部制、本部制 3 种组织结构。从 1998 年开始，H公司进入国际化战略发展阶段。在新的战略阶段，H公司取胜的发展模式是"人单合一"。为满足国际市场的个性化需求，H公司必须进行快速整合市场资源和管理资源的业务流程再造。因此，H公司在内部进行了业务流程再造：第一阶段以"三化"（信息化、扁平化、网络化）为宗旨，第二阶段以"三主"（主体、主线、主旨）为宗旨，推进人人成为战略业务单位（Strategic Business Unit，SBU），建立一个自运转的机制。

H公司下设 6 个本部，每个本部根据具体的产品不同分设产品事业部和生产工厂，各产品销售公司和进出口公司从属于本部，相当于一个产品事业部。各产品事业部内分别设有规划、财务、销售等职能处室，同时 H公司下设规划、财务、人力、法律、营销、技术、文化、保卫八大职能中心，它与产品事业部下属的职能处室构成传统的行政关系；本部和产品事业部是行政隶属关系；产品事业部是独立核算单位，它和下属职能处室是行政隶属关系。这样，H集团整个组织结构形成了四个层次：集团总部是投资决策中心，本部是经营决策中心，产品事业部是利润中心，生产工厂是成本中心。各个层次各负其责，允许各本部各自为战，但不许各自为政，实行集团内部的高度计划经济，集团外部的高度市场经济。这是典型的纵向一体化的组织流程。

2. 构建共赢战略合作伙伴关系

为应对网络经济和其他相关挑战，H公司从 1998 年开始实施以市场链为纽带的业务流程再造，以订单信息流为中心带动物流、资金流的运动，推动了与客户零距离、产品零库存和零营运成本"三个零"目标的实现。业务流程再造使 H公司在整合内外部资源的基础上创造新的资源，目前，H公司的物流、商流、制造系统等都已在全球范围内开始社会化运作。2002 年，H公司创造新的资源，在家居、通信、软件、金融等领域大展身手。2003 年，H公司获准主持制定多项国家标准，标志着 H公司已经将企业间竞争由技术水平竞争、专利竞争转向标准上的竞争。

建立以流程为核心的组织模式后，H公司统一实施 JIT 采购，重新优化外部供应链资源，对分供方网络的资源进行整合。①以产品不良率、订单响应速度、项目开发参与能力等为主要指标进行分供方网络优化，一方面大幅削减不合格供应商，另一方面大量纳入国际化供应商。虽然供应商总量由2336家减少至667家，但国际化供应商的比例上升了20%，以保证H公司能在全球范围内采购到质优价廉的零部件。②重新定位与供应商之间的关系，把双方的关系由供需关系上升到以订单为中心的战略合作伙伴关系，变买卖关系为双赢关系。H公司通过实施JIT采购举措，不但满足了用户需要，由于大大地精简了采购作业流程，还极大地提高了工作效率，而且可以极大地消除库存，最大限度地消除浪费，降低企业成本。H公司的采购管理成效，也为行业其他企业降本增效起到榜样示范作用。

3. 搭建以电子商务为基础的供应链管理平台

电子商务的出现改变了企业的经营管理模式和动作模式，电子商务平台技术为供应链管理提供了技术支撑，信息共享成为优化供应链管理的基础。为实现集成化供应链管理，H公司应用ERP工程优化管理流程，加强对目标成本的控制，实现了业务流与信息流、资金流的统一。H公司在内部全面实施了ERP系统，将其应用拓展到原材料供应、生产加工、配送物流等整个供应链环节，应用ERP系统整合内外部资源，来优化供应链管理。H公司还以此系统为基础，搭建电子商务平台，实现网上购物、网上支付、网上招商。

通过电子商务平台，H公司以B2B、B2C等电子商务模式架起了与全球客户资源网和全球供应链资源网沟通的桥梁，建立了企业与企业之间、企业与客户之间的信息高速公路，实现了信息需求的共享，在减少资源占用的同时，提高了订单响应速度和客户满意度。

讨论：

H公司是如何进行电子商务供应链成本管理的？相关措施给H公司带来了哪些变化？

第10章 电子商务供应链绩效管理

教学目标

1. 了解电子商务供应链绩效管理的基本概念。
2. 理解电子商务供应链绩效评价方法、评价流程以及如何应用。

引导案例

电子商务带来了供应链管理的变革。企业运用供应链管理思想，整合企业上下游的产业，以中心制造商为核心，将产业上游供应商、产业下游经销商（客户）、物流运输商、零售商以及往来银行进行垂直一体化的整合，构成一个电子商务供应链网络，消除了整个供应链网络上不必要的运作和消耗，促进了供应链向动态的、虚拟的、全球网络化的方向发展。京东商城在这方面就做得比较成功。在信息流上，京东商城采用纯互联网的方式来整合上下游，优化供应链，凭借互联网高效、灵活地收集与整合资料。在物流上，京东商城通过自建的配送体系完成配送任务，同时也寻求物流外包，还设置了自提电商点。在资金流上，京东商城目前提供货到付款、银行卡支付、在线支付、公司转账等多种支付方式，并提供国际信用卡支付、牡丹贷记卡的有息分期付款服务。京东商城正是凭借着高效的供应链管理模式，才能快速走向成功。

思考：

京东商城的供应链管理模式有什么优势？

10.1 电子商务供应链绩效管理概述

1954 年，彼得·德鲁克创立了目标管理法，来对企业进行有效的管理。随着社会的快速发展，人们越来越认识到绩效管理的重要性。绩效管理理念和制度日益融入企业管理评估。企业管理的一切工作都是为了提高员工和企业的绩效，从而保证企业的持续发展。如何提高员工和企业的绩效，是任何企业都必须面对的问题，国内外许多企业都通过建立和健全绩效管理体系来解决这一问题。一个良好的绩效管理体系可以让企业更具市场竞争力，因此企业进行绩效管理是十分必要的。

10.1.1 绩效管理的概念

绩效管理是指管理者在与员工就目标与如何实现目标达成共识的基础上,通过激励和帮助员工取得优异绩效从而实现企业目标的管理方法。绩效管理的目的在于通过激发员工的工作热情和提高员工的能力和素质,提升企业的绩效。

绩效管理方法颇多,但其优缺点和适用情境各有不同,企业要从阶段性发展情况、管理要求匹配度、所处经营目标阶段及内部人员构成特征等去选择合适的方法。常见的绩效管理方法有目标管理法、关键绩效指标(Key Performance Indicator,KPI)、平衡计分卡(Balanced Score Card,BSC)。

绩效管理

目标管理法

10.1.2 供应链绩效管理

供应链绩效管理是对供应链业务流程的动态评价。一般来说,可以从两个方面来衡量供应链绩效:一是从成本、可靠性、订货提前期等方面来评价产品的性能;二是供应链绩效管理是如何对需求的变化和对没有预见到的供应链中断事件做出反应的。供应链绩效管理的常用方法有 KPI 和 BSC 等。

供应链绩效管理是一个循环过程,它包括甄别问题、理解关键原因、针对问题采取正确的行动和不断确认重要的数据、流程和行动。图 10-1 所示为供应链绩效管理循环。

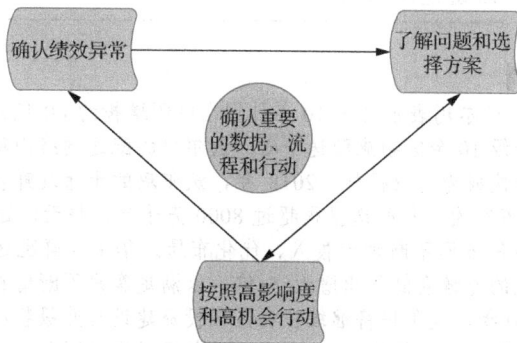

图 10-1 供应链绩效管理循环

知识链接

海尔在供应链绩效管理方面,针对自身的情况,做到具体问题具体分析,而且还会随着周边环境的改变调整自己的供应链管理模式。为了适应供应链管理的发展,海尔必须从与生产产品有关的第一层供应商开始，环环相扣，直到产品到达最终客户手中，真正按供应链的特性改造企业业务流程，使各个节点企业都具有处理物流和信息流的自组织和自适应能力。海尔的供应链纽带离不开技术系统的支撑，在 1998 年，海尔第一次通过订单处理集中化的方式进行业务重组，由按库存生产转向了按订单生产，开启了真正意义上的海尔现代供应链管理模式。海尔的技术系统也极大地解放了供应链管理人员的生产力，让供应链管理人员可以专心研究问题。正是在如此科学有效的模式下，海尔的供应链绩效管理才能快速走向成功。

10.1.3　电子商务供应链绩效管理的概念

电子商务供应链绩效管理是利用电子商务信息技术给整个供应链提供及时的信息，以此优化供应链的柔性、响应速度以及物流、资金流等各方面绩效的一种现代化供应链绩效管理方法。实施电子商务供应链绩效管理不仅可以为企业实施供应链管理提供有力的信息技术支持和广阔的活动舞台，还可以让企业供应链上各节点企业之间的信息共享更加便捷、联系更加紧密，而且能让供应链的整体运作更为高效。

电子商务供应链绩效管理的优势是可以通过信息技术方便快捷地收集和处理大量的供应链信息。根据收集来的信息资源，每个节点企业就可以根据市场需求来制订相应的需求、生产和供货计划，使信息沿着整个供应链顺畅流动，有助于整个产业运行的组织和协调。电子商务的应用可以帮助企业对供应链上大量的信息进行有效的管理，提高整个供应链的运作效率。电子商务供应链绩效管理可以提供诸如信息自动处理、客户订单执行、采购管理、存货控制以及物流配送等电子商务系统，从而提高电子商务供应链整体的绩效。

课堂小案例

2019 年 7 月，沃尔玛表示未来 10 年计划在中国增投约 80 亿元，用于升级物流供应链，新建或升级 10 余家物流配送中心。沃尔玛的配送网络因覆盖城市广、处理能力强、反应速度快成为行业标杆。2018 年，沃尔玛的干仓及鲜食配送中心向门店配送商品超过 30 万车次，年配送里程超过 8000 万千米，每天配送商品超过 100 万箱。沃尔玛在供应链方面不断加大投入、优化布局。华南生鲜配送中心建成后，覆盖广东、广西等地的冷链仓储面积增大 5 倍，以满足客户不断增长的对新鲜商品的需求。未来 10～20 年，沃尔玛将继续在各区域投资建设与升级物流供应链，按照新标准建设或升级的配送中心将达到 10 余家。沃尔玛供应链团队针对中国多元化业态发展过程中的物流电子商务需求变化，不断创新，如针对社区门店所需的灵活配送而设计的拆零分拣方案，在试运营期间帮助业务端简化流程、降低库存量，节省仓储空间约 50%，提高效率近 300%。此次升级，供应链赋能全渠道发展，大大提高了沃尔玛的供应链绩效水平。

10.2 电子商务供应链绩效评价方法

电子商务供应链绩效虽然是一个整体的概念，但是，电子商务供应链本身的流程、其内部成员之间的协调与合作以及供应链面临的外部环境（如行业、市场竞争状况、经济环境等）均会影响供应链的运营效果。也就是说，电子商务供应链绩效受内外部诸多因素的影响，理解电子商务供应链绩效的影响因素是制定合理的绩效评价指标体系，从而正确进行电子商务供应链绩效管理的基础。下面介绍基于BSC+KPI 的电子商务供应链绩效评价方法，分析基于 BSC+KPI 的电子商务供应链绩效评价模型的构建及评价。

> **课堂讨论**
>
> 近年来，我国电子商务物流企业核心竞争已经演变为供应链之间的竞争，电子商务物流企业为了建立高质量、高效率的电子商务供应链绩效管理系统，不断改革和创新。例如，东方嘉盛近期接受机构调研时表示，在电子商务供应链管理系统建设方面，东方嘉盛高度重视科技创新赋能供应链升级。公司聚焦大数据、人工智能技术，在 Oracle ERP 系统、Manhattan WMS 仓库管理系统和 TPM 系统的基础上，自主研发了一套完整的供应链服务平台。该平台应用 RPA、OCR 扫描、AI 等技术，将传统供应链服务与大数据技术相结合，可以更好地进行供应链管理，提高企业的绩效水平。同时，公司正在加大对跨境消费食品供应链系统升级的投入。未来也将推进在数字化供应链方向的投入和布局。
>
> 请结合本节部分内容以及课前搜集的相关资料，小组合作尝试分析电子商务物流企业如何确定电子商务供应链管理是高质量、高效率的。

10.2.1 基于 BSC+KPI 的电子商务供应链绩效评价概述

BSC+KPI 把 BSC 的财务、客户、内部流程、学习与成长这 4 个不同绩效维度看成电子商务供应链 KPI 的主控绩效因素，然后在每个主控绩效因素之下按照相关方法寻找和设定每一级关键绩效指标和下一级关键绩效指标。基于 BSC 的 KPI 电子商务供应链绩效指标设计如表 10-1 所示。

KPI

表 10-1 基于 BSC 的 KPI 电子商务供应链绩效指标设计

BSC 绩效维度	KPI 主控绩效因素	说明
财务	财务类	可依据企业的情况将关键绩效指标分类，并可将其分为若干层次
客户	客户类	
内部流程	内部流程类	
学习与成长	学习与成长类	

BSC 与 KPI 均是提高电子商务供应链绩效水平的战略管理工具，但作为不同理论指导下的方法，两者在思想基础、指标设定、指标运用等方面既有相同之处也有

不同之处。两者的相同之处主要体现在以下几个方面。在思想基础方面，它们都是一种整体性的绩效管理工具，都是从一个总目标出发，寻找衡量指标、设定分目标、掌控行动。在指标设定方面，它们的主旨均是体现各维度或主要因素的绩效，它们的分解都是为了体现绩效维度或上一层指标的绩效。在指标运用方面，每一个指标可由更细的指标构成；运用各级、各类指标可进行以事实为基础的衡量；指标作为对方向的指引和对范围的约束，可被设定为检查标准，进而形成制订计划、分配资源、监控行动、检查评价的工具。

两者的不同之处主要体现在以下几个方面。在思想基础方面，BSC 将企业电子商务供应链总目标的绩效划分为不同的维度，不同的维度之间具有明确的因果支撑关系，形成了一个绩效控制和发展循环；KPI 则要求分析和寻找影响企业电子商务供应链总目标实现的主控绩效因素，各主控绩效因素之间不存在明显的逻辑关系，但它们一起构成了总目标的组成部分。在指标设定方面，BSC 从绩效维度中设定指标，KPI 从主控绩效因素中设定指标。在指标运用方面，由 BSC 不同维度分解出的指标之间具有明显的逻辑关系，而由 KPI 不同主控绩效因素分解的指标之间没有明显的逻辑关系，但并不影响指标的分解和应用。

KPI 是对目标的直接分解，一级一级分解建立指标体系并实施成果导向的评价；但与 BSC 相比，KPI 的要素基本是相互独立的，没有体现彼此的联系，也没有超前与滞后之分。它的分解与落实都是以既定目标为核心的，不能突出部门或个人的特色及职能。相比较而言，使用 KPI 进行绩效评价的落实层面没有得到战略管理意义的深化。BSC 首次将因果关系引入绩效考评体系，增加了绩效考评体系的功能，也提升了绩效考评体系在企业管理中的地位。BSC 将企业多元化目标归为可计量的财务、客户、内部流程、学习与成长 4 个方面，对企业的战略进行全面的考评，其内涵在于关注过程而非结果，形成由一系列因果链条贯穿起来的一个有机整体。

BSC 能使企业及时修改、调整战略，并随时反映学习情况。应用 BSC 绩效评价系统可以鼓励企业各级领导积极投身于战略执行过程，而不是简单地监督财务结果，其对财务指标不足的弥补是通过补充非财务指标来完成的。BSC 是由通向长远目标的"绩效发展循环系统"建立的绩效指标体系。BSC 板块建立后，可能会用到 KPI。但如果把 BSC 等同于 KPI，就会忽略 BSC 板块间、指标间的支撑关系；并不是所有的 KPI 都应归入 BSC，有些 KPI 虽然重要，但不能突出电子商务供应链企业的战略和价值定位。

10.2.2　基于 BSC+KPI 的电子商务供应链关键绩效指标体系的构建

确定电子商务供应链绩效评价指标是构建基于 BSC+KPI 的电子商务供应链绩效管理体系的中心环节，是进行电子商务供应链绩效评价的基本前提。制定科学有效的电子商务供应链绩效评价指标是电子商务供应链绩效评价取得成功的保证。

1. 建立指标体系的总体思路

按照"20/80法则"和SMART原则，运用KPI从业绩评价指标体系中提炼出电子商务供应链企业级KPI，根据企业级KPI，按照流程重点、部门职责之间联系的原则，提取部门级KPI，然后根据部门级KPI及岗位职责提取员工级KPI，进而建立电子商务供应链绩效评价指标体系。

2. 电子商务供应链KPI的提取程序与方法

围绕战略目标的要求，同时覆盖电子商务供应链绩效考评，利用头脑风暴法和特性要因图找出电子商务供应链关键成功因素（Key Success Factor，KSF），进一步确定电子商务供应链关键绩效指标。

（1）确定电子商务供应链企业级KPI。第一，通过访谈及文献调研对战略目标进行梳理，并绘制电子商务供应链整体及各企业战略地图。第二，为了设计电子商务供应链企业级KPI，利用特性要因图对企业的KSF范围进行分析。

（2）确定部门级KPI。在确定电子商务供应链企业级KPI后，根据战略地图确定与部门相关联的目标，然后确定部门级的战略地图，利用部门业绩评价责任书来确定部门级KPI。

（3）确定员工级KPI。在企业级KPI和部门级KPI确定之后，各部门的主管根据企业级KPI、部门级KPI、岗位职责和业务流程，采用与分解企业级KPI相同的方法，将部门级KPI进一步细分，分解出员工级KPI。

3. 电子商务供应链指标体系的层次结构与电子商务供应链绩效指标的分类

电子商务供应链指标体系可呈现层次分明的结构，一般可分为电子商务供应链企业级KPI、部门级KPI和员工级KPI 3个层次。因此，电子商务供应链KPI指标体系包括3个层面的指标：第一个层面是电子商务供应链企业级KPI，是通过基于电子商务供应链战略的KSF分析得来的；第二个层面是部门级KPI，是根据企业级KPI、部门职责、业务流程分解而来的；第三个层面是员工级KPI，是根据企业级KPI、部门级KPI、岗位职责和业务流程演化而来的。这3个层面的指标共同构成KPI指标体系。在3个层级的KPI之间建立纵向分解关系，保证工作任务的落实和战略目标的实现。上一级KPI是进行下一级KPI分解的约束和依据，下一级KPI是对上一级KPI的落实和支撑。

KPI指标体系的建立，有助于把战略目标自上而下地层层分解，落实部门和员工个人的具体工作目标，将电子商务供应链企业战略转化为内部过程和活动，从而确保战略目标的实现。通过KPI建立的电子商务供应链指标体系可以落实电子商务供应链企业战略目标和业务重点，传递电子商务供应链企业的价值导向，有效激励员工，促进电子商务供应链企业员工绩效的提升。KPI指标体系不仅成为企业员工的约束机制，同时还发挥了战略导向的牵引作用，通过提升员工个人绩效最终实现企业整体绩效的提升。

建立电子商务供应链绩效指标分类框架，可将电子商务供应链绩效指标分为3

类：战略与计划类绩效指标、结果性流程绩效指标、职责任务类绩效指标。这 3 类指标存在一定程度的交叉重复，如战略与计划类绩效指标和结果性流程绩效指标有一定的交叉重复。而上述绩效指标又可以分为牵引性指标和保障性指标。其中，牵引性指标是纵向分解指标，是由战略地图、KSF 及战略目标层层分解获得的，其目的在于分解战略目标，保证战略有效执行。纵向分解指标按照 BSC 的方式分为 4 类，即财务类指标、客户类指标、内部流程类指标、学习与成长类指标。

保障性指标是横向流程指标，来源于现行核心流程特别是企业资源计划流程。它是从流程的整体输出及流程中各关键活动的输出中提取出的绩效指标，其目的在于提高和保障运营效率。横向流程指标包括过程性绩效指标和结果性绩效指标：过程性绩效指标是从流程中各关键活动的输出中提取出来的有关数量、时间、成本、安全等方面的绩效指标；结果性绩效指标是流程中各项活动整体的最终输出结果，它是流程中各相关部门与岗位的共享评价指标，该类指标与纵向分解指标有较多重复。过程性绩效指标所依附的活动由哪个部门或岗位执行，该绩效指标就用于考核哪个部门或岗位。结果性绩效指标与该流程中执行任务的各部门/岗位都相关，较难明确哪一个部门/岗位为该指标承担唯一责任，它往往是属于多个部门/岗位的共享性绩效指标。

课堂小案例

2021 年 2 月《中共中央 国务院关于全面推进乡村振兴加快农业农村现代化的意见》发布，强调要实施数字乡村建设发展工程。拼多多抓住了全面推动乡村振兴的机遇，优化供应链流程，不断提高企业供应链绩效管理水平，这是拼多多加码农业的关键一步。拼多多在农产品供应链的上行过程中做得有声有色，如连续帮助河南卖掉大量大蒜，为海产类商家打开新销路，助力某芒果电商将日订单量维持在 20000 单以上。此外，拼多多也在不断拓展物流技术设施的覆盖面，持续加大农业科技投入，旨在利用科技赋能的方式构建一个可以高效运行的供应链绩效管理系统，推动农产品的"运输集约化、设备标准化和流程信息化"。

10.2.3 电子商务供应链关键绩效指标评价模型的构建

KPI 是通过对电子商务供应链企业内部流程的输入端、产出端的关键参数进行设置、取样、计算、分析，来衡量流程绩效的一种目标式量化管理指标，是把电子商务供应链企业的战略目标分解为可操作工作目标的工具，是电子商务供应链企业绩效管理的基础。在 BSC 的基础上，KPI 可以使电子商务供应链企业各部门主管明确部门的主要责任，并以此为基础明确员工的绩效指标。

建设 KPI 指标体系的目的是建立一种机制，将电子商务供应链企业战略转化为内部过程和活动，以不断增强电子商务供应链核心竞争力并保证电子商务供应链企业持续地取得高效益。电子商务供应链企业应用 KPI 的前提是员工采取了一切必要的行动以达到事先确定的目标；应用 KPI 时，将宏观战略目标进行层层分解并产生具有可操作性的战术目标，用这些目标监测和调整电子商务供应链企业的经营活动。电子商务供应链企业可以采用"纵向分解、横向提取"的方法建设 KPI 指标体系。

纵向分解以战略目标及上级单位要求为分解对象，综合运用维度结构（时间结构、内容结构）分解法和驱动因素分解法进行分解，获取电子商务供应链各组织层级的牵引性指标，然后采用组织分解结构（Organizational Breakdown Structure，OBS）法，将关键指标与电子商务供应链责任部门（责任人）建立关联。

横向提取从横向角度，按电子商务供应链业务流程运行的方向，突破电子商务供应链企业职能职责壁垒，基于业务活动内容和结果，提取保障性指标，促进电子商务供应链企业业务部门、职能部门、业务单元之间互相协调，发挥电子商务供应链组织的协同性，从而有利于电子商务供应链企业 KPI 的达成。KPI 指标体系评价模型的构建思路和设计程序分别如图 10-2 和图 10-3 所示。

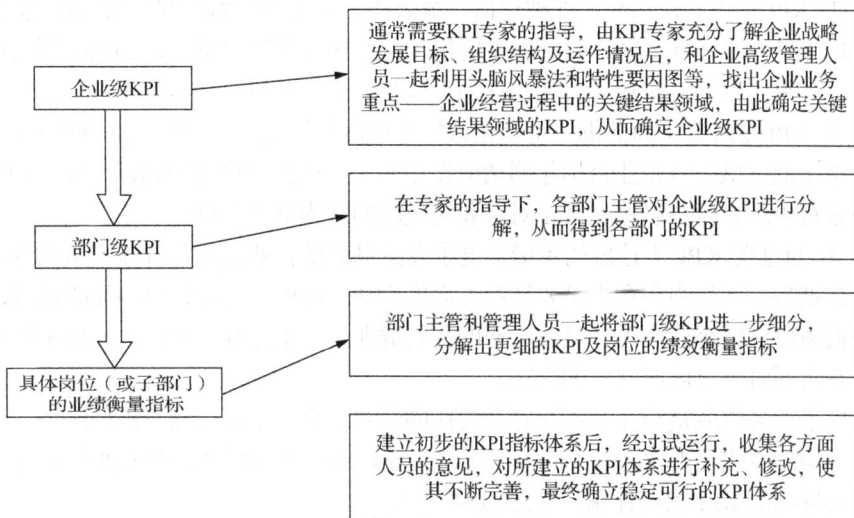

图 10-2　KPI 指标体系评价模型的构建思路

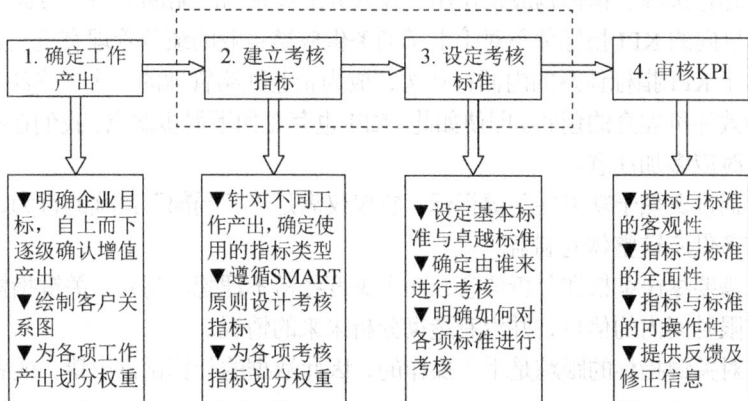

图 10-3　KPI 指标体系评价模型的设计程序

KPI 指标体系不仅可以成为激励及约束电子商务供应链企业员工的手段，还可以作为战略实施工具。该体系指标的构成方式是通过财务指标与非财务指标相结合，既体现关注短期效益，又兼顾长期发展的原则。KPI 不仅传达了结果，还传递了产生结果的过程。将 KPI 的值和权重用于电子商务供应链企业绩效评价体系，可以推进电子商务供应链企业战略的实施。

KPI 符合一个重要的管理法则——"20/80 法则"。在一个电子商务供应链企业的价值创造过程中，存在帕累托"20/80"的规律，即 20%的骨干人员创造电子商务供应链企业 80%的价值，也就是 80%的工作任务是由 20%的关键行为完成的。因此，电子商务供应链企业必须抓住 20%的关键行为，对之进行分析和衡量，以便抓住绩效评价的重心。建立明确的、切实可行的 KPI 指标体系，是做好电子商务供应链企业绩效管理的关键。KPI 有以下几层含义。

① KPI 是用于评估和管理被评估者绩效的定量化或行为化的标准体系。也就是说，KPI 是一个标准体系，它必须是定量化的，如果难以定量化，那么必须是行为化的。如果不具备定量化和行为化这两个特征，就不是符合要求的 KPI。

② KPI 是对电子商务供应链企业目标起增值作用的绩效指标。这就是说，KPI 是为电子商务供应链企业目标起到增值作用的工作产出而设定的指标，基于 KPI 对绩效进行管理，就可以保证真正对企业有贡献的行为受到鼓励。

③ 通过在 KPI 上达成的承诺，电子商务供应链企业员工与管理人员就可以进行工作期望、工作表现和未来发展等方面的沟通。KPI 是进行绩效沟通的基石，是电子商务供应链企业中关于绩效沟通的共同辞典。有了这样一本辞典，员工和管理人员在沟通时就可以有共同的语言。

电子商务供应链企业在不同时期关注的经营、管理重点会随着市场环境、企业内部环境的变化而变化。电子商务供应链企业在不同时期所关注的 KPI 指标体系称为战略导向的 KPI 指标体系，如图 10-4 所示。

战略导向的 KPI 指标体系与传统的指标体系相比，在假设前提、评价目的、指标产生、指标来源、指标构成及作用、收入分配体系与战略的关系等方面有较大区别。战略导向的 KPI 指标体系对于电子商务供应链企业的绩效管理有重大意义：首先，丰富了 KPI 指标体系的内涵；其次，成为企业战略管理的一个子系统；最后，它是对绩效评价理念的创新。即便如此，KPI 也存在如下很多缺点，我们在建立 KPI 指标体系时应多加注意。

（1）通过聚焦于功能性关键指标，它仅仅满足于"局部"最优的行为，而放弃了电子商务供应链整体的利益。

（2）需要尽快编撰和分析信息，而可见度经常不理想。另外，关键指标仅仅提供一段有限时间内的信息，并没有透彻分析未来的情况。

（3）对关键指标的跟踪是手工操作的，因此数据的计算常常出错，或者与时间不一致。

电子商务供应链管理（微课版）

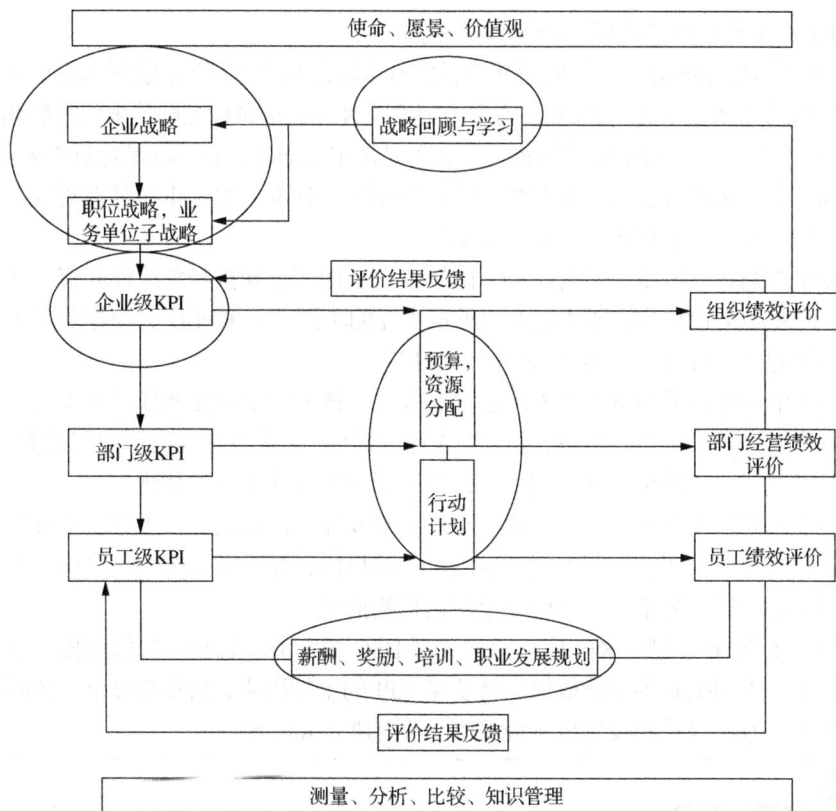

图 10-4　战略导向的 KPI 指标体系

（4）许多时候，电子商务供应链企业员工不知道怎样处理数据，对究竟什么是差的绩效的认识并不总是那么明晰，而且什么时候开始行动、如何行动也是难题。或者，员工被衡量流程本身弄得心烦意乱以至根本不行动，理由是"分析处于瘫痪状态"。

（5）尽管关键指标是甄选过的，被称为 KPI，但仍然存在缺乏反馈和确认的情况，因此不能保证企业的大多数相关商业驱动因素被精确地衡量。

另外，所有电子商务供应链企业在不同时期所关注的 KPI 指标体系的集合被称为 KPI 库。电子商务供应链企业必须建立动态开放的 KPI 库以适应各种权变因素对 KPI 指标体系的影响。KPI 库的设计一般符合如下要求：能清晰地描述评价对象的增值工作产出，针对每一项工作产出都能提取绩效指标，划分了各项增值性产出的相对重要性等级，易和实际绩效水平比较。设计 KPI 库应经过以下 4 个阶段。

（1）确定工作产出。该阶段的主要任务是自上而下地明确组织目标，逐级确定工作产出；绘制客户关系图；为各项产出划分权重。

（2）建立评估指标。在该阶段应首先针对不同的工作产出，选择使用的关键指标类型。可供选择的指标类型有数量型、质量型、成本型和时限型。之后应根据

SMART 原则设计评估指标，即提炼指标。

（3）设定评估标准。在该阶段应先设定基本标准与卓越标准，随后确定由谁来进行评估和制订评估方案。基本标准是期望达到的水平，卓越标准则是未要求和期望但可达到的绩效水平。评估标准的描述形式可以是定性描述，也可以是定量描述。

（4）审核 KPI 库指标。该阶段要求审核指标与标准，主要审核其客观性、全面性、可操作性，并且提供反馈及修正信息。

KPI 库的设计思路一般有两种，即按组织结构分解和按经营流程分解。通常用 3 种方式来建立 KPI 库，即依据部门承担责任的不同建立 KPI 库，依据职工工作性质的不同建立 KPI 库，依据 BSC 建立 KPI 库。

（1）依据部门承担责任的不同建立 KPI 库。该方式主要强调部门从本身承担责任的角度对企业目标进行分解，进而形成评价指标。其优点是突出了部门的参与性，缺点是可能导致战略稀释现象的发生，忽略了对于责任流程的体现。

（2）依据职类职种工作性质的不同建立 KPI 库。该方式突出了对企业具体目标的响应，对各专业职能按照组织制定的每一项目标，提出专业的响应措施。其缺点是增加了部门管理的难度，指标缺乏对过程的描述。

（3）依据 BSC 建立 KPI 库。该方式把 BSC 的财务、客户、内部流程、学习与成长这 4 个不同绩效维度看成供应链质量 KPI 的主控因素，然后在每个主控因素之下按照相关方法寻找和设定每一级 KPI，从而建立 KPI 库。

课堂小案例

2021 年，珠海格力电器股份有限公司（以下简称"格力电器"）联合重庆弘力物流有限公司（以下简称"弘力物流"）共同成立珠海明睿达供应链科技有限公司（以下简称"明睿达"）。明睿达成立于 2021 年 11 月 19 日，注册资本为 1 亿元。成立该供应链公司的主要目的就是更好地进行供应链管理，满足客户需求。明睿达根据建立的供应链管理系统，对供应链整个过程中各个环节收集的数据信息进行实时分析，提高了电子商务供应链的绩效管理水平。

10.2.4 基于 BSC+KPI 的电子商务供应链绩效评价模型的整体绩效评价

基于 BSC+KPI 的电子商务供应链绩效评价模型的整体绩效评价可以从流程维度、运营成效、绩效管理稳定性 3 个方面进行。

1. 流程维度

流程维度可根据如下内容进行评价。

（1）电子商务供应链绩效评价流程是否流畅。

（2）电子商务供应链绩效评价范围及内容是否与电子商务供应链企业业务流程一致。

（3）电子商务供应链绩效评价结果是否能够反映电子商务供应链企业业务流程

内部存在的问题并促使其得到有效改正。

（4）电子商务供应链绩效评价结果是否能够促进电子商务供应链企业业务流程的不断完善与发展。

（5）判断电子商务供应链流程是否具有有效性。

（6）判断电子商务供应链流程效率的高低。

（7）判断电子商务供应链流程周期是否符合实际情况。

（8）判断电子商务供应链流程成本是否符合相关规定。

2. 运营成效

运营成效可根据如下内容进行评价。

（1）用历史分析的方法将资金、设备设施、时间等的实际使用情况与预算、历史数据及标杆企业的数据相比较，判断是否实现了资源的优化配置和成本投入的持续走低。

（2）尤其关注是否最大限度地利用了长期以来形成的管理资源。

（3）由领导对现行电子商务供应链全员绩效管理制度与体系进行评价，通过与标杆企业绩效进行对比，判断现行的电子商务供应链全员绩效管理体系是否真正对电子商务供应链企业的业绩起到了促进作用。

（4）由领导判断现行的电子商务供应链全员绩效管理体系是否真正对电子商务供应链企业长短期目标的实现起到了促进作用。

（5）员工评价电子商务供应链全员绩效管理是否真正达到其提高个人业绩，全员绩效持续改进、共同提高的根本目的。

（6）员工是否真正自觉自愿地参与电子商务供应链全员绩效管理。

3. 绩效管理稳定性

绩效管理稳定性可从电子商务供应链绩效评价周期、组织结构、电子商务供应链协调绩效体系的开发性3个方面进行评价。

（1）电子商务供应链绩效评价周期。

① 电子商务供应链绩效评价周期的时间设置是否符合电子商务供应链企业的实际情况。

② 电子商务供应链绩效评价周期的设置是否有利于促进电子商务供应链企业业务流程的改进。

③ 电子商务供应链绩效评价周期的设置是否有利于提升电子商务供应链企业全体员工工作任务的完成效率。

④ 电子商务供应链绩效评价周期的设置是否能够督促和激励电子商务供应链企业全体员工开展工作的积极性。

⑤ 电子商务供应链绩效评价流程是否能够在评价周期内顺利进行并按期完成。

（2）组织结构。

① 电子商务供应链绩效评价结果是否能够真实反映电子商务供应链企业和部

门组织结构及其职能设置的合理性与有效性。

② 电子商务供应链绩效评价是否能够促进电子商务供应链企业各组织结构的良好运行。

③ 电子商务供应链绩效评价过程及反馈结果是否能够促进组织结构的不断自我完善。

④ 电子商务供应链绩效评价结果是否能够发现电子商务供应链企业组织结构及其职能设置存在的问题并促使其得到及时修正。

（3）电子商务供应链协调绩效体系的开发性。

① 判断电子商务供应链协调绩效信息系统是否始终处于动态的、可调整的、可改进的状态。

② 对可能做出的对电子商务供应链企业战略、工作目标和各项业务的具体管理要求等的宏观和微观调整是否具备足够的适应性和快速的反应能力，能否体现一种制度的张力。

另外，电子商务供应链绩效文化可根据如下内容进行评价。

（1）判断电子商务供应链绩效体系的运行是否能够纠正电子商务供应链绩效评价过程中产生的不良文化，并产生良好的绩效文化、不断自我完善。

（2）判断电子商务供应链绩效文化是否与电子商务供应链企业文化一致，并能促进电子商务供应链企业文化的良性发展。

电子商务供应链绩效管理信息系统可根据如下内容进行评价。

（1）判断电子商务供应链绩效管理信息系统是否能够良好运行。

（2）判断电子商务供应链绩效管理信息系统是否能够促进电子商务供应链绩效的实施。

10.3　电子商务供应链绩效评价方法的应用

前文对电子商务供应链绩效管理的相关知识进行了介绍，本节将根据 BSC+KPI 方法对 Y 公司的供应链绩效评价体系进行构建，通过确定评价指标的权重对相关结果进行分析。

10.3.1　Y 公司现状及存在的问题

Y 公司成立于 1990 年 4 月，从 2014 年开始布局医药 B2B 电子商务业务，是一家采用 B2B+O2O 创新模式的医药交易平台，也是 B2B 医药电子商务行业的标杆企业。Y 公司总部位于浙江杭州，与电子商务巨头阿里巴巴是邻居。Y 公司与其他直接面向客户的电子商务企业不同，它是上游面对药厂等制药企业，下游面对医院、诊室、药店等终端客户的"B2B+O2O"类网站,因此,Y公司致力于打造使医药产品从制药企业直达医院等终端客户的垂直扁平化的营销渠道,缩短医药产品供应链,为终端客户提供有价格优势的医药产品,节约了中间环节的费用,降低了成本,提高了利润,从而压低了客户购买医药产品的价格,此销售模式使得医药产品的价格至少降低了30%。同时Y公司还辅助药店等终端客户打造数字药店销售系统。Y公司当前已与上千家制药企业和上万家医院和药店等终端客户达成结盟协议。Y公司在杭州萧山机场物流园区建立了标准化仓库,同时其现代化的仓储平台还在进一步筹建中。Y公司已与广药集团、云南白药集团、华润三九医药股份、中美史克等多家国内外知名医药企业建立了医药产品销售渠道和战略发展合作关系,所经营的医药产品达几万种。

随着Y公司的快速发展,其规模越来越大。Y公司在规模越来越大的同时,也逐渐显露出一些问题,总体体现在绩效评价过程流于形式、绩效评价方法存在局限性、绩效评价结果应用单一3个方面。

绩效评价过程流于形式:随着Y公司的快速发展,其规模越来越大,但是Y公司的绩效评价方式依旧是自上而下的,上级对下级进行评价,每个部门的部长对员工进行评价,这种方式很难让上级人员真正掌握下级员工的实际表现,考察得到的结果也具有一定的不完整性和主观性。得出来的绩效评价结果缺乏说服力。

绩效评价方法存在局限性:Y公司如今以KPI为基础进行绩效评价,在和公司财务人员的交流中得出,企业为加强对员工的控制,因而选择KPI进行绩效评价指标体系设计,然而,仅仅使用KPI可能会导致员工工作时"只重结果,不顾过程",甚至会使原定目标和意愿发生一定的偏移。由于影响一个企业KPI测试结果的原因是来自方方面面的,而不是单一作用的结果,各个因素之间也会相互影响、互为因果、此起彼落,若是因为一个部门的某一项指标的得分有所提高,而影响其他部门的一些利益,这种仅仅关注得分而不重视各个部门之间的联系和沟通的方法是极为不妥的,背离了企业以KPI为基础进行绩效评价的初衷。

绩效评价结果应用单一:根据Y公司的绩效评价现状来看,Y公司绩效评价的作用十分单一,只是作为绩效奖金的发放依据,并没有和人力资源管理的其他管理模块有效的结合。除此之外,Y公司当前的激励策略也仅仅是针对优秀部门和优秀员工业绩进行奖励,相对而言过于单一,缺乏对于落后部门、落后员工的激励措施,员工的相关福利政策也更加缺乏。另外,公司没有一套明确的评价申诉机制,员工对绩效评价结果有异议时不能逐级反映给公司领导,这对于塑造和谐的工作环境和展开各项绩效沟通工作都会产生极大的阻力。因此,在评价结果的运用方面,应做到多角度考虑。优化后的绩效评价方法在具体应用上还应该把绩效评价后的申诉机制考虑进去,将绩效评价、激励管理和申诉机制三者相结合,提高公司的绩效管理水平。企业根据在绩效管理方面存在的这些问题,制定更适合Y公司的BSC+KPI绩效评价模型对企业进行全面高效的绩效评价,最后对其结果进行分析并提出相应解决问题的建议。

10.3.2　Y 公司供应链绩效评价方法的应用

1. 基于 BSC+KPI 的 Y 公司绩效评价体系的构建

BSC 根据罗伯特·卡普兰（Robert Kaplan）和大卫·诺顿（David Norton）所提出来的主要理论观点，以及 SMART 原则和"80/20 法则"，认为最为适当的就是设置 25~30 个 BSC 指标，其中包括财务会计维度指标、客户管理维度指标、内部流程维度指标、学习与成长维度指标。在每个 BSC 维度下设置 KPI 需要充分考虑选取的 KPI 的可信性、易得性、可实施性以及可低成本获得性。下面针对 Y 公司的实际情况对选取的指标进行初步的审查和解释，最终确定 BSC 维度下 Y 公司的 KPI 集。

（1）财务会计维度下 KPI 的选取。Y 公司的战略重点是在产品价格上选择平民化、市场经营上选择微利化、医药产品上选择领先性，为了保证实现 Y 公司的战略目标，因此选择以 Y 公司战略目标为导向选取 KPI。在选取指标时充分考虑 Y 公司正处于企业生命周期中的快速发展时期，正是为股东持续创造大量价值的时候，同时考虑指标与 Y 公司战略目标的一致性，在财务会计维度选择提升企业利润、增加营业收入、完善资本运营、降低成本费用等 KSF。因此，在财务会计维度下主要选取的 KPI 有：销售利润率、营业收入额、收入增长率、总资产增长率。

（2）客户管理维度下 KPI 的选取。Y 公司的市场营销战略是价格平民化、经营微利化，其要想实现企业价值的最大化，就必须获得规模经济和足够的市场份额。Y 公司是一家互联网企业，要想占据足够的市场份额，就必须保持现有客户、开发潜在客户，这就要求 Y 公司以客户满意为核心，在客户管理、售后服务、交易平台、产品质量等方面做到让客户满意。因此，在客户管理维度下主要选取的 KPI 有：市场占有率、客户利润贡献率、网站日均访问量、售后服务满意度、客户保持率、客户操作方便率、物流配送满意度。

（3）内部流程维度下 KPI 的选取。Y 公司为了实现战略目标，就得减少产品中间流通环节的费用，同时需要提高包括采购、质量、销售、研发、安全在内的各部门岗位的协同和工作效率。Y 公司应提高对信息的反应速度、促进内部流程通畅、保证产品在流通环节中的质量，加大对平台和新技术的研发和运用力度等。因此，在内部流程维度下主要选取的 KPI 有：产品质量合格率、仓储管理合格率、活动策划效率、会员管理效率、政策敏感度、上下游开发度、技术研发周期率、需求捕捉达成率。

（4）学习与成长维度下 KPI 的选取。Y 公司要想发展，就必须组建自己的人才团队；Y 公司要想获得持续发展，就要对员工进行必不可少的培训。Y 公司的可持续发展离不开员工的不断努力。员工对企业满意才能创造更大的效益，员工离不开企业为之提供的发展保障措施，这需要企业对员工的管理具有有效性。因此，在学习与成长维度下主要选取的 KPI 有：专业教育背景数、员工年培训次数、员工满意度、员工建议采纳数、部门沟通顺畅度、信息系统稳定度。

综上所述，为 Y 公司基于 BSC+KPI 的绩效评价体系选取了 25 个指标，其中财务会计维度有 4 个，客户管理维度有 7 个，内部流程维度有 8 个，学习与成长维度有 6 个，如表 10-2 所示。

表 10-2　Y 公司基于 BSC+KPI 的绩效评价指标

维度（BSC）	KSF	KPI
财务会计	企业利润指标	销售利润率
	营业收入指标	营业收入额
		收入增长率
	资本运营指标	总资产增长率
客户管理	市场份额指标	市场占有率
		客户利润贡献率
	满意度量指标	网站日均访问量
		售后服务满意度
	系统客户指标	客户保持率
	服务质量指标	客户操作方便率
		物流配送满意度
内部流程	质量管理目标	产品质量合格率
		仓储管理合格率
	工作效率指标	活动策划效率
		会员管理效率
		政策敏感度
		上下游开发度
	技术研发指标	技术研发周期率
	安全生产指标	需求捕捉达成率
学习与成长	人才团队指标	专业教育背景数
	培训拓展指标	员工年培训次数
	员工满意指标	员工满意度
		员工建议采纳数
	有效管理指标	部门沟通顺畅度
		信息系统稳定度

2. Y 公司绩效评价指标权重的确定

Y 公司的各层次绩效评价指标采用层次分析法来确定权重，体现选取的各层次指标对实现 Y 公司战略目标的贡献程度以及受管理层重视的程度。Y 公司绩效评价的目标层是 Y 公司的战略目标层。准则层是 BSC 的 4 个维度层。指标层是 BSC 各个维度下的 KPI。通过对 20 份调查问卷的结果求平均值的方法，得到判断矩阵。再根据层次分析法计算出 Y 公司基于 BSC+KPI 的绩效评价指标的所有权重。Y 公基于 BSC+KPI 的绩效评价指标及其权重如表 10-3 所示。

表 10-3　Y 公司基于 BSC+KPI 的绩效评价指标及其权重

维度（BSC）	BSC 维度权重	KPI 指标层	KPI 权重	组合权重
财务会计	0.32	销售利润率	0.24	0.077
		营业收入额	0.27	0.086
		收入增长率	0.25	0.08
		总资产增长率	0.23	0.074
客户管理	0.25	市场占有率	0.23	0.058
		客户利润贡献率	0.09	0.023
		网站日均访问量	0.12	0.03
		售后服务满意度	0.13	0.033
		客户保持率	0.24	0.06
		客户操作方便率	0.08	0.02
		物流配送满意度	0.1	0.025
内部流程	0.23	产品质量合格率	0.11	0.025
		仓储管理合格率	0.1	0.023
		活动策划效率	0.19	0.044
		会员管理效率	0.15	0.035
		政策敏感度	0.07	0.016
		上下游开发度	0.09	0.021
		技术研发周期率	0.16	0.037
		需求捕捉达成率	0.13	0.03
学习与成长	0.2	专业教育背景数	0.15	0.03
		员工年培训次数	0.17	0.034
		员工满意度	0.18	0.036
		员工建议采纳数	0.13	0.026
		部门沟通顺畅度	0.2	0.04
		信息系统稳定度	0.17	0.034

　　Y 公司的绩效评价的最终结果分为 5 个等级，即评判集为：$V=\{V_1, V_2, V_3, V_4, V_5\}=\{非常好，优秀，良好，中等，较差\}$。选取优秀 B2B 电子商务企业中高层领导进行问卷调查，让其对 Y 公司在各个绩效评价指标上的表现情况进行评判，对集中的各等级的隶属度进行划分，得到模糊评判矩阵 R。

　　将通过层次分析法计算并确定的每个评价指标的权重值 W 与模糊评判矩阵 R 进行合成，确定 Y 公司综合绩效评价向量 B。即：

$$B = W \times R = (w_1, w_2, \cdots, w_n)\begin{bmatrix} r_{11} & \cdots & r_{1n} \\ \vdots & \ddots & \vdots \\ r_{m1} & \cdots & r_{mn} \end{bmatrix} = [b_1, b_2, \cdots, b_n] \qquad (10.1)$$

　　为评判集中各个因素赋予百分制数值，取 $V_1=90$，$V_2=80$，$V_3=70$，$V_4=60$，$V_5=50$。由 $G=B \times V$ 就可以得到 Y 公司绩效评价得分，即 Y 公司绩效评价结果。用同样的方法也可计算出各个 BSC 层指标和 KPI 层指标的绩效评价得分。

3. Y 公司绩效评价结果及分析

（1）Y 公司绩效评价结果。运用模糊综合评价法得到 Y 公司的财务会计维度的绩效评价向量为：

$$B = W \times R = \begin{bmatrix} 0.24, 0.27, 0.25, 0.23 \end{bmatrix} \times \begin{bmatrix} 1/6 & 2/6 & 2/6 & 1/6 & 0 \\ 1/6 & 3/6 & 2/6 & 0 & 0 \\ 0 & 2/6 & 2/6 & 2/6 & 0 \\ 1/6 & 2/6 & 3/6 & 0 & 0 \end{bmatrix} \quad (10.2)$$

$$= \begin{bmatrix} 0.1301, 0.3716, 0.3730, 0.1151, 0 \end{bmatrix}$$

$$G = B \times V = 0.1301 \times 90 + 0.3716 \times 80 + 0.3730 \times 70 + 0.1151 \times 60 + 0 \times 50 = 74.453$$

客户管理维度的绩效评价得分为：

$$B = W \times R = \begin{bmatrix} 0.23, 0.09, 0.12, 0.13, 0.24, 0.08, 0.10 \end{bmatrix} \times \begin{bmatrix} 2/6 & 3/6 & 0 & 0 & 0 \\ 1/6 & 4/6 & 1/6 & 0 & 0 \\ 1/6 & 3/6 & 2/6 & 0 & 0 \\ 1/6 & 2/6 & 2/6 & 1/6 & 0 \\ 0 & 3/6 & 3/6 & 1/6 & 0 \\ 0 & 0 & 0 & 3/6 & 2/6 \\ 2/6 & 2/6 & 2/6 & 0 & 0 \end{bmatrix} \quad (10.3)$$

$$= \begin{bmatrix} 0.1765, 0.3951, 0.2651, 0.1034, 0.0501 \end{bmatrix}$$

$$G = B \times V = 0.1765 \times 90 + 0.3951 \times 80 + 0.2651 \times 70 + 0.1034 \times 60 + 0.0501 \times 50 = 74.761$$

……

Y 公司的综合绩效评价得分为：

$$B = W \times R = \begin{bmatrix} 0.32, 0.25, 0.23, 0.20 \end{bmatrix} \times \begin{bmatrix} 0.1300 & 0.3717 & 0.3733 & 0.115 & 0 \\ 0.1767 & 0.3950 & 0.2650 & 0.1033 & 0.500 \\ 0.4200 & 0.4033 & 0.0817 & 0.0617 & 0.0333 \\ 0.1150 & 0.3133 & 0.2767 & 0.2150 & 0.1067 \end{bmatrix} \quad (10.4)$$

$$= \begin{bmatrix} 0.2098, 0.3720, 0.2543, 0.1211, 0.0432 \end{bmatrix}$$

$$G = B \times V = 0.2098 \times 90 + 0.3720 \times 80 + 0.2543 \times 70 + 0.1211 \times 60 + 0.0432 \times 50 = 75.898$$

Y 公司 BSC+KPI 绩效评价得分结果如表 10-4 所示。

表 10-4　Y 公司 BSC+KPI 绩效评价得分结果

维度（BSC）	得分	KPI 指标层	得分
财务会计	74.453	销售利润率	70
		营业收入额	75
		收入增长率	78
		总资产增长率	77

维度（BSC）	得分	KPI 指标层	得分
客户管理	74.761	市场占有率	82
		客户利润贡献率	72
		网站日均访问量	80
		售后服务满意度	58
		客户保持率	78
		客户操作方便率	75
		物流配送满意度	80
内部流程	81.450	产品质量合格率	87
		仓储管理合格率	58
		活动策划效率	85
		会员管理效率	83
		政策敏感度	72
		上下游开发度	80
		技术研发周期率	87
		需求捕捉达成率	85
学习与成长	73.038	专业教育背景数	57
		员工年培训次数	58
		员工满意度	78
		员工建议采纳数	78
		部门沟通顺畅度	71
		信息系统稳定度	82

（2）Y公司绩效评价结果分析。Y公司的绩效评价得分为 75.898 分，属于优秀（70~90）的范畴，表明 Y 公司的绩效总体来看是很好的。据 BSC 层指标分析，Y公司内部流程维度获得 81.450 分，得分最高，说明 Y 公司在质量管理、技术研发、安全生产等业务方面的工作效率较高，战略目标完成情况较好。客户管理维度获得 74.761 分，财务会计维度获得 74.453 分，学习与成长维度获得 73.038 分，这 3 个维度得分较低，但得分差距不大，各维度发展相对来说比较均衡。综上所述，要提高总体绩效管理水平，Y 公司要加强对财务会计、客户管理、学习与成长 3 个维度的建设和管理。据 KPI 层指标分析，表现突出的指标为产品质量合格率、活动策划效率、技术研发周期率、需求捕捉达成率，比上述指标表现稍差的有市场占有率、网站日均访问量、物流配送满意度、会员管理效率、上下游开发度、信息系统稳定度。针对以上指标的分析，基本上可看出属于电子商务推广和信息技术两大类。这主要是源于以互联网为背景的电子商务在我国的大力发展以及电子商务企业在运营方式、信息技术等方面都有极其相似的发展情况，而且 Y 公司在人力资源方面的表现也很优异，核心员工多数曾是阿里巴巴、京东、唯品会等知名电子商务平台的老员工，其专业能力使得 Y 公司获得了优异的评价结果。Y 公司有自建的物流系统和自己的物流配送体系，从事物流工作的人员都经过了严格的培训，这是其在物流

配送方面表现良好的主要原因。目前 Y 公司重点布局华东、中南、西南等区域，且在华中、西南地区拥有两大物流仓储中心，这从根本上保证了客户体验和物流配送的质量。

Y 公司在售后服务满意度、仓储管理合格率、员工年培训次数、专业教育背景数 4 个方面的绩效评价得分低于 60 分，说明 Y 公司在这些方面表现较差，执行能力较弱。通过综合性分析可以发现，其中售后服务满意度、仓储管理合格率、专业教育背景数 3 个指标都与 Y 公司所从事的医药行业息息相关。售后客服不仅要有好的服务态度，还需要有医药专业知识作为支撑，在了解客户群体的需求后，及时进行有针对性的专业解答，这种专业能力较强的客服当前在 Y 公司很少。由于药品与人的健康息息相关，所以医药行业仓储管理的专业性要求高，对仓库温湿度的控制、药品存放区域等要求严格。Y 公司是医药电商，经营的医药产品多达几万种，但仅有两个物流仓储中心，难以满足当前的运营需求，可看出 Y 公司仓储物流的管理水平不高。Y 公司是医药电商企业，需要既懂电子商务业务又有医药专业高等教育背景的人才，这类人才目前在我国比较少，导致专业教育背景数这一指标评价结果较差。员工年培训次数指标的表现跟 Y 公司当前在人力资源方面实施的人才引进策略有很大关系，当前 Y 公司在吸引人才上主要以挖角为主，主要是从当前的主流电子商务企业内部挖角，这样比较省事，将人才挖来就用，也就忽略了对员工的技能和专业培训，这是 Y 公司可持续发展的大忌，必须马上改变。Y 公司在销售利润率、客户利润贡献率、政策敏感度、部门沟通顺畅度 4 个方面表现一般，这与 Y 公司"价格平民化、经营微利化"的战略目标有关系。要想健康发展，Y 公司就需要继续发挥优势，扩大客户群，开拓新市场，同时降低运营成本。进一步优化组织结构。Y 公司作为互联网企业，从企业的性质来看应该对信息具有极强的敏感性，因此只有提高对医药、互联网和电子商务相关政策的敏感性才能使 Y 公司可持续发展。

思考与练习

1. 选择题

（1）下列选项中不属于平衡计分卡 4 个维度的是（　　）。

    A. 财务   B. 客户   C. 运作流程   D. 内部流程

（2）下列选项中不属于电子商务供应链指标体系的层次结构的是（　　）。

    A. 企业级 KPI   B. 组织级 KPI   C. 部门级 KPI   D. 员工级 KPI

（3）下列选项中不属于评价电子商务供应链绩效管理稳定性的是（　　）。

    A. 电子商务供应链绩效评价周期

    B. 组织结构

    C. 电子商务供应链协调绩效体系的开发性

    D. 运营的流畅性

（4）设计 KPI 库 4 个阶段中的第三阶段是（　　　）。

    A. 建立评估指标　　　　　　　　B. 确定工作产出

    C. 审核 KPI 库指标　　　　　　　D. 设定评估标准

（5）下列不属于财务会计维度下的 KPI 的是（　　　）。

    A. 市场占有率　　B. 收入增长率　　C. 销售利润率　　D. 营业收入额

2. 填空题

（1）1954 年，彼得·德鲁克创立了＿＿＿＿。

（2）常见的绩效管理方法有＿＿＿＿、＿＿＿＿、＿＿＿＿。

（3）BSC 绩效评价的 4 个维度分别是＿＿＿、＿＿＿、＿＿＿、＿＿＿。

（4）KPI 是通过对电子商务供应链企业内部流程的输入端、产出端的关键参数进行＿＿＿、＿＿＿、＿＿＿、＿＿＿＿，来衡量流程绩效的一种目标式量化管理指标。

（5）基于 BSC+KPI 的电子商务供应链绩效模型整体绩效评价可以从＿＿＿、＿＿＿、＿＿＿3 个方面进行。

3. 简答题

（1）分别简述供应链绩效管理和电子商务供应链绩效管理的定义。

（2）简述你对绩效管理的理解。

（3）简述 BSC 与 KPI 的联系与区别。

（4）简述客户管理维度下的 KPI 有哪些。

（5）根据所学内容浅谈一下基于 BSC+KPI 对电子商务供应链绩效进行评价的优点。

4. 论述题

随着电子商务供应链的快速发展，电子商务供应链的绩效成为各行各业研究的重点。结合本章所学内容，论述如何对电子商务供应链绩效进行评价。

📖 **案例分析** ▬▬▬▬▬▬▬▬▬▬▬▬▬▬▬▬▬▬▬▬▬▬▬▬▬▬

B企业电子商务供应链绩效管理

在网络和信息技术迅速发展的今天，面对电子商务的出现和兴起，B 企业最关心的是如何通过电子商务解决供应链绩效管理问题。

1. B 企业现状及面临的供应链绩效管理问题

B 企业成立于 1984 年，连续多年居于全国最大外商投资企业和电子信息百强企业榜单前列。其总注册资本达 12050 万美元，总资产达 142 亿元，现有员工 4000 多人——平均年龄为 29 岁，72% 以上具有大学本科以上学历，拥有硕士研究生和博士研究生 500 余名，其中科研开发人员占员工总数的 40%。

B 企业建立了覆盖全国的营销电子商务网络，建成了高水平的通信产品制造平台。其产品结构主要由两部分构成：传统产品，指 S12 系列程控交换机系列；新产品，相对 S12 系列而言，其产品结构由移动产品、数据产品、接入产品和终端产品构成；二者的产值比例约为 8：2。

B 企业内部的供应链建设状况尚可，例如，有良好的内部信息基础设施 ERP 系统，流程和职责相对明晰。但 B 企业与外部供应链资源的集成状况不佳，其在很大程度上依然采用传统的运作管理模式，并没有真正面向整个系统开展供应链绩效管理。从 1999 年开始，全球信息技术产品市场的需求出现爆发式增长，但基础的元器件材料供应没能及时跟上，众多信息技术行业厂商纷纷争夺这类材料，同时出现设备交货延迟等现象。由于 B 企业在供应链管理的快速反应、柔性化调整和系统内外响应方面存在不足，一些材料不成套，材料库存积压，许多产品的合同履约率极低，如综合业务数字网（Integrated Services Digital Network，ISDN）终端产品的合同履约率不超过 50%。客观现状的不理想迫使 B 企业对供应链绩效管理进行改革。

2. B 企业的电子商务供应链绩效管理战略

电子商务是企业提高竞争力和拓展市场的有效方式，同时，它也为传统的供应链绩效管理理论与方法带来了新的挑战。供应链绩效管理与电子商务相结合，产生了电子商务供应链绩效管理，其核心是高效率地管理企业的信息，帮助企业创建客户、企业和供应商之间的畅通的信息流。

B 企业的电子商务供应链绩效管理战略的重点分别是供应商关系管理的 E 化、生产任务外包业务的 E 化，以此来提高其电子商务供应链绩效。

（1）供应商关系管理的 E 化。对 B 企业而言，现有供应商关系管理模式是影响其顺利开展供应链绩效管理的重大阻碍，B 企业需要在以下几个方面进行 E 化。

① 供应商的遴选标准。第一，依据企业/供应商关系管理模型对 B 企业的需求产品和候选供应商进行彼此关系界定；第二，明确对供应商的信息化标准要求和双方信息沟通的标准，特别关注关键性材料资源供应商的信息化设施和平台情况。传统的供应商遴选标准和分类信息标准是供应商关系管理 E 化的基础。

② 供应商的遴选方式和范围。B 企业作为信息技术行业厂商，其供应商呈现全球化的倾向，故 B 企业应以全球为遴选范围，充分利用电子商务手段对供应商进行遴选、评价，如运用网上供应商招标或商务招标，这样一方面可以突破原有信息的局限，另一方面可以实现公平竞争。

（2）生产任务外包业务的 E 化。目前，信息技术企业的核心竞争优势不外乎技术和电子商务，B 企业未来的发展方向是提供完善的信息、通信解决方案和优良的客户服务，将生产任务逐步外包是其必然选择。未来外包业务量的增大势必会加大管理和协调的难度和复杂度，所以 B 企业需要采用电子商务技术管理和协调外包业务。

① 外包厂商的选择。除有的产能、交货等条件外，增添外包厂商的生产计划管理系统和信息基础设施的选择标准，保证日后便于开展 E 化运行和监控，如某厂一直是 B 企业的外包厂商，但其信息基础设施相对薄弱，一旦外包业务量大增，

市场需求信息频繁变动，落后的信息基础设施和迟缓的信息响应会严重影响供应链的绩效。

② 外包生产计划的实时响应。B 企业现拥有内联网和 ERP 系统，外包厂商可借助内联网或专线远程接入 ERP 系统的生产计划功能延伸模块，与 B 企业实现生产计划同步化，即时响应市场需求的变动。

讨论：

1. B 企业实施的电子商务供应链绩效管理与传统供应链绩效管理相比，有哪些优势？

2. 你觉得 B 企业还应该在哪些方面进行改进以提高电子商务供应链绩效管理水平？

BSC+KPI 模型

参考文献

[1] 欧阳清. 成本管理理论与方法研究[M]. 大连：东北财经大学出版社，1998.

[2] 欧阳清，杨雄胜. 成本会计学[M]. 北京：首都经济贸易大学出版社，2008.

[3] 周艳军. 供应链管理[M]. 上海：上海交通大学出版社，2008.

[4] 杨思远. 供应链管理[M]. 北京：冶金工业出版社，2008.

[5] 唐文登，谭颖. 物流成本管理[M]. 重庆：重庆大学出版社，2015.

[6] 罗红雨. 价值链成本控制研究[M]. 北京：中国经济出版社，2013.

[7] 余艳琴，冯华. 物流成本管理[M]. 武汉：武汉大学出版社，2008.

[8] 张培莉. 成本会计[M]. 上海：华东理工大学出版社，2015.

[9] 朱振东，马利锋，王桂华. 成本会计[M]. 北京：北京理工大学出版社，2015.

[10] 古全美，张述敬，童桂玲. 物流成本管理[M]. 北京：北京理工大学出版社，2012.

[11] 李恒兴，鲍钰. 采购管理[M]. 4版. 北京：北京理工大学出版社，2018.

[12] 蒋振盈. 采购供应链管理：供应链环境下的采购管理[M]. 北京：中国经济出版社，2015.

[13] 梁军. 采购管理[M]. 北京：电子工业出版社，2006.

[14] 郝渊晓. 现代物流采购管理[M]. 广州：中山大学出版社，2003.

[15] 梁军，杨明. 物流采购与供应链管理实训[M]. 北京：中国劳动社会保障出版社，2006.

[16] 龚国华，吴嵋山，王国才. 采购与供应链[M]. 上海：复旦大学出版社，2005.

[17] 彼得·贝利，大卫·法摩尔，大卫·杰塞，等. 采购原理与管理[M]. 9版. 王增东，李锐，译. 北京：电子工业出版社，2006.

[18] 李明奎，王生平. 采购管理简单讲[M]. 广州：广东经济出版社，2006.

[19] 陈畴镛，于俭，曹为国，等. 电子商务供应链管理[M]. 大连：东北财经大学出版社，2005.

[20] 马士华，林勇. 供应链管理[M]. 2版. 北京：机械工业出版社，2006.

[21] 徐广业. 电子商务环境下双渠道供应链协调优化研究[M]. 成都：西南交通大学出版社，2014.

[22] 田巍. 基于契约的供应链协调与创新协作研究[M]. 南宁：广西科学技术出版社，2010.

[23] 李善良. 基于机制设计理论的供应链协调策略研究[M]. 上海：复旦大学出版社，2011.

[24] 刘玲玲. 电商企业"零库存"管理模式应用研究：以唯品会为例[J]. 现代商贸工业，2020，41（17）：51-53.

[25] 张汉斌，刘丙午，李俊韬. 电子商务环境下采购的问题与对策[J]. 中国市场，2014（27）：76-77.

[26] 苏秦，李永飞，郑婧. 产品质量，价格及提前期竞争下的企业最优决策[J]. 工业工程与管理，2011，16（5）：1-8.

[27] 徐岚清. 农产品生鲜电商供应链采购模式研究[J]. 现代商业，2018（23）：9-10.

[28] 赵正佳，何慧. 品牌专卖供应链的回购协调机制[J]. 西南交通大学学报，2007（3）：326-329.

[29] 李永飞，苏秦，童键. 基于客户质量需求的供应链协调研究[J]. 软科学，2012，26（8）：136-140.

[30] 闫秀霞，孙林岩，王侃昌. 物流服务供应链模式特性及其绩效评价研究[J]. 中国机械工程，2005，16（11）：969-973.

[31] 石永强，宋薛峰，张智勇. 电子商务环境下供应链物流能力的评价[J]. 企业经济，2009（4）：161-163.

[32] 李永飞，苏秦. 考虑随机需求及返回策略的供应链协调分析[J]. 软科学，2013，27（2）：50-54.

[33] 杨昌玉. 基于电商 B2B 的供应链集中采购模式探索[J]. 商业经济研究，2018（6）：82-84.

[34] 刘建文. 目标成本管理在企业经济管理中的应用分析[J]. 现代企业，2021（6）：6-7.

[35] 张炜龙. 目标成本法在企业成本管理中的应用分析[J]. 中小企业管理与科技，2021（16）：13-14.

[36] 陈燕荣. 供应链成本管理理论基础和方法研究[J]. 现代营销（学苑版），2020（3）：167-168.

[37] 杜宇红. 目标成本法在企业成本管理中的应用[J]. 财政监督，2019（10）：110-114.

[38] 黄莹. 供应链成本管理的目标与方法探索[J]. 产业与科技论坛，2013，12（11）：215-216.

[39] 李永飞，苏秦，郑婧. 考虑质量改进的双渠道供应链协调研究[J]. 软科学，2015，29（7）：35-39.

[40] 孙清华. 供应链成本管理方法探究[J]. 生产力研究，2008（14）：152-153.

[41] 谢建英. 供应链环境下跨境电商的库存管理模式探究[J]. 营销界，2019（29）：233.